迷人的国际关系

Charming International Relations

王逸舟 严展宇 著

上海人民出版社

目录

第一部分　介入的旁观者：反思国际关系学

第二部分　国际关系学的科学面孔

第三部分　国际关系学的艺术面孔（I）——从国际关系到艺术

第四部分　国际关系学的艺术面孔（II）——从艺术到国际关系

第五部分　国际关系学的人文面孔

第六部分 “三位一体”的国际关系实践

第一部分

介入的旁观者：反思国际关系学

Charming

International Relations

这次对谈开始于2019年的夏天，恰逢国际关系学科一百岁的生日，同时也是五四运动“西学东渐”以来的一百周年。与其说是对谈，它更像一种自省式的回顾。百年以来，国际关系研究在国内已经成为一门显学，我们可以直观地感受到它的繁盛；但与此同时，我们也因其盛大而陷入迷茫，无穷无尽的困惑在我们脑海中涌现——知识进步的线索在哪里？未来国际关系学的发展方向是什么？国际关系学和人的联系在哪里？它对人类的贡献是什么？

作为国际关系领域的资深学者，王逸舟老师以“介入的旁观者”的身份分享了他的观点。他认为我们要从知识社会学的视角去审视学科的发展，看一看我们积累了什么、重复了什么、突破了什么、忘记了什么、放弃了什么。他山之石，可以攻玉，在自省之余，我们还应环顾四周，把目光转向“知识大国”美国，以及欧洲和世界其他的地区，看一看它们的启示和忧虑。

一、访谈引入

说明：全书对谈中，王逸舟简称王，严展宇简称严。

严：王老师您好！今天很高兴能够和您进行这次对话，您是国际关系学界的著名学者，我们未来的读者也许会很好奇，您是怎么走上国际关系研究这条道路的？

王：展宇你好！从题外话开始我们的对谈是个不错的主意。在从事研究的三十年历程中，我先后经历了三个不同的时期及两次转向。我的早期研究主要是苏联、东欧问题，这很大程度上受到我导师的影响，当时他主要研究的都是苏联、东欧的政治经济改革，研究变化的原因和外部环境之类。1989 年之后东欧、苏联的研究都变成禁区了，我从之前的中国社科院马列所调到世界经济与政治研究所，跟李慎之、陈乐民、资中筠、王缉思等老师接触多了，开始涉及国际关系和世界政治。这一次转向多少身不由己。第二次转向，即从国际关系理论为主，到 21 世纪以来主要研究中国外交，这次转向是有意识的。究其原因主要有两点：

第一，个人感觉研究中国外交更有趣，研究理论相对单调一些。国际关系理论研究最近这些年给人一种形式翻新、内容缺乏创新的感受，它不是我期待的那样。而当我尝试把国际关系理论和中国外交事业结合之后，发现这能产生更多的冲撞点和困惑，更多探索的兴致。

第二，就当下来说，我主要考虑两方面：一是外交研究，二是国际关系理论。前者侧重现实问题，有政策意义，集中体现在目前我主持的国家社科基金重大项目“新时代中国特色大国外交能力建设研究”。后者着重于理论基础，尝试揭示想象力的更大空间；怎么把科学和艺术、人文三者相结合，就是其中的一个点。期望通过持续的努力、包括我们这次对话，能产生一点争鸣和效果。

严：去年（2019 年）是国际关系学科建立一百周年，国内学术界以“百年国关”为主题举办了很多学术活动，我知道您也参加了这类的学术研讨，做了精彩的主题发言。延续百年国关主题，您认为我们这次对话的目标是什么，或者说，您对这次对话有何种期待？

王：一百年前，在第一次世界大战结束之际，英国是当时世界的霸主，一个在学术上也居于领先地位的大国。当时，在英国的威尔士大学出现了第一个研究国际关系的讲席，开创了我们这个学科的百年征程。虽然现在看来比起文史哲、经济、法律等学科，国际关系仍然是一个“小兄弟”，是社会科学这个大系统下相对比较新的分支，但是我们也有理由对它百年以来的成长进步，特别是它未来发展的线索做出回顾与前瞻。这是我们这次对话的一个点。

第二，对中国人而言，在百年之际，讨论这个议题还有另一层含义。这一个世纪同时是中国新文化运动和五四运动的一百年，是中华人民共和国成立70周年。这两个时间点连结在一块，会有很多激励，也启发反思。自近代以来，中国在整个国际体系中处在挨打、受压迫、被边缘化的位置，所以包括政治学和国际问题研究在内的整个社会科学的研究不仅起步很晚，而且思考相对比较局促。像李泽厚先生说的那样，救亡主题压倒了启蒙主题，也在一定程度上抑制了学术创新。五四运动虽短期造就了中国思想界的活跃，引领了学术的新气象，但是后来的内乱、革命，反抗日本侵略，乃至于解放战争，高扬民族解放和整体抗击外敌意识的时候，也使得“五四”运动所开启的新文化运动，所倡导的民主科学、“德先生”、“赛先生”精神，多少有些被弱化和冲淡。

而中华人民共和国成立后的这七十年间，我们的国际关系研究有了很大的进步，也一度给了知识分子很多的激励和新的空间。但是由于特殊的内政外交环境，我们最终还是没有跟上世界知识进步的步伐。尤其在新中国成立后的初期，国际关系研究是比较受束缚的、无法多元自主发展的；我们的学术和外交政策一样，基本上是偏向苏联的“一边倒”，用激进的指导思想和路线去塑造我们的学术理论。这个时候的国际关系研究总体上是单向度的。改革开放以后的四十年，学术界的进步空间比以往有了很大的拓展。所以今天在国际关系学和五四运动的双百年之际，在新中国成立七十周年之际，我们也有理由思考世界格局的大变动，思索一下中国总体实力的崛起，看看中国的国际关系、对外交往会有哪些机遇，又有哪些挑战，尤其是理论层面何以再出发。

严： 看来我们对话的内容会非常丰富了！真是特别期待和您的对话，在进入我们正式的对话之前，您想对我们未来的读者说些什么？

王： 我想说的是，从刚才的两个点出发，我觉得今天来梳理一下国际关系知识的进步，它的一些新线索、新角度，梳理一下前人和目前学界工作中的缺失和漏洞，以及一些值得去进一步发展的方向，这有着很好的意义。坦诚地讲，我觉得我们现在的国际关系研究变得比较乏味，比较碎片化、机械化、技术化，缺少想象力，缺少让公众、让年轻人、让读者感到兴致盎然的特质。所以很多人觉得国际关系研究是一个比较无聊的、门槛很低的、普通人和非专业人士都可以谈论的学科。说来说去内容都差不多，大家谈的都是那么几条单行线、几个大议题，都针对中美关系、朝核问题、伊朗问题、英国脱欧。但谈的内容和得出的结论却比较肤浅，这也让专业人士感到困惑。

这种处境不得不要求我们，就是如何把研究空间打开，看到存在的盲区，看事件背后有什么值得去探讨的东西。特别是让看似只有黑暗、丑陋、博弈和算计的国际关系和对它的研究，变得比较多面化，看到它的真、善、美，看到它的成长和进步，看到与普通人悲欢离合、喜怒哀乐之间的联系。我希望作为一个“介入的旁观者”，把这个线索呈现出来。“介入的旁观者”是借用了法国学者雷蒙·阿隆的说法，区别是他面对的是政治，我们讨论的是学术。

第三个点是从人文关怀的角度出发进行的一些反思。当下中国的国际关系研究缺少对他者的关切，对其他民族、对国际社会、对不同的族群和群体的关切。好像国际关系研究跟对外政策建言没有分别，越来越有一种合流的倾向，国际关系似乎变成了大国博弈的关系，国际关系研究似乎成为我方立场的诠释和对策提议。很多课题、很多学者、很多刊物所讨论的问题，似乎就是为了给外交部门、商务部门或者军方在大国较量，以及各种战略、冲突、摩擦的过程中，提供它们所需要的或者所希望看到的带有政策性的建议，而不太像对未知领域的探索，不像对那些国际关系本来存在的多样性的发掘。研究的通道变窄，思想变得空洞，缺少人道主义的关怀，缺乏对于整个我们所居住的星球、地球村的这种更深层次的探究与保护之心，以及解决矛盾的认真思考。学术研究所需要的韧性、耐心、忍耐变得越来越少，尤其是国际关系在它变得更加国家化、政治化、对策化的同时，本应大写的“人”似乎越来越模糊，难以聚焦到人的面孔、人的形象、人的个性，以及人生活的各种色彩。本来我觉得国际关系应该是真正地建立在对人的研究基础之上的，是以人为本的。但现在，至少在当下的这个语境里，在目前学术界的氛围中，人似乎被抽象、抽干、抽空，跟整体性、大重心、全局意识不知不觉地合体。国际关系研究缺少人的面孔，缺少人本身的情感。

这促使我们要反思，要通过重新对科学、艺术、人文这些古典精神的强调，对新的线索的捕捉，把人重新大写，把研究对象重新定位在以人为本的国际关系研究之上。让未来的探索更加生机勃勃，更加符合日常生活中人所感悟的世界。这里不光有国家间的关系，还有国际上的各种关系，比如跨国群体的关系、各种族群之间的关系、以人组成的共同体之间的各种关系。

除此之外，从方法论上讲，我们的研究不应当是一个固定的、静止的、固态的东西。历史上那些最伟大的学者、最有影响力的思想家、最让人难忘的那些作品，都是不断在勃勃生机的进程中进行探究的，都有着酣畅淋漓的生命力、想象力。伟大的研究就像是一个永无止境的发现过程，是一个对人的大脑空间、对人的创造性、对人作为一种有思维的高级动物的特质释放。国际关系学的生命力，应该适当往这个方向倾斜，而不是把它变成一种机械式的简单方法、范式或策论，让人单调、无趣。对于复杂性的思考，对于不确定性的追求，对于美的把握，对生活中充满变动的深切感悟，理应成为国际关系研究新的方向之一。

我们这个讨论算不上是严谨的学术作品，只是以一种对话的方式，以发散式的、交互激发方式，把各种各样的思考、批评通过对话的形式穿插起来。要看看国际关系研究有哪些可能性，有什么可进一步拓展的空间。

简单说，在国际关系学科诞生百年之际，需要重归或者再塑古典的精神，把科学、艺术、人文这三种因素尝试结合起来，使国际关系学在“三位一体”的维度下开辟更大的空间。

二、进步与不足

严：您前面提到了中国国际关系研究发展的历史线索，也说到了您认为我们国际关系研究存在的一些不足，您可以详细谈一谈吗？

王：先讨论一下国际关系研究的进步。我觉得我们不是简单地去否定现有的国际关系研究，要看到中国也是当今世界国际关系研究领域取得重大进步的大国。早年我学国际关系的时候，当时全国只有三个国际政治系，20 世纪 60 年代初期建立，到了 90 年代才变成三个国际关系学院，也就是北京大学、复旦大学和中国人民大学的三个国际关系学院。而且当时的分工也比较粗糙，与现在我们重提的区域研究比较类似，比如北京大学侧重亚、非、拉等第三世界的研究，复旦大学负责西欧、美国这些西方资本主义国家的研究，中国人民大学主要是苏联、东欧国家的研究。现在，国内有七八十个国际关系学院，中国已成为全世界国际关系科研、教学机构数量最多的国家之一。在 2020 年政治学与国际关系学科的专业排名中，入选世界前 200 名的中国大陆高校共有六所，入选高等校数位列世界第六，排在美国（44 所）、英国（29 所）、澳大利亚（11 所）、德国（8 所）和加拿大（7 所）之后。如果将香港特别行政区（3 所）和台湾地区（2 所）纳入统计，中国国际关系研究的顶级高校数量将仅次于美国和英国。类似情况是专业刊物大量出现，各种专业期刊、普通刊物、高校学报，包括专业智库、研究机构的报告与出版物，可以说数不胜数。以 2020 年中国社会科学引文索引（CSSCI）和中国社会科学引文索引扩展版（CSSCI 扩展版）为例，政治学类期刊共计 51 本（CSSCI 收录 37 本），在专业领域的期刊中数量排名第三，仅次于经济学（95 本，其中 CSSCI 收录 70 本）和教育学（54 本，其中 CSSCI 收录 39 本）。从专业刊物数量及增长情况看，国际关系学术交流的活跃度超过了历史学、社会学等传统人文与社科学科。

严：我们的国际关系研究似乎有着突出的体量优势。

王：的确如此。我参加重大课题评审时的直观印象是，现在我们国家的资金投入增长很快，很像我们的国内生产总值（GDP），21 世纪以来超过一个又一个传统大国，上升到世界第二位。我们现在的教育投入、科研基金支出，各级政府对学术领域的资源安排，都很可观。在不少年轻人心目中，国际关系就是一门显学。据说从 2009 年起，国际关系和国际政治就成了高考文科申报的最大热门专业，十多年来始终高居第一位置。无论是招生、考研，还是进一步的深造读博，包括各高校设立的讲座、研讨会，经常是高朋满座、人头攒动。很多国家的学者，特别是大师级的学者也愿意到中国来（不管是招待方面的原因，还是被这里的研究氛围所吸引），各方面都似乎认为中国处于快速崛起、充满机遇的阶段。

2019 年 10 月，北京大学“北阁对话”第六届年会现场。“北阁对话”每年邀请具有丰富政治经验、深厚学术修养和广阔战略视野的国内外前政要及知名专家莅临北京大学，共同探讨国际形势和世界政治的前景。

图片来源：北京大学国际关系学院。

严：我当时也是抱着这个想法义无反顾地选择了这个专业。那从学科建设和学生培养的角度看，我们的国际关系学科是不是也有不错的发展前途?

王：国际关系在中国的确是貌似繁盛的局面，提供了很多机会。近期加上“一带一路”的政策效应，激发了各类区域国别研究的兴起。不仅有更多的资金、更多的人、更多的项目，还有越来越多的学者倡导非洲学、欧洲学、美国学、拉美学、区域国别学等想法。这些提法的兴起就不只是反映着单纯的体量发展了，它们作为一种国际关系次生的、第二级的专门领域和专门学科被提出来，这在世界上其他地方是不多见的。据我所知，早年美国曾经有过叫作苏联学这个专门的研究，成为一类学问。在国际上“美国学”当然是大家公认的历史悠久、范围广大、内容庞杂的主干领域，包括我们现在提到的比较政治学，它从起源上都可以说是美国学的变种，是用美国政治学研究的方法研究其他国家。但是像中国这样，连非洲学、欧洲学、区域国别学、俄罗斯中东欧学、南太平洋学等都提出来的，在全世界很少见。我到一些欧洲国家，看到像德国、英国、法国这些传统大国，各自也就是十几个、几十个国际关系的专门教席、教授位置，很多是和政治学、管理学、公共政策放在一块的，没有中国的规模与气势。

从这个意义上讲，中国正处在一个十分繁荣的局面中，近年来中国整个国家、整个民族、许多企业和公民似乎都有走出去、走向世界的热情，越来越多的游客、劳工、学生、船队、资本在向全球各地进发，甚至到了过去没有去过的极地、外太空、深海大洋洋底。所以现实的、器物层面的促进，经济的扩张，也带动了对当代国际关系、外交及世界政治问题的兴趣。

严：那为什么您还认为我们的学科发展只是一种“貌似”的繁盛？

王：在承认进步、看到这些繁荣现象的同时，坦白说，我的批评和不满也随之产生。首先现在的研究缺乏一种方向感。什么叫方向感呢，就好比过去是一个沙漠地带、空白地带，现在我们栽了更多的树、有了大片的森林。但是到了森林深处以后，这些藤叶、枝干交织在一块，看不到东南西北，看不到明确的方向，看不清楚什么是进步的台阶，什么是未来成长的方向，大家各说各话，缺乏共同知识及对话。各种零星知识的切割、对立、碎片化非常严重，一方面是多元化带来的好处，另一方面也令研究者不知所措。似乎无法得知真假问题的判断，不知道什么是更高雅的、更古典的、更有品位的研究，什么是比较乏味的、单调的、低水平的重复研究。失去方向感是一个严重的知识社会学问题，从空白到森林本身是进步，但是森林之密、藤枝叶干的相互交叉缠绕，以至于天际阴暗，无法分辨什么是东南西北，什么是学术上从初级到高级，无从判断学术、理论进步的依托及台阶。或者说，知识进步的成长线索变得模糊。

严：什么是知识进步的线索变得模糊，您能具体举个例子吗？

王：比如说在过去的三四十年中，中国的美国研究成为一种显学，大量的资金、课题、项目、人员和制度建立起来，美国研究中心、美国学、美国专题越来越多。那么在我看来，至少出现了三代美国研究者。早年以**李慎之**、资中筠、倪世雄等为代表，有的还健在，有的已故去。在20世纪80年代初期他们开启了真正意义上的美国研究，这取代了早年间的对策诠释。改革开放以后，他们开始研究中美关系、美国的社会和法律，分析美国作为一个第二次世界大战后新的大国的产生原因、它的全球影响、美国霸权的根源等。这是我在上学那会儿感受到的知识，而且我本人也有机会亲耳聆听这些前辈的教诲。我觉得在各种区域国别研究中间，相对于其他的领域和方向，如亚太日本研究、东北亚朝鲜韩国研究、苏联俄罗斯研究，或者非洲拉美研究，美国研究是这几十年发展最快的、作品最多的、相对水平也最高的。在某种程度上讲，这和苏联解体以前，苏联学、苏联研究的一枝独大，以及其他方面很萎靡、很边缘的情况有类似之处。当然过去的苏联研究是在其他方向没有做研究的情况下显得一枝独大，而当时美国研究的发展处在各方面都在兴起、繁盛的大环境下。尽管非洲研究、东南亚研究、日本研究、欧洲研究都在快速追赶，但美国研究还是成长最快的、力量最大的、研究者最多的。

可是我的问题也出现了：从第一批（李慎之等）美国研究者——20 世纪 80 年代是他们最活跃的时期，到第二代像王缉思老师、袁明老师这批学者——也是我的同事、我尊重的学长、师兄，再到第三代大体上五六十岁的我们这个年龄的美国研究者，再到现

李慎之老师旧照

李慎之（1923—2003），中国著名哲学家、社会学家、国际问题专家，曾任周恩来总理外交秘书，中国社会科学院副院长、美国研究所所长。

在正在出现的第四代，研究大数据、人工智能、研究美国在这些领域中的优势、特长和美国衰落现象的人，各自有什么差异？学术进步如何体现？在这几代美国研究者之间的代际更迭中存在知识的进步吗，还是单纯地只是技术的改进、经费的增加、招生数量的扩展及项目的增多？这个问题很不清楚，更别说有讨论、有结论、有共识。我们能说今天的美国研究者比以前的李慎之们更强、更代表新的知识进展吗？

如此一来，我们所说的知识进步的点在哪里，我们所说的美国研究的台阶在哪里？我们如何判断"美国学研究"的理论累积？如何判断它作为国际关系学一个重要分支的推陈出新？设想美国研究如果做得非常好，那么它对其他研究是有启发带动作用的。但如果美国学不如人意，可以想象其他的非洲学、拉美学、东南亚学或者国际上的区域国别学，甚至国际关系整体这一门学科的水平，整体而言可能不会高于美国研究界。

严：您的意思是从美国学研究这四代研究者的发展来看，我们的国际关系研究并没有实现知识社会学意义上的进步？

王：是的。我们的国际关系研究在整体上是比较粗放的、是数量带动型的，而不是知识引导型的，缺乏对知识社会学意义上的思想理论与知识进步的讨论界定。一个好的学科，一个好的领域的进步，更重要的是出现新的范式、新的思想方法、新的研究空间。

当然有人可能会批评，比如说李慎之可能都没有听说过现在我们研究的人工智能。其实不仅如此，现在讲的大数据、互联网，我们在 20 世纪 90 年代都没有听说过。我记得在 1992 年，我第一次到**陈乐民**家里去，当时李慎之召开中国第一次全球化问题的研讨会。陈老师笑说："老李呀，搞什么呀，全球化太遥远了！"言犹在耳啊，这可是陈先生这个大学问家说的话！但是在他晚年，也就是 21 世纪以后他认可了全球化带来的冲击。现在想想看，那个时候人们确实对一些新概念不知所然，甚至有排拒。而今天全球化所带来的很多新的技术进步也一样渗透到我们的工具箱里，渗透到我们的议题里。但瑕不掩瑜，为什么我们都认为陈先生是伟大的思想者、学问家？因为他有超越一般人的深厚学理，有深刻的历史洞见，有吸收新知识（真知识）的胸怀，不用说还有中西文化和语言的交叉运用，能够提供知识累进的参照性作品，他的作品不会因为时间流逝或政策热点变化而失去价值，失去对后生晚辈的启示意义。

陈乐民老师旧照

陈乐民（1930—2008），中国著名欧洲问题专家，原中国社会科学院欧洲研究所所长，"欧洲学"研究发起人，长期从事"民间外交"、国际政治和中西历史文化的研究工作。

严：所以，问题在于思想是否体现进步的知识与判断。

王：是的，问题在于思想的前行态势。还拿美国研究来说，我们现在的学者还会有第一批学者那种广袤的、深刻的、中西合璧的学问和认识吗？我们现在的资金比他们多，招生比他们多，课题比他们多，对大数据和互联网的掌握比他们多，但这可以作为我们现在骄傲的理由，或者是评判美国学研究水平的主要标准吗？我觉得这些指标顶多是次要标准、补充性标准。

严：从国际关系其他领域的研究来看，我们也缺少这种知识社会学意义上的进步吗？

王：讨论了美国研究的纵向比较后，再来看一个横向比较，把各种区域国别研究来进行对照，比如拉美研究、东南亚研究、非洲研究、美国研究和欧洲研究。那么我的问题是，如何衡量它们的通约性和各种专门知识对话的可能性。我觉得，当今各个国别研究、各种区域研究各说各话的现象很明显，互相之间是缺乏交流的。你做拉美的农业问题，我做波兰的贸易问题，他做非洲的土地问题，另一个人做东南亚的海洋问题，你做的问题只有你知道，我做的问题只有我知道，互相不打照面，可能还互相看不上。我在想，一个好的学术进步，它哪怕是不同的议题，一定有某种知识的通约，一定有某种共同的话语，或者是在方法论上让彼此能碰撞比照，思想者能够拓展和互动，知识能够互补互鉴。这才称得上真正意义上的学术成长。

严：在国际关系学科内，学术研究也存在各说各话的现象。对于这一点您能举个例子吗？

王：我记得在 20 世纪七八十年代，美国当时有一系列的研讨会，这些研讨会源自美国学者的自身反思。在第二次世界大战结束以后，美国当时的学者普遍对他们所擅长的区域国别研究比较自信，比如东南亚研究和苏联研究。但是很多政治学家就质疑：这些研究中有理论吗？它们跟我们所说的比较政治学、发展经济学，或者社会动员理论如何去对接？区域国别研究是不是拿出一堆数据来就行？你们那些研究报告和分析材料是不是一定就是非理论化的，是没有规律的？那后人怎么去改进呢？所以当时区域国别研究的学者就开始反思，尝试着把区域国别研究建立在比较政治学的方法与命题之上，建立在政治学的基本分析框架之上，比如对于政治精英的代际更换，对于社会成长阶段论的把握，对于不同经济体制动因的比较，包括像政治学所说的选举、威权、寡头、民主等要素的对照。这样反思的结果是对全球政治不同领域、不同体制的研究都可以做出能够比照的概念，总结出可以通用的思考与提法，也就是把知识通约。

这或许推动着**塞缪尔·亨廷顿**在20世纪60年代就写出《变迁社会中的政治秩序》，我记得很清楚，这本书是建立在对一百五十多个国家的广泛比较之上的，又用我们刚才所说的这些政治学的原理、工具、方法、概念去加以评判，使得不同的区域国家的讨论有可比性（哪怕你不同意他的赋值及结论）。而我们现在比较缺乏这种通约性、可比性。各种国别研究仅仅限于现象学意义上的追踪，或数据的累积，却没有很好

塞缪尔·亨廷顿（1927—2008），美国政治学家，其一生研究范围广泛，包括军民关系、美国政治、政治发展、民主化与国际关系问题。最为人所知的是他提出的“文明冲突论”，认为21世纪的政治对抗在于不同文明之间，而非不同国家之间。

的交流，更谈不上范式的更新和核心命题交替更迭。从这个意义上讲，这是我们作为科学、作为学科的国际关系研究的重大缺陷，即没有进步的台阶，没有知识累积的方向，缺失不同话题之间的交流互动。在此意义上，理论贡献是不明确的、可能无法做出好的判断。

严：除了缺少知识的通约性，我们国际关系学的发展面临着哪些现实问题？我的意思是在学术之外，社会的、政治的因素对我们的研究有哪些影响？

王：这就是我的第三点批评。现在的研究有着过强的政策导向性，而且由于这种狭隘的政策取向，研究其实是由各级政府驱动的、以此为重心的。所以这使得很多区域国别研究及国际关系课题研究，完全是根据权力、单纯的利益、政策的需求来设置和推进。做研究的时候，人们或多或少都把政治的国家博弈过程当作重点，谁输谁赢变成了关注的中心。这从理论上来说，就变成了传统的权力现实主义所驱动和拉动的国际关系研究。反映在学术上，就是国际关系探索大同小异、重复性非常高。比如说某种思想、某种主题在一段时间内盛行，大伙儿都去做这个，过一阵子某种特色、某种范式流行所有人又都去做那个。深究这个现象，我觉得是整个国际关系理论学科失去了多样性和创新力，过于实证、过于短视、过于政治化。这种以现实主义为基底的实证主义视角在中国处于绝对统治地位，而那些具有想象力和艺术特质的跳动的灵感、线索和思维，就不太被发掘或不太受待见。

严：单纯政策导向的研究很容易把我们的思维方式局限在冷冰冰的现实主义牢笼里，我想这不仅会导致研究的机械重复、千篇一律，还会让我们丧失创造力。我们的研究似乎已经被现实主义和实证主义双重规训了。

王：我比较过中西方，尤其是中国和欧美国际关系学科及其线索的差别。写《西方国际政治学：历史与理论》这本书的时候，最大的印象就是从国际关系研究这门百年学科的生成到第一次世界大战结束的头二十年，也就是1919年到1939年期间，虽然从表面上看它是为了讨论战争与和平的问题，是围绕第一次世界大战到第二次世界大战之间的和平到底能延续到什么时间、能不能避免战争的大辩论，但是这场二十年的辩论确实带来了范式的更新，其中存在着现实主义和理想主义不同学术视角之间的辩论，也有关于不同规范、学理、方法论的大量讨论。到了第二次世界大战以后，现实主义虽然占主导地位，但是很快它就出现了科学化的特点，出现了用工程学、信息论、不断更新的技术进行研究的趋势。这个趋势在20世纪六七十年代达到高峰。与第一场大辩论明显不同，第二场大辩论是围绕历史主义和科学主义孰优孰劣的争论，这就明显有了更多新的科学范式，把很多第二次世界大战后科学进步、技术进步的理论运用到国际关系的研究中来。而到了第三场大辩论，也就是20世纪八九十年代以后，就更加多元化了，非实证主义、建构主义、带有艺术特点的研究，比如女性主义、生态论的探索等，变得更加分叉、多穗。简言之，除了外交政策和地缘政治的表象外（这是中国人注意比较多的），范式的丰富、知识的迭进、理论根基的延展都可辨识出来（这是我们学界相对忽视的）。

三、“美国重心”

严：历史是一面镜子。他国的现实同样是我们思考比较的对象。看待中国国际关系研究的现状与前景，有必要比照一下美国的情况。在现在的国际关系研究中，美国牢牢把握着知识生产和传播的主导地位，您也在《西方国际政治学：历史与理论》一书中提到现阶段主流的国际关系理论是“大西洋现象”或“美国重心”。这种美国重心的研究取向有着怎样的历史背景呢？

王：回顾历史，在过去将近100年的时间，美国作为世界霸主，先后碰到好几个“老二”。这是美国霸权所不能容忍的，最终一个接一个地将其终结。例如，第二次世界大战前德国发展迅速、势头很猛，希特勒野心膨胀，发动了第二次世界大战，最终美苏联合打败了纳粹德国。日本在20世纪40年代野心很大，妄图建立一个以日本为霸主的“大东亚共荣圈”，为此不惜发动了珍珠港空袭。这正中美国下怀，于是美国迅速对日本宣战，在中苏等国的合力打击下，最终用两颗原子弹彻底打败了日本。战后，美国单独占领了日本，对日本进行民主化改造，现在日本虽然经济很发达，但在安全上依赖美国，再也没有能力和美国叫板。美国世界霸权的第三个对手就是苏联。战后，世界形成了美苏两极格局，美国发动了对苏长达四十多年的冷战。到 80 年代，里根总统提出“星球大战”的计划，目的是拖垮苏联。最终不出所料，苏联果然不堪重负，在国内危机和民族矛盾的共同作用下崩溃了。在美国不费一枪一弹的情况下，苏联分裂成了 15 个国家。20 世纪 90 年代是美国的巅峰时刻，放眼天下无敌手，美国的经济在克林顿执政时期达到了高点，叫“克林顿盛景”。美国人赚得盆满钵满，得意忘形，甚至提出“历史终结论”，认为挑战美国的历史再也不会发生了。

但是美国在信心爆棚后，很快就开始犯错误了，挥着棒子到处教训所谓“流氓国家”“无赖国家”。比如，美国推翻了塔利班政权，推翻了萨达姆政权，并把他给绞死，击毙本·拉登，推翻了利比亚卡扎菲政权，在世界各个地方大打出手。一系列的强人政权在美国大棒下一个个倒下，像多米诺骨牌一样，整个中东地区乱象横生。美国虽然打一场胜一场，没有任何军队能够跟美国军队抗衡，但是这个过程也让美国逐渐陷入了泥潭。美国大量地透支了军力、经济能力和整个国力。近几年来美国开始出现无法持续的局面，因此奥巴马政府开始从中东等地撤出，新总统特朗普更是打着“美国优先”的旗号，不断地“退群”，不断地推卸责任。特朗普现象也是美国长期衰退进程的一部分。在学术理论上，美国的地位也会逐渐下降，尽管是缓慢长期的。

严：中国现在作为世界国内生产总值总量排名第二的国家，我们的国际关系研究是不是也会复制美国的经验呢？或者说，中国现在也走上了和美国当年一样的崛起之路，我们学者的心态和美国当年是否有所不同？

王：在美国战略收缩的过程中，一个新的“老二”正在快速崛起，这就是中国。我们不仅经济总量是世界第二，我们的科学技术教育投入、军费总量也是世界第二。在某些领域甚至是世界第一，比如钢铁产量世界第一，我们的制造业有很多产品也是世界第一，比如高铁、公路里程、造船、玻璃板、水泥等，我们的汽车产量也已经大大超越美国。所以美国人现在产生了一种“怨妇”心理，认为自己这些年来从高峰落到高原，普遍觉得今不如昔。而中国在这种“盛景之下”，一些人也难以避免地滋生了某种膨胀心态。一些人谈到“强起来”的时候，也已经习惯了美国的物质标准。他们自信心急剧膨胀，觉得发达国家不如我们钱多、车好、地铁新、建筑多，不如中国发展迅速，认为别国不再有值得学习借鉴之处，中国

中美角力

图片来源：作者自制。

已经可以输出模式、教育别人了。例如应该教训那些老是“挑事”的小国，这种轻视别国的语气令人惊讶，值得反思。

美国的政治与历史所营造出的一种氛围是，它像世界老大，可以对世界事务指手画脚。这个方面我们不需要学习美国，中国不应变成那样，而应变成一个善于学习的民族。不要过度以美国为标准衡量自身，我们可以看看瑞士、北欧各国、以色列等有趣的小国。它们充满创新精神，人口寿命、公民素质高，人均国际公务员的比例大，绿色生态环保的研发水平卓越。而且小国往往说话办事很谨慎，不像大国那样粗暴，这恰恰是我们未来由数量发展向质量发展时应当借鉴的。中国制造的一些产业，虽在国内有着举足轻重的地位，但还处在全球价值链较为靠后的位置，依靠资本和劳力的大量输入，带来环境污染和资源浪费。相反，在高端的航母、芯片、新材料上，中国制造的质量与创新性尚不如人意。

中国所需要的走向，我称之为“仁智大国”，是指进入有质量、有品位的发展阶段。这意味着一种更复杂的塑造，除了器物外，还必须体现在气质、文化、精神和品位上。这样的大国有气质、有风范，知道如何借鉴美国作为首要大国的强，同时避免美国人的傲慢；这样的大国知道尊重中小国家，对别人的顾忌与批评比较清醒、善于鉴别。不少人对美国特别敏感，对于美国针对我们的发言、针对我们做出的举动，我们会时刻注意、时刻反击；但对于比我们小的国家，我们则不太敏感，比如一些邻国民众及舆论对中国的担心和批评，在中国某些媒体那里被说成西方的“应声虫”，或干脆不理睬。

我们可以学美国的长处，但千万别把美国的短处都拿来。为了实现“超越美国”的目标，就是需要更大的航母，更高的国内生产总值，更强的工业制造能力。但是在我心目中，我觉得美国不好的地方，或者美国最值得我们警惕的、不要学的地方，就是“美国例外论”。但我觉得这个“美国例外论”正不知不觉地在我们那些高级干部、学者和媒体中滋生，使得中国从本来可以跟世界各种文化、各种文明沟通，变成了难以沟通，从互鉴变成了难于交流。美国仍然是世界强国，占据着世界科技高峰和学术高峰，值得学习与借鉴，但要小心不要学“例外论”。百年巨变并非始于中国一家崛起，百年巨变也不是我们一家完成，说过了不仅造成大国间的猜忌，也可能令一些中小国家不适。中国要有与中华优秀文明传统一致的大国风范，在继续自身成长的同时，处理好与外部世界的关系，做一个强大而谦逊的国家。

严：我们回到国际关系的研究中，我还想请您再谈一下学科发展中的“美国重心”。

王：好的。刚刚我们提到了美国半个世纪以来在全球权力优势的形成，这其实在很大程度上是物质优势和学术优势，更进一步讲是知识优势。法国哲学家福柯曾经细致地论证过权力和知识之间的对应关系，这个关系放在这里也适用。在他看来所谓“知识”不过是一种“话语”，什么意思呢，就是我们觉得客观的、真理的、不受质疑的那些东西其实只是一套人为设定的符号，是人们精心设计出来的故事。我们前面讨论了**知识社会学**，可以看到早期西方世界对宗教描绘下的世界笃信不疑，后来又投入到了科学真理的怀抱。其实无论宗教也好，科学也好，在福柯看来都是一系列的话语，问题的核心不在于话语是什么，而在于是谁在书写这些话语。现在国

知识社会学

知识社会学是一门于20世纪20年代起源于德国的学科，德国哲学家马克斯·舍勒（Max Scheler，1874—1928）在《知识社会学的尝试》中首次使用知识社会学（Wissenssoziologie）这一概念。这里"知识"一词包含的范围非常广泛，涵盖思想、意识形态、法学观念、伦理、哲学、艺术、科学与技术观念，而知识社会学研究的是这些"知识"与社会群体、文化制度、历史情境、时代精神、民族文化心理之间的联系。

际关系研究中的问题是，即便书写者不是美国，也是围绕美国为中心展开的。

严： 我记得斯坦利·霍夫曼（Stanley Hoffmann）在一篇标志性的文章中反思过这个问题，他在1977年发表了《一个美国的社会科学：国际关系》一文，直言国际关系学是一个美国的学科。他先是归纳了美国国内国际关系研究的几个特点，然后从智识倾向、政治环境和制度支持三个角度进行了总结。

王： 好，那你分别解释一下这三点。

严： 智识倾向、政治环境和制度支持，这三点不仅是探讨学科史和思想史的观察视角，在知识社会学中，考察知识的演进大多也是沿着这三条道路展开的，只不过用的术语不太一样。智识倾向，有人称作"智识语境"，说的是一套理论、一个知识体系或者一个学说的"基底"问题。也就是它依托着什么知识背景，它背后的本体论、认识论、方法论是什么。举一个可能不太恰当的例子，我们写一篇论文时所引用的那些注释，林林总总加起来就是这篇文章的智识背景。一般来说，一个学科的智识倾向是变化的，比如西方自然科学就经历了从朴素自然观到神学再到科学的演变。国际关系学也一样，早期的法律历史哲学研究倾向在第二次大辩论后被慢慢边缘化，取而代之的是19世纪末期、20世纪初期复兴的科学革命思潮。这个思潮从牛顿力学开始，经过数代科学家和科学哲学家的发展，最终在国际关系第二次大辩论中完成“淬火”，成为美国国际关系研究的主流思想基底。霍夫曼这篇文章发表的时候，学科第二次大辩论已经结束，第三次辩论正火热地进行。但我们知道所谓第三次大辩论，也不过是在实证主义、理性主义的框架下进行的。霍夫曼时代的实证主义、科学主义、理性主义已经成为学术研究的“潜规则”和常识，卡普兰、华尔兹等人慢慢走上了“神坛”。直到今天，这种科学主义的智识倾向也还没有褪去，各种复杂的统计数理模型在研究中被整合使用，即便不追求纯粹的科学性，我们也更加青睐那些简约化、符号化、模式化的研究策略，比如**KKV**和**QCA**等路径。

政治环境也是影响美国国际

KKV

加里·金（Gary King）、罗伯特·基欧汉（Robert Keohane）和悉尼·维巴（Sydney Verba）（三人简称KKV）编写了名为《社会科学中的研究设计：定性研究中的科学推论》（Designing Social Inquiry：Scientific Inference in Qualitative Research，DSI）一书。这本书力图在定性研究和定量研究中搭建起一座沟通的桥梁，希望在定性与定量研究孰优孰劣的辩论中找寻一条和解之道。但有学者认为，KKV方法实际上主张运用定量方法的规则去评估、改善定性研究，它暗含了定量研究较之定性研究更加优越的假设。

QCA

定性比较分析（Qualitative Comparative Analysis，QCA）是20世纪80年代由美国社会学家查尔斯·拉金（Charles Ragin）提出的一种旨在整合定量研究与定性研究的方法。QCA方法的核心目标在于寻找因果关系，主要方法是通过定量手段对中小样本的案例数据进行比较研究。它的优势在于，在确保研究客观性的基础上，试图体现因果关系的复杂性。

关系研究的重要因素。对于知识社会学学者来说，他们更喜欢使用“历史语境”这个词，它解释的是历史事件对学科研究的影响。如果说智识语境是学科发展的内部动力与线索，那么历史语境充当着外部动力与线索，二者有时独立、有时交织，成为左右学科发展的一股合力。那么对于美国国际关系研究来说，这个历史语境是什么呢？霍夫曼认为是一种对确定性的追求。我们回顾一下美国权力上升时期的历史，在第一次世界大战结束之时，国际社会关注的议题是如何重塑和平，如何通过国际制度的设计来约束国家的行为。具体到细节，国际关系研究的关注点是国际联盟代表权和投票权的分配、投票议程的设置、集体安全中的博弈与对违约行为的惩罚机制，等等。很多关于战争与和平的问题最终都化约成了技术性问题，而技术性问题一定是要求精确、稳定的。打个比方，当时的国际关系研究和确定性是天然盟友的关系，尽管在具体问题中需要对道德、正义和公正这些不确定性问题进行思辨和争论，但研究最终需要一个坚实的落脚点。对于当时的国际关系学者来说，哲学的洞见并没有那么吸引人，反而是科学的安排能够解决实际问题。沿着这个思路来看，美国的选择也许就更加清晰了。

第二次世界大战之后的美国处在什么历史背景之中呢？是冷战，一场和苏联全方位对抗的竞争。在这样的历史背景下，美国强调的是与苏联在核武器数量、技术之间的恐怖平衡，是势力范围的精准划分，是盟友关系的稳定维系。冷战的政治环境在某种程度上“强迫”美国国际关系学者关注那些技术性和科学性的问题，比如美国的学者有一段时间沉迷于研究武器之间的攻防平衡问题，比如海基核武器和岸基核武器对美苏关系的不同影响，军事技术更新对安全困境变迁的作用，等等。国际关系研究好像被化约成了“武器关系”“技术关系”。这当然不是讽刺，而是现实历史下的必然产物。所以说，在 20 世纪七八十年代，法国的国际关系学者可以研究殖民地与宗主国之间的南北关系，研究这里面的正义问题，可以讨论各种反思霸权的后现代问题。但是美国不行，至少你在美国研究这些不会受到重视。为什么？因为你的权力地位决定了你对知识的需求，美国作为两极之一就需要“关于霸权的知识”，需要塑造福柯所说的话语体系。

王：第二次世界大战和冷战的政治环境对美国知识霸权的确立至关重要，它们给美国的全方位崛起提供了有利的条件。它的一个结果就是对于确定性的追求，重视“精密科学”的研究成为美国国际关系研究的风向标。美国的历史较短但崛起迅速，很大程度上得益于大规模制造业和科学技术的极大进步。这从根本上影响了美国人的世界观、方法论、价值认知，使得美国人崇尚和追求力量、科学，深信理性和效用最大化的逻辑。所以这种科学化、精确化的思维方式在美国学界相当普遍，不仅是对于自然界的问题，也包括社会问题，乃至国际问题的分析处理也都遵从这样一种思路。

还有一个因为历史原因导致的后果，就是美国国际关系研究重点的转移。你提到了国际关系研究第二次大辩论的“智识语境”，“硬科学”发展对国际关系研究方向的引导是一个方面，另一个方面是第二次世界大战和战后的国际形势。当时的政治环境使西方学者对国际关系研究的重点远离了国际联盟时期的理想主义，而转向古典的、“老派的”现实主义，也即从国际法和国际组织转向权力政治。

严：美国国际关系研究的第三个特点是独特的制度支持。观察一个学科的发展不仅要从它研究的对象上考察，前面说的智识语境和历史语境是从内部和外部两个角度来说明学科研究对象的选择原因。除此之外，我们还要关注学科之中的研究者群体，看看这些研究者作为一个共同体、一个社会组织是如何运作的，他们之间有什么特殊或者固定的交往模式。这是因为研究者团体的社会关系与组织特点也会对学科的研究内容产生影响。

比如在艺术史中，“谁养活艺术家”这个问题很大程度上决定了艺术创作的内容和品味，艺术家群体这个“小社会”的一些特征往往会投射在他们的艺术作品中，艺术作品在一定程度上是艺术家所处社会组织与社会结构的“镜像”。比如，早期的艺术家受雇于天主教教廷，因而它们创作的主题受到很多限制，多是《圣经》题材或者是假借神话传说讲述的宗教故事。而随着欧洲商业发展，商业贵族兴起，艺术家的资助人群体便开始丰富了起来，不再局限于教会。15 世纪与 16 世纪的荷兰出现了成批量的人物肖像画、城市风景画和静物画，很大原因就是商业发展带来的中产阶级兴起，市民开始出资雇用画家为自己画画。绘画的主题自然也和市民们的审美相一致，既有留给自己欣赏的单人肖像画、家庭群像画，也有描绘城市港口、运河以及乡村风光的自然风景画。再到后来，艺术家形成了所谓“文人共和国”，有了自己的学院、行会等社会组织，逐渐摆脱对资助人的过度依赖。到 19 世纪艺术家的社会组织日益成熟之时，一股“为艺术而艺术”的浪漫主义风潮成为艺术创作的标准，艺术奋力洗刷自己的“附庸角色”。

我讲艺术史的例子是为了说明国际关系学者的社会组织特点对

学科特点具有重要影响，那美国学者的特点是什么呢？首先是它有一套完整的“旋转门”制度，我们熟知的很多国际关系学家都曾经在美国政府中供职。比如冷战早期的乔治·凯南，到我们比较熟悉的基辛格、布热津斯基和约瑟夫·奈，他们不只是书斋里的学者，他们对国际关系的研究成果可以直接进入决策圈，甚至他们本人就是决策者，如约瑟夫·奈就曾经担任过主管东亚事务的助理国防部长。另一方面，通过一线工作，他们还能够不断更新自己的研究。可以说“旋转门”制度实际上为美国国际关系研究注入了极大活力，不仅是学术创新上的活力，还有对学者的激励，大家都愿意建言献策、著书立说。根源在于学术界和政策圈之间是有桥梁的，而且彼此之间相互开放、相互评价、相互交流。权力和知识之间的关系并不是单向的，这就使得学术在一定程度上能够自由地发展。

王：你提到了美国学术界和政策界之间的“旋转门”制度，这是一个要点，反映了美国学界和政界之间紧密的联系。在 20 世纪 60 年代以前，美国的学者还没有“登堂入室”，政治家和决策者经常向大学“求教”。从 60 年代开始，大学和研究院就成了“总督府”，学者争相建言献策，以自己的学说观点被政府采纳为荣。从这个时候开始，学者和官员之间的“旋转门”就开始普遍了起来，学者进入庙堂、官员进入大学成为普遍的现象。官员的权力地位和学者的学术影响力甚至能够相互增强，出现了所谓“基辛格症候”。

除了你提到的“旋转门”制度，第二个社会基础是美国基金会的角色。与多数西方国家不同，美国的各种基金会不仅数量多、实力雄厚、涉及面广，而且它们的存在方式比较有助于国际问题研究。比如洛克菲勒基金会、福特基金会、凯瑟琳基金会，它们在权力机构与学术圈之间起到“黏合剂”和“催化剂”的特殊功能。许多重要的学术沙龙都是由它们发起的，许多双边的重要活动也是由它们安排的，许多桌面上不方便或过于敏感的话题到它们那里有了合适的交换意见的场所。

第三个社会基础是美国的大学，它独特的学科设置和管理结构也有助于美国“知识霸权”的生产。美国大学最大的特点是它强大的竞争力，而竞争力源于它的灵活性与独立性。它既不受公众约束，还能够做到财政自主，与大众、政府保持着一定的距离。这使得它的专业水准很难受到来自舆论、权力和金钱的左右。

总的来说，从智识倾向、政治环境和制度支持三个角度理解美国国际关系研究的特点非常好，实际上这是运用知识社会学的知识来俯瞰我们的国际关系研究。在这些特点之外，我们还可以看到国际关系研究的“美国重心”，或者是美国学者说的“国际关系是美国的社会科学”，这很大程度上还是源于美国自身的权力优势，源于它主导的国际体系和游戏规则，源于经济相互依赖背景下全球信息知识交流的畅达。但我们也不能把美国这种“一统天下”单纯归因于学术之外的因素，我们也要看到美国学术界在理论原创性上的突出贡献，比如华尔兹、吉尔平、基欧汉和杰维斯这些学者。

严：您提到美国对国际社会游戏规则的主导是美国“知识霸权”得以确立和延续的因素之一，对于这一点我觉得还可以深究一下。游戏规则被谁主导很重要，但是如果这个规则不吸引人，这种主导权实际上是很脆弱的。

王：美国对国际研究的主导，与美国的全球霸权密不可分。美国主宰的西方当代国际秩序有不同于传统西方列强格局的特点，即所谓“新自由主义的国际霸权”。简单说有四个要点。

第一是美国主导的“安全捆绑”机制。战后以来西方国家之间一直实践着一种把彼此的利益和安危联系、“捆绑”在一起的互惠机制。这是一种“互惠互利”“一荣俱荣、一损俱损”的国家间关系。早在第一次世界大战结束之际，美国就试图用国际联盟把世界捆绑在一起，后来第二次世界大战后的联合国，美欧之间的北约组织和马歇尔计划都体现着这个思路。这种安全捆绑的模式取代了传统的均势思维，战争、制裁、外交限制这些传统的恐怖制衡机制逐渐被放弃，取而代之的是成本更低、效率更高的共和主义、自由主义的治理策略。

第二是美国推行的“渗透性霸权”。渗透性霸权和传统意义上的霸权不同，它更注重霸权体系中国家之间的互惠性，有一种自由主义气质。比如说，只要你承认美国的霸权地位就可以获得好处，美国也愿意合作、愿意求同存异，愿意一体化而不是强迫服从。打个比方，美国扮演的角色更像是公司的董事长，而不是家族的族长。对于整个体系而言，它的透明性、权力的制衡性、决策通道的多元性都和传统的帝国式霸权不同。从这个角度来说，美国主导的霸权体系具有一定程度的合法性和向心力。

第三是美国经济的开放性。虽然说目前特朗普政府的经济政策越来越背离这一点，但如果回顾美国的历史，我们不难发现，正是由于美国向世界长期开放国内市场，走所谓“开放的资本主义”道路，美国才得以支撑由它所主导的世界贸易与金融体系，才得以向世界提供“公共产品”，进而巩固霸权的物质基础。

第四是美国主导的“公民认同”。这种认同的塑造有两个维度，一个是在所有西方国家内部，人们认同自由主义、民主制度和资本主义。另一个维度是在上层精英中，包括当权者和知识界，人们对整个体系的政治认同。这种公民认同感取代了相对狭隘的国家认同，国家主义、民族主义在一定程度上被自由主义价值观所替代，西方世界对于"我们"的界定标准超越了地理与政治的边界，文化和道德的相似性成为"自我"与"他者"之间的分界线，或者说构成了"区分敌我"的判断标准。

严：在国际关系学科之中也是这样，如果美国的主流知识体系不是开放的、互惠的、存在某种认同的，或者它过于晦涩、难以传播、缺乏吸引力，我想即便它背后有强大的权力推手，这种知识霸权也难以实现。

我们从外面观察美国的学术界，它看似是一个封闭的、不欢迎其他国家研究成果的团体。但是我们也可以这么来看，美国国际关系学术界的大门其实并不是关上的，只不过它有个门槛，这个门槛是按照美国人的想法和传统来设计的，而且对于其他国家的学者来说这个门槛还有些高。如果能够迈过这个门槛，自然也就成了主流，成了知识霸权的一部分。所以我的意思是我们在看到这个门槛时，不能只想着把门槛给砍掉，也不能只想着给自己的房子加个门槛，而是要提高自己"跨门槛"的能力，能在屋内屋外随意进出。

至于是否能够开宗立派、成为一支，那就要放到学术这个市场里面去检验、去竞争。同时，我说的这个开放不仅是美国对世界的开放，还有另一个维度，就是一旦你承认美国设立的这个"门槛"，美国还会为你提供一些帮助。比如帮助你建设自己的国际关系学科体系、提供资金支持、整合已有的分散学科，等等。当然这个背后存在着各种各样的商业与政治动机，但对于一些国际关系研究刚刚起步的国家来说，这未尝不是一件好事。所以说为什么大家都在指责美国的垄断，都想另立门户，但又都接受国际关系是一门美国的社会科学。这是个有意思的话题，霍夫曼说国际关系是一个美国的社会科学（An American Social Science），那我们现在还可以说国际关系仍然是美国的社会科学（Still An American Social Science）。

王：我们刚才提到的这些点，如果把学术当成商品，那么我们讨论的是商品的生产和消费，是美国如何在国际关系领域获得这个地位，以及我们为何认可它的地位。此外还有一个问题，经济上叫再生产，在我们这个主题里面就是美国何以能够持续不断地维持它的知识地位。如果依你所说，非美国的学者们也有不少跨进了“门槛”，为什么他们的竞争力不够？我想还有一些技术上的因素值得思考。

首先就是语言，用什么语言作为学术写作、交流的通用语至关重要。我们知道德语、法语和英语在国际交往中轮番坐庄，实际上语言作为一种符号也代表着一种潜在的权力。英语现在是世界的通用语言，尽管英语的使用在很大程度上消解了使用者的国家属性，但以英语为母语的学者仍然具有优势。英语作为学术工具被广泛使用导致了我们学术写作中的“路径依赖”，尤其是当我们表达抽象概念的时候不同语言之间的细微差别就被放大了。比如一个让我们国际关系专业的新同学感到头疼的名词是“无政府状态”，英文是Anarchy，如果我们辨析英文概念，它背后实际上有很深的历史渊源和独特的社会语境，但如果我们按照中文字面的意思“无政府状态”去理解，肯定是不到位的。这就相当于我们思考的地基就和英语世界有区别，这样的区别积累的多了，我们的研究距离国际标准就越来越远了，也就是所谓门槛就越来越高了。

其次是编辑对学者研究成果的选择也和语言有关。现在的倾向还是美国和英国学者占据了国际一流学术期刊的大多数版面，他们的发表机会更多。这里既有语言的因素，也与学者关注的主题有关。

第三个就是研究者的体量问题了，英国和美国有着全世界最多的国际关系研究者，学生也好，教师也好，至少数量上占据绝对优势。人多意味着什么呢？意味着他们讲的故事声音更大，附和的人更多，很多他们创造的话语就成了事实。比如我们现在都采用“大辩论”的叙事方式讲授国际关系的理论发展，这一定是事实吗？我看未必。但当绝大多数人都这么讲的时候，它就是事实了，然后成为惯例、制度，最后进入课本被一代一代地传习。我的意思是，学者的体量优势成为美国学术优势地位“再生产”的关键，这既是学科叙事的稳定器，也是维系学科“历史神话”的基础。

严：我们刚才谈了美国在国际关系学术界的优势地位，按照您在《西方国际政治学：理论与历史》一书里的说法，国际关系学同时是一种“大西洋现象”，而美国只是大西洋的一边，那另一边呢？欧洲的国际关系研究是什么样的？为什么我们的课本里对他们没有过多的介绍？

王：在讨论“美国重心现象”时，我们往往把注意力都放在了美国一侧，其实大西洋的另一岸也是我们所说的“知识霸权”的参与者，只不过现在人们的关注点慢慢倒向了美国。按照美国式的国际关系学科叙事来说，国际关系理论的发展是通过“大辩论”的形式演进的。我们刚刚说到了第二次大辩论的结果是科学主义确立了优势地位，其实还可以说成是美国学派相较于欧洲的研究（特别是英国学派）后来居上、逐步确立了优势地位。

严：确实，第二次辩论对阵双方的领军人物是美国的卡普兰和英国的布尔，他们分别是科学主义和传统主义的重要代表人物。

王：在这次大辩论之前，也就是我们所说的第一次大辩论期间，国际关系的研究实际上处于一种“英美知识共治”的状态。我们熟知的学者，无论是理想主义一方，还是现实主义一方，大多都是英国人和美国人。比如现实主义大师尼布尔和摩根索是美国人，虽然他们都有德裔背景，另一位现实主义大师卡尔则是英国人。在理想主义阵营中，既有英国人齐默恩爵士，也有倡导“十四点计划”的美国总统威尔逊。可见在第一次大辩论期间，英国和美国分享着国际关系研究的领导地位。直到第二次大辩论，英美才开始“分道扬镳”。

严：这种“分道扬镳”体现在哪里呢？

王：所谓“分道扬镳”，其实指的是大西洋两岸美国和英国在国际关系研究中的思路、方法和基本问题导向产生了区别。就美国学派而言，它的基底是科学主义方法，或者说它的知识社会学目标在于科学说明；英国学派的基底是古典方法，也就是我们常说的历史社会哲学方法，其知识社会学目标在于历史理解。方法上美国学派多采用实证方法，英国学派则是阐释方法。美国学派多关注现代，英国学派多关注历史。美国学派的研究在于解答科学性问题，重视研究过程中的方法论，而英国学派对规范性问题和它背后的哲学问题则讨论得比较多。最后，美国学派更亲近政策，英国学派更注重原则。

另外，你刚刚提到学术团体的社会组织问题，英国学派在这一点上也具有特色。你知道英国学派虽然叫“英国”学派，但并不是英国的学派，它不仅有英国人，还有南非人、澳大利亚人等认同英国学派这套研究议程的外国人。虽然英国学派内部的理论主张繁多，但仍然具有强烈的“家族相似性”。

严：我想这种“家族相似性”一方面是英国学派的优势所在，另一方面也可能是和美国学派论战失利后的“生活所迫”吧！再不“抱团”，就彻底被边缘化了。

王：所以你可以看到在英国学派内部存在着连续几代学者统一起来的私人联系，尤其是师承关系。比如马丁·怀特—赫德利·布尔—文森特·波略特这一支，再比如赫伯特·巴特菲尔德—亚当·沃特森这一支。这种私人联系背后其实是一种很强的共同体身份认同，一种自我确认为英国学派成员的“局内人”态度。这种学术制度使得即便英国学派在第二次大辩论中落了下风，但始终没有退出舞台，甚至没有沦为配角。

严：刚刚您提到了英国学派在学术制度上的设置，除了师承关系以外，还有什么？

王：比如英国学派长期以来以伦敦政治经济学院（LSE）为大本营，它们有稳定的来自洛克菲勒基金会的支持，这些是物质条件上的。在学术方面，英国国际政治理论委员会对理论议题和研究方法进行定期指导，大伙在一个时间段统一研究一个主题。这就把本来分散的学者凝聚在了一起，放大了你提到的跨国学术生产、再生产和消费过程。这些都是我们在中国学术界发展进程中需要认真思考的。

四、“他山之石”

严：在大西洋这一边，我们常常关注英国的国际关系研究，英国学派也在各类教科书中单独作为一章出现。那欧洲大陆的国家呢？比如法国、德国、意大利这些国家的国际关系研究有什么特色？

王：这个问题我也想过，当时我写《西方国际政治学：历史与理论》的第一版和第二版时就在反思，是不是美国色彩太浓厚了。我书中的“西方”好像只有美国，英国学派也只占了一小部分。因此，我后来在写作第三版时专门加了一章，叫“欧洲人的特色”。不过在这一章里面我也只是对英国学派和北欧的国际关系研究做了分类介绍，其余的国家地区也只是泛泛而谈。以后写第四版的时候，我想我需要考虑把这些欧洲国家各自的特色更详细地介绍一下。我知道你曾经在意大利读过国际关系的研究生，应该对欧洲的国际关系理论有所了解，你不妨介绍一下。

严：有一个有趣的比喻，说欧洲大陆的国际关系研究是“一间有着很多大厦的房子”。这句话看似是一个悖论，房子里怎么会有大厦呢？还是很多的大厦？这个比喻其实很形象地说明了欧洲大陆国际关系研究的状态。如果我们聚焦单个国家，它们都是大厦，都有丰富的思想资源和历史传统，有着入云的思想高峰和深厚的地基。但是如果我们从远处看整个欧洲的国际关系研究，它又是一间房子，没那么显眼，没那么出彩。另一个比喻是欧洲大陆的国际关系研究带有中世纪风格，什么是中世纪风格呢？就是每个国家彼此独立，相互之间缺少沟通，整体的气质有些死气沉沉。

王：那你分别介绍一下这几座“大厦”吧！

严：首先介绍一下意大利的国际关系研究。总体上说，意大利的国际关系研究在“美国主导”和“孤立主义”之间摇摆。一方面美国的主流研究范式和方法在意大利学术界影响很大，但另一方面意大利本身又有很多独特的思想资源，也存在发展“意大利学派”的想法。但三年前我在意大利的时候，我发现意大利学者在研究方法上呈现出向美国加速靠拢的趋势，定量方法和定性的 KKV 方法越来越受欢迎，而在研究主题上则是聚焦欧盟治理和传统的和平与安全问题。

王：你具体说一说意大利国关领域主要研究哪些问题。

严：根据课程大纲、学术会议和学者老师们的研究方向总结下来，大致有五个大类。第一个是对冷战后国际体系的研究，第二个是对国际冲突与安全机制的研究，第三个是关于民主化与威权体制的研究，第四个是全球化研究，第五个是欧洲一体化问题研究。总的来看，意大利国关界的研究主题还是比较统一的，安全合作、一体化和社会变革问题是主要方向。但它也有自己的问题，第一个是刚才提到的它在美国化和本土化之间摇摆，尽管最近几年美国的影响开始压倒本土特色，但这也导致了一定程度上的分裂。第二个问题，即学术研究方法的分裂，以及随之而来的研究者阵营的对立。在意大利有很强的学术地域主义风气，圈子文化盛行。如果说还有不足的话，就是意大利的国家气质，这个有点虚，但多多少少会有一些影响，就是大众对国际事务缺少热情。大众对国际关系、全球治理这些问题不是很关心，简单来说大家不喜欢讨论政治，这个方向的学生很少，博士和老师更少。再加上诸如语言不通、资金短缺等技术限制，意大利的国际关系研究在世界上还处在比较边缘的位置。

王：你说了这么多不足之处，那意大利的国际关系研究还能被称为“大厦”吗?

严：我想是可以的，我们可以看到意大利有着非常丰富的政治文化资源，这些思想传统并不统一，甚至相互对立，这一点和我们中国非常像。比如我们熟知的马基雅维利，他代表着一套非常典型的现实主义传统，还有以**安东尼奥·葛兰西**为代表的新马克思主义传统，另外还有强大的保守主义传统。而且这个保守主义传统还不是一种，它有以天主教会为代表的宗教保守传统，也有历史上法西斯主义的极右传统，还有在传统政治精英中占主流的黑格尔传统，就是讲求国家至上，民族统一的这种思潮。意大利从西罗马帝国灭亡之后就长期处于分裂状态，和这种长期存在的历史趋势并存的，是一种与之相对的思潮，即对统一与团结的渴望。这种布罗代尔式的判断在19世纪得到了验证，例如意大利和德国的统一战争。不过古典的黑格尔主义现在看起来发生了很大变化，它和平民主义，或者说民粹主义，还有疑欧主义、排外主义一起混合出了新的思潮。

这些丰富但又对立的思想传统为意大利的国际关系发展提供了很多阶梯。加上意大利大学又有着悠久的国际法、外交史和历史哲学研究传统，意大利国关学界慢慢演化出了众多颇具特色的学术派

葛兰西（Antonio Gramsci）

安东尼奥·葛兰西（1891—1937），意大利共产党创始人，革命家、思想家。葛兰西出生于意大利撒丁岛的一个小职员家庭，无论从地理还是从社会阶层来说，葛兰西都是一位“边缘人”。作为“边缘人”，习惯性的冷眼旁观与疏离感也许是葛兰西旺盛思想力的来源。第一次世界大战爆发后，葛兰西响应列宁的号召，组织工人运动发动反战武装起义。1921年意大利共产党创立，作为创始人之一的葛兰西于1926年被捕入狱。在狱中葛兰西写就了三十二本《狱中札记》，反思了意大利的历史、欧洲资本主义发展、文化霸权与社会控制、知识分子心灵自由等一系列时代问题。1937年，葛兰西在法西斯监狱中逝世，《狱中札记》成为意大利思想史上不可磨灭的一道光辉印记。

别，比如现实主义流派、地缘政治流派、格劳秀斯流派和自由主义流派，等等。单就意大利而言，它的国际关系研究完全称得上是一座大厦，但和美国、英国相比，仍然显得单薄。

王：很好，和意大利相比，法国的国际关系研究有什么特色？法国有一位著名的国际关系大师**雷蒙·阿隆**，还有年鉴学派的布罗代尔，但似乎除了这几位以外，法国其他的国际关系学者还不太为中国学者熟知。

严：您说的对，即便是雷蒙·阿隆，也是由前面我们提到的霍夫曼介绍到美国的，我们对阿隆的理解其实还是通过美国人，通过

雷蒙·阿隆（1905—1983），法国犹太裔思想家，早年倾心于康德哲学研究，后来逐渐转向包括马克思主义在内的德国社会学研究。第二次世界大战期间，阿隆加入法国空军，后追随戴高乐流亡英国，1940年到1944年间参加“自由法国抗战运动”，并主编《自由法国》杂志。阿隆是坚定的自由主义者，既反对法西斯主义，也反对苏联模式，大量撰文批判极权主义，呼吁法国左派知识界放弃对苏联的幻想，因而与萨特等人决裂。冷战期间，阿隆作为戴高乐和密特朗的重要智囊，主张德国统一与欧洲和解。阿隆逝世后，法国媒体称“法国失去了自己的老师”。

雷蒙·阿隆（Raymond Aron）

图片来源：Erling Mandelmann。

学习美国学派。

不过法国和意大利不同，它是个很骄傲的国家，在国际关系学的发展上也是这样。如果用一个词描述法国的国际关系学，那就是“抵抗”，抵抗美国学派的影响。相较于意大利的边缘化与顺从策略，法国采取了“孤立主义”的态度，它依托着自身的政治文化和政治实践开展国际关系研究，和主流的国际关系“彼此脱钩”。举个例子，对于任何一个学习国际关系、国际政治的本科生来说，华尔兹绝对不是一个陌生的名字，但如果问法国学生，他们可能会大眼瞪小眼地看着你。可以说不仅是华尔兹被“屏蔽”了，整个国际关系的第二次大辩论都没有进入法国学界的视野。按照美国人的划分，法国研究还在第一次大辩论之中徘徊。

王：除了你刚才提到的“抵抗”和“脱钩”之外，法国的国际关系研究还有什么特点吗？

严：除刚才提到的之外，还有一个特点是法国的研究机构十分集中。它的国关研究者大多聚集在巴黎政治学院，巴黎高等师范学院也有一些，不过至多四五个人，而且都在巴黎，是一个圈子里的人。这种形式有点像我们所说的“沙龙”，整个法国国关研究的议题其实都是在这个沙龙里面确定的。从组织学的角度观察，这是一个很典型的中心—边缘结构。另一个特点是法国国关研究的议程也和美国不同，至今国际关系都不是政治学的一个分支，取而代之的是外交史和国际法。我和同学们探讨法国国关研究的时候经常开玩笑，说如果你打算在法国读国际关系的研究生，你准备考研就不用背政治学了，得去背国际法。

王：欧洲大陆的国家中我们谈到了意大利和法国，还有一个欧洲大国——德国。德国也出了非常多的政治思想家，比如哈贝马斯、卡尔·施密特，还有我们学习社会科学的人所熟悉的卡尔·马克思和马克斯·韦伯。德国的国际关系研究大概是什么情况？

严： 从历史角度考证，现在公认的最早的国际关系研究起步于第一次世界大战后的英国，1919 年威尔士大学设立了第一个国际关系学的讲席。同时期欧洲大陆的国际关系学研究起步也并不落后，1923 年德国就在汉堡成立了对外政策研究所。早期德国的国际关系研究大致分成两个流派，一个是慕尼黑地缘政治学派，另一个是我们比较熟悉的法兰克福学派。

提到地缘政治学派，我们一般来说都会想到麦金德、马汉、斯皮克曼这些人，以美国学者居多，并且都是现实主义者。其实真正的地缘政治学派更早是起源于德国，这个学派在 20 世纪 20 年代兴起，在 30 年代成为纳粹德国在国际关系领域的官方学说，鼓吹生存空间，强调中东欧地区的重要性。美国的地缘政治学说可以说是对德国地缘政治学说的继承和发展。

关于**法兰克福学派**，您在

法兰克福学派

法兰克福学派是当代西方的一种社会哲学流派，也是“西方马克思主义”的一个流派。它是由德国法兰克福大学的“社会研究中心”为中心的一群社会科学学者、哲学家、文化批评家所组成的学术社群。该学派创建于 1923 年，由法兰克福社会研究所的领导成员在 20 世纪 30—40 年代初发展起来，以批判的社会理论著称。

法兰克福学派的思想发展与社会研究所的成长历程具有密切联系，大致可分为 3 个阶段：30 年代至第二次世界大战前为创立和形成“批判理论”阶段；战后至 60 年代末过渡到“否定的辩证法”阶段；1969 年以后，研究所逐渐解体，批判理论的主旨仍以不同的形式保持在新一代理论家的著述中，其中最有影响的是哈贝马斯。

《西方国际政治学：理论与历史》里详细介绍过这个流派，法兰克福学派并不是单纯的国际关系理论流派，它的关注内容涵盖了社会的各个领域。法兰克福学派内部也有自己的传承谱系，它的批判方法被很多国际关系学者继承，成为批判理论、女性主义理论、环保主义理论等“后现代”理论的基本方法和价值取向。

第二次世界大战，德国战败，政治上的失败给学术界造成了巨大的打击，这种打击可以说是毁灭性的。首先是纳粹的“官学”地缘政治学派彻底遭到了清算，在分区占领的背景下，有关地缘政治学的研究无疑触碰了红线。其次是法兰克福学派迁移到了美国，大量德国知识分子出逃，其中就包括国际关系现实主义的鼻祖摩根索。基于这两方面的影响，德国的国际关系研究在战后停滞，直到 20 世纪 60 年代才恢复教席。当然这指的是联邦德国，也就是西德。民主德国，也就是东德，本来社会科学和人文学科就得不到重视，国际关系研究彻底“靠边站”，仅存的研究大多集中在对外交政策的翻译和解读上，国际关系学科完全工具化、意识形态化。

德国的国际关系研究在 20 世纪 60 年代中期开始重建、恢复，70 年代逐步复兴，这个复兴是基于德国早期的两个学派。一个是慕尼黑地缘政治学派，后来成为现实主义学派，主要遵循摩根索式的古典现实主义方法，借鉴和模仿美国的理论发展，关注欧洲和平问题。另一个是法兰克福学派，国际关系的批判理论逐渐成熟，但和法国的后现代理论相似，也是“德国开花美国香”。到了 80 年代，欧洲一体化进程加速，国际机制研究成为德国学界的研究热点，比如德国先后在图宾根和法兰克福成立了机制分析中心。冷战结束后，德国的国际关系研究一方面受到美国主导压力的影响，另一方面也在积极探索自己的理论特色。一个表现是它有独特的一体化研究议程，另一个表现是批判理论有了进一步发展，并且研究主题溢出了国际关系领域，主要建树体现在对国际法、国际社会和超国家理论的研究。

王：请你总结一下德国国际关系研究的特色。

严：综合已有的研究成果，德国的国际关系发展在欧洲这些大国之中具有明显特点。它既不同于意大利那种完全追随美国的策略，也和法国采取脱钩、自我封闭的方式不同，德国的国际关系研究更多地受到政治现实的限制。它的第一个特点是学术发展和政治实践相背离。最突出的表现是现实主义的核心人物基本上都在德国接受教育，比如汉斯·摩根索和阿诺德·沃尔弗斯，但德国的国际关系学者普遍对这种硬核的现实主义抱有强烈的拒绝态度。这既是纳粹记忆下的学术生态，也是一体化进程中德国学者的智识选择。简单来说，现实主义对于德国学者来说，似乎既不正当，也不必要。第二个特点和这个有关，就是德国的国际关系研究具有鲜明的自由主义色彩，比如德国研究更加重视市民社会、非国家行为体和跨国行为体的研究。这和德国学术界对现实主义的反感相呼应。第三个特点和研究方法有关，刚刚提到德国国际关系研究有着悠久的历史哲学和社会学学术基础，这使得它的批判传统影响深远。不过随着一体化研究等各种“问题解决式”研究的需求增加，尽管美国式的定量方法还没有成为德国学术界的风尚，但理论研究中的批判色彩逐渐减弱，实证倾向不断凸显。

王：最后你再谈一下欧洲其他次区域的国际关系研究吧。

严：好的。值得注意的还有北欧的国际关系研究，它主要是瑞典、挪威和丹麦三个国家之间紧密联系，芬兰和冰岛两国与之互动。按照它们自己书写的学科史的说法，除了大西洋两岸的美国和英国之外，北欧的国际关系研究最为成功。

早期北欧的国际关系研究也是各自为营，各个国家在封闭的小圈子里面进行研究。不过北欧国家普遍没有受到欧洲大陆传统研究方法的过度影响，反而是在20世纪50年代美国行为主义革命发生后，北欧国家基本上采纳了科学主义的研究思路。也就是说在国际关系的第二次大辩论之后，北欧倒向了美国。但这只是研究方法上的趋同，在研究内容上它们还保留着本土特色，即“和平研究”。

如果说北欧国家国际关系研究早期的关键词是各自为营的话，那么到了60年代就是开放合作。北欧各国的国际关系研究者目睹了第二次大辩论后欧洲学术团体的衰落和美国的兴起，他们认为只有联合起来，形成一个统一的研究共同体才可能得到国际学术界的认可。于是从60年代开始，北欧国家就相继成立了一系列跨国研究机构。同时它们采取了与法国不同的策略，保持坚定的开放态度。它既强调与美国、欧洲学者之间的合作，又博采众长吸收适合“学术市场”的研究方法。尤其是它对“弱理论”的信奉，既不是雄心勃勃的美国式大理论，也不是英国式的历史研究，而是在自身“安全研究”的特色上，致力于建构中层的国际关系理论。在现在的国际“学术市场”中，除了英国学派之外，以建构主义安全研究为核心的“哥本哈根学派”是少有的为人所知的“非美国”学派。

王：你刚刚提到了北欧国际关系研究的大体特点和演进历史，那么具体来说，这一流派有哪些特点？它的关注点是什么？

严：正如刚在所说的，北欧国际关系研究的特点在于它不同斯德哥尔摩国际和平研究所（SIPRI）是瑞典研究和平与安全等重要问题的学术机构，在瑞典前首相塔格·埃兰德（Tage Erlander）的倡议下，研究所于1966年建立的。其主要研究技术军备竞赛、军费和武器贸易、化学武器、裁军和军控谈判与建议，以及军事活动对环境的影响。并为制定国家战略规划和安全政策提供建议和咨询报告，对北约的战略决策具有相当的影响力。

于美国的“和平研究”。如果说美国和平研究的重点是大战略、各类武器之间的攻防平衡、权力的分配与变动，那么北欧的和平研究则更多关注和平问题的社会性因素，比如瑞典的**斯德哥尔摩国际和平研究所**。和美国学派相比，北欧学派更具欧洲人文主义传统。比如美国的研究主要对象是国家行为体以及国家联盟，而北欧学者则把焦点放在整个国际范围的安全上，对区域和全球的安全尤其重视。美国学者关注战争，以及和战争相关的政治与外交，但是北欧学者对和平问题理解的光谱相当之宽，涵盖了从暴力冲突分析直至和平抗议行动，从全球、地区、国家、集团到个人的各个层面——它不仅覆盖面大、层次多，而且时间范围宽广，它不止包括了近代民族国家体系，更追溯更悠久的过去和前瞻更长远的未来。从方法角度上来讲，美国学派的和平研究主要是社会科学，尤其是政治学和博弈论，但北欧的和平研究者应用了整个社会科学、人文学科乃至自然科学的工具。从研究目的来看，美国学者的研究更多是应用型、对策性和建议方式，而北欧学者则带有强烈的反思与批判色彩，所以北欧学派经常被称为“批评性安全研究”。

总的来说，北欧学派的国际关系研究具有很强的建构主义特色，它反对传统安全理论那样孤立地对待特定的安全命题，简单化地处理复杂世界的多元化冲突。在讨论“安全”“和平”这些问题时，它不是简单地去分析现象、发现规律、提供建议，而是刨根究底地反思什么是“安全”、什么是“和平”，这些重要的概念究竟是怎么产生的，又发生着怎样的变化？简单地说，北欧的国际关系研究没有照搬美国学派的实证主义思路，而是沿袭了欧洲大陆的批判主义传统。所以我们可以看到，在北欧的学者那里，对安全与和平研究的话题极其广泛：比如“积极的和平”与“消极的和平”、“一体化”和“反一体化”、“平等”与“正义”、“自由”与“人权”、“研究偏好”与“价值中立”、“历史背景”与“话语体系”、“和平的教育”与“和平的基础”、“环境意识”与“宗教角色”、“美国的重心”和“非美国的趋向”等。

王：欧洲大陆国家的国际关系研究对于我们国家的研究来说，有什么启示？

严：总的来看，无论是意大利、法国、德国、北欧，还是我们尚未提及的其他欧陆国家，欧洲大陆的国际关系研究总体上呈现出四个特点。第一，从知识结构上来说，欧洲大陆和美国、英国之间存在着“中心—边缘”关系。美国和英国是中心，其他国家是边缘。中心对边缘不仅有着吸引力，它会吸引边缘国家的学者效仿中心国家的研究方法，接纳中心国家设定的研究议题，甚至吸引大量边缘国家的学者前往中心国家，造成边缘国家的人才流失和中心国家体量优势的增强。中心对边缘还有着强制力，体现在中心国家规定了什么样的研究内容和方法是正当的，什么是歪门邪说，什么样的研究成果可以发表、出版，什么样的研究能够获得资助与奖励。不得不说，这种“中心—边缘”关系是权力关系与知识关系的复杂结合，它们相互影响，相互加强。对于中国来说，我们也处于这样一种格局之中，比照欧洲这些国家，我们也许能看到本土学科发展不同策略的潜在结果。

第二个特点是欧洲大陆的国际关系研究没有形成一整套的发展线索，但是它有比较好的体制支持。对比美国的国际关系研究，欧陆国家没有类似“大辩论”式的自觉的学科叙事，也没有类似英国学派的有意识的师承关系谱系。欧陆国家的国际关系研究的知识组织化程度和学科自觉性都比较弱，因而和美国相比，无论从知识传播的角度还是学术共同体发展的角度，欧陆国家都难以望其项背。不过欧陆的国际关系研究仍然有一套比较成熟的制度设计，用以支持本土学者。比如“国际关系常设研究小组”（Standing Group of IR，SGIR）、欧洲政治研究协会（European Consortium for Political Research，ECPR），以及《欧洲国际关系研究》杂志（*European Journal of International Relations*，EJIR）。寻求发展线索，加强制度设计是我们可以借鉴的地方。

欧陆的国际关系研究的第三个特点是，它在寻求从“跨大西洋现象”与“美国知识霸权”中解放的同时，也在不断完善自我学科意象的建构。简单来说，欧洲大陆的学者尝试在本土政治文化的基础上重新定义“国际关系研究”，通过发掘具有自身特色的政治文化，实现学术话语权的独立。对我们来说，唤醒学科的本土意识尤为重要，构建自我的学科意象应该成为我们的建设任务。

第四个特点是，欧洲大陆的国际关系研究缺少明确的历史代言人，大量的政治思想都可以作为学术资源，这既是优势，也是劣势。优势在于每一颗思想的种子都可以长出理论的参天大树，劣势在于可供播种的种子实在太多，学者们容易在思想的海洋中犹豫、迷失。这一点对我们来说既是机遇，也是警钟，如何利用好我们的传统文化资源，应该成为我们每一个学者思考的问题。

王：他山之石，可以攻玉。无论是美国的知识霸权现象，还是英国与欧洲大陆各具特色的理论探索，它们都启发着我们国家本土化的国际关系理论发展和学科建设。当然，我们的眼光也要放得更长远、更广阔一些，我们要意识到国际关系研究之花虽生根于英、美，盛开在西方，但西方之外的国际关系研究也应该是我们学习探索的对象，我们对它们的讨论是不够的。我在做《国际政治研究》主编的时候做了一个很重要的事情，就是设立了一个专门的栏目把世界各地的国际关系研究呈现给读者，比如日本、拉丁美洲、中东、南太平洋的国际关系研究现状。通过对一大批专家学者的访谈，我们受益良多，我们知道了在欧美之外还有着形形色色不同的国际关系研究形态。这也充分证明了我们未来的一个发力方向，就是在学科发展中不仅要考虑欧、美之间的平衡，还要思考世界各个地域不同板块之间的再平衡问题。

严：三人行，必有我师。我们不能只把目光盯在欧美国家，当然向强者学习是必要的，但是我们在追赶的同时也要看看我们身边的那些“选手”。我读过一本文集《**世界上的国际关系研究**》（*International Relations Scholarship Around the World*），书中按照地域概括地介绍了知识体系中“边缘”和“半边缘”地区的国际关系研究特点，很多地方让人眼前一亮，甚至意想不到。比如它介绍东欧的国际关系研究，除了强调苏联社会科学和美国思潮的影响外，还提到了民族主义对学术思考留下的复杂印记。特别是像波兰、匈牙利这种有着曲折历史记忆的国家，它们的国际关系研究有着鲜明的“性格”。再比如中东地区的国际关系研究，它并不是铁板一块，阿拉伯国家、伊朗和以色列的学术传统彼此各不相同，都有着独特的文化特征和思维习惯。所以您说的很对，在欧美之外可供我们学习探索的空间非常之大，我们对世界学术界的认识、讨论还是不够的。

《世界上的国际关系研究》(*International Relations Scholarship Around the World*)，Routledge 出版社 2009 年版，这部文集概括性地介绍了“主流”之外的国际关系研究现状。

王： 西方百年的历史虽然有很多政治上的喧嚣、有国家权力的驱动，但作为一门学问，作为 IR 这个大写的国际关系，明显是有范式的更新，有方法论的拓展。而反观我们自己，在改革开放以来的这四十年间，我觉得范式更新是不明显的，刚刚说成长的台阶，知识社会学意义上的进步是比较模糊的，人们甚至不是在有意识地探索范式的更新、方法论的进步、知识社会学的成长，而只是单纯地去进行外表的、数量上的累积。所以总体而言，这是我的批评，就是我们现在真没有骄傲的资本，还没有到引领天下的地步，中国的国际关系研究总体而言还是比较粗放的，是处于初期阶段的，甚至和你介绍的意大利、法国、德国和北欧的国际关系研究相比都还很稚嫩。在这一堆人中间，我们的研究看着好像块头很大、体量很大、成长速度很快，但它仍然是一个新的巨人，是一个大但是未必精、未必强、未必聪明的这样一个巨人。这是我们在科学性质的国际关系研究领域中存在的一个困境。

第二部分
国际关系学的科学面孔

Charming
International Relations

作为“社会科学”的一个门类，国际关系与科学之间的联系复杂而暧昧。现代物理学兴起以来，科学成为了知识的主宰，理性主义登堂入室，变成可以点石成金的魔法石。科学究竟是什么？随着社会变迁，它的含义发生着翻天覆地的变化，我们现在奉之为“铁律”的研究方法和评判标准不过是无限延展的科学史的某个“横切面”。很多看似不变的因素，比如科学对时间和空间的理解已经发生了变化，而这种变化又会改变国际关系研究的议程与方法。从某种程度上说，国际关系学的科学面孔从来不是对科学宗教式的信仰，而是对求真精神——一种古典美德——的坚守。

一、科学的主宰

严： 在我们前面的讨论中，您作为“介入的旁观者”剖析了我们国际关系研究存在的长处与不足，从宏观的角度讨论了这门学科存在的“美国重心”及“大西洋现象”，还通过回顾欧洲大陆的研究，思考了未来我们的国际关系研究的思路。您强调国际关系研究应当是科学、艺术和人文三位一体的，国际关系学有着三副面孔，但是我们现在把国际关系学科归属在社会科学的分类里面，好像国际关系学只呈现出一副面孔，即科学的面孔。

王： 讨论国际关系学的科学面孔，我想首先要界定“科学”在国际关系研究中的内涵。从历史角度考察，最早对科学进行系统论述的是古希腊哲学家亚里士多德。在他看来，所谓科学是通过逻各斯（概念化语言和逻辑规则）研究恒常不变事物的分科之学；它关注的是共性而非个性，强调的是公共性知识而非个性经验。另一种理解古典时代科学内涵的角度是将科学与艺术进行对比，科学（Scientia）指的是关于理论的学问，而艺术（Ars）则指实践的学问，二者相辅相成，缺一不可。这种观点直至15世纪早期仍然流行于欧洲，当时人们普遍认为没有科学的艺术毫无价值、科学是通向艺术的道路。

有一个故事，说15世纪初建造米兰大教堂的时候，法国建筑师和当地的泥瓦匠工人发生了争执。泥瓦匠认为那些几何科学是不能用在建筑上的，建筑是艺术，和科学是两码事，而建筑师则反驳没有科学的艺术是毫无价值的。当时人们对科学的观点和现在大不一样，没有这种所有事情都可以由科学主宰、统治和解释的想法，至少科学和艺术是分庭抗礼的。

在16—17世纪的科学革命完成后，近代以来的科学观念与古典时代相比发生了革命性变化。在自然科学领域，牛顿力学、日心说和血液循环说各自在物理学、天文学和生物学中取得了统治地位。对于社会科学研究而言，科学革命的遗产是以亚里士多德和托勒密思想为基础的世界观念让位于"新哲学""自然哲学"或"机械哲学"。其中最大的影响，是以经验主义为基底的实证主义思潮，取代了古典与中世纪时代的人本主义与规范传统。

政治学（Scientia Politica，Polizeywissenschaft）在17世纪晚期成为一门以系统化方式进行教学的科学（Scientia，Wissenschaft），而不再仅仅是从实践中获取"艺术"的学科。人们普遍认为，19世纪法国哲学家**孔德**将实证主义引入社会科学研究，开创了"社会的自然科学"，开启了现代意义上社会科学研究的大门。

严：您提到**经验主义**和**实证主义**取代了人本主义，这是不是意味着科学中的理性力量主宰了我们的研究？

实证主义与经验主义

实证主义之父孔德（Auguste Comte）

实证主义产生于19世纪30—40年代的法国和英国，创始人为法国哲学家、社会学家奥古斯特·孔德，重要代表人物为英国哲学家约翰·斯图亚特·密尔（John Stuart Mill）和赫伯特·斯宾塞（Herbert Spencer）。

实证主义哲学强调感觉经验，排斥形而上学，它将哲学的任务归结为现象研究，以现象论观点为出发点，拒绝通过理性把握感觉材料，认为通过对现象的归纳就可以得到科学定律。它把处理哲学与科学的关系作为其理论的中心问题，并力图将哲学溶解于科学之中。

“经验主义”一词原本意指古希腊医生的临床经验，指拒绝一味接受当代的宗教教条，而是依照所观察到的现象为分析依据。经验主义首先在17世纪由英国人约翰·洛克进行系统的阐述，后被大卫·休谟（David Hume）和乔治·贝克莱（George Berkeley）发展成熟。经验主义与理性主义相对，认为感性经验是知识的唯一来源，一切知识都通过经验而获得，并在经验中得到验证。

经验主义认识论在19世纪表现为实证主义哲学。以孔德的哲学思想为例，他认为一切科学知识必须建立在来自观察和实验的经验事实基础上，反对讨论经验之外的抽象本质、第一因等形而上学的问题，并认为知识是相对的、经验性的，而不是绝对的。

王：理性对我们研究思维的统治是科学革命一个重要的结果。摩根索曾经反思，他认为这个时代的哲学的主要特征是对理性的依赖，希望借此从假设的或经验的前提中通过一系列逻辑演绎获得哲学、伦理和政治的真理，并且通过理性的内在力量以这些真理为样板重铸现实。

“理性主义”这个词，我们现在看来是客观、审慎、智慧的同义词，但是在古典意义上它指的是从先验的假设中推导出假说。比如霍布斯的《**利维坦**》就是古典理性主义的代表，他从“世界万物都处于运动之中”这个假设，推导出了伦理学和政治学的诸多假说。

然而自 18 世纪后半叶以来，哲学开始从经验中寻找基础，理性主义就变成了科学的同义词了。除了最初的理性主义哲学在一系列科学术语的幌子下持续对我们的文明施加影响外，摩根索认为 17 世纪和 18 世纪的理性主义，以及 19 世纪和 20 世纪盛行的思维模式还有两点共同之处：第一，它们都根植于理性主义的假设，社会与物理世界可以通过同样的理性过程变得可理解；第二，只需求助于理性过程，我们就能实现对社会、物理世界进行控制。

从源头上看，这可能是 17 世纪人们在工业革命取得进展的情形下的一种自负表现，当时流行的哲学观点是社会世界和物理世界都统一于人的理性，理性是自然赋予的，社会世界和物理世界都需要通过理性来塑造。这和中国的“天道”观念有类似之处，认为万事万物都依循“天”。这种哲学观点反对把社会世界从属于自然世界，虽然承认理性可以理解一切问题，但绝不同意理性可以解决一切问题，甚至科学可以解决一切问题。17 世纪以后，理性成为理性主义，成为一种教条、信念，坚持认为社会与物理世界统一于理性，认为人类心灵有能力通过运用同样的理性原则来塑造社会与物理世界。

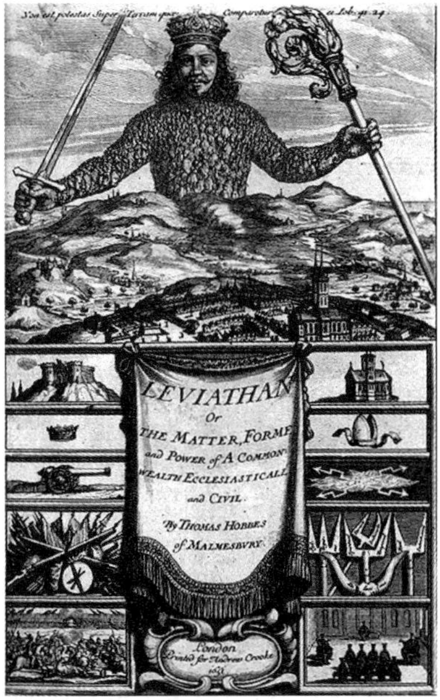

托马斯·霍布斯（Thomas Hobbes）著作《利维坦》的封面：由人民大众组成的主权者“利维坦”，头戴王冠，右手持象征王权的宝剑，左手持象征教权的法杖，以上帝视角守护着城市与农村。土地、宝剑、法杖构成了一个类似基督教中“神圣三角”的画面，言外之意是“利维坦”取代了上帝，成为人间的最高权威。

图片来源：美国国会图书馆。

《利维坦》

《利维坦》(*Leviathan*，书的全名为《利维坦，或教会国家和市民国家的实质、形式和权力》）是托马斯·霍布斯创作的政治学著作，1651年首次出版。《利维坦》一共分成四大部分。第一部分“论人”，以人与生俱来的能力为出发点，论述“自然状态”和自然法的问题。第二部分“论国家”，主要论述了由契约所产生的国家的各种形态、主权以及人权。第三部分“论基督教国家”，主要论述了教会的政治地位与个人的信仰自由。第四部分“论黑暗王国”，主要对宗教、哲学以及政治思想展开意识形态的批判。《利维坦》详细阐明了社会契约论的一般形式，为后来洛克、卢梭的社会契约论带来了深远的影响，是欧洲近代自由主义思想的开创性著作。

二、理性主义的瑕疵

严：这种理性至上的思维不好吗？似乎我们受到的教育是要学会用理性去思考、说话和行事。我记得在柏拉图的《理想国》中，他也提到要用理性去主宰欲望和激情，能够完全主宰的人被称作“哲人王”，是统治者。

王：其实理性主宰一切的想法是近代才兴起的。理性主义主要发端于物理领域，从培根到17世纪的笛卡尔、牛顿、莱布尼茨和维科的作品中，我们能够见证这种理性至上的最高成果。这种思潮在18世纪开始得到实践完全的确证。这种以理性为代表的科学方法成功取代了文艺复兴以来的人文主义，个体的体验被理性的逻辑所取代。按照**汉斯·摩根索**的话说，理性在智识的王国凯旋到来。在理性征服科学研究之后，人们做的第一个尝试就是将这种新的思维方式延伸到社会世界中，去发现社会互动的自然法则。理性由此被认为在合理性与普遍性上与物理规律没有区别，人们再也无法侥幸从决定物理世界的理性法则中得到赦免。理性，以及它的化身——科学，成为一种新的宗教。

严：那么从思想史上溯源，最早把这种科学思想运用在国际关系研究中的是谁？

王：如果从政治学角度来看，格劳秀斯是第一个在自己关于“自然体系”的哲学中提出理性重要价值的人。他构想了一个人类理性可理解的、由客观法则所支配的世界。这种由人类发现的法则成为后世国际组织和国际法研究的哲学基础。另一个人是法国的圣皮埃尔神父，他向国王提议成立一个由四十位专家组成的政治学院，用于为国王提供治理建议。这是这种理性哲学第一次在政治事务中得到实际地应用，因此也是迈向现代实用意义上的政治科学的第一步。格劳秀斯和圣皮埃尔神父为国际法体系和世界政府提供了抽象的乌托邦蓝图。

现实主义大师汉斯·摩根索
（Hans Morgenthau）

那么国际关系呢？其实我们的学科史就开始于这种理性主义，只不过它没有站在胜利的一方——也就是我们说的理想主义。**国际关系中的理想主义**在处理第一次世界大战战后秩序的问题上，相信能够通过人的理性改造现实，相信通过集体安全、普遍民主、持久和平、非战公约就可以改变世界。这不仅是理性主义哲学用于解决国际问题的一次尝试，还是国内自由主义成功实践的一次拓展，可惜对于它们来说都失败了。后来经过摩根索的重新阐释，现实主义取代理想主义成为理性主义的内核，也就有了我们说的权力、算计、博弈是理性行为的说法了。

严：那在您看来，这种理性至上的瑕疵是什么？我们在科学的国际关系研究中是否能避免这些问题？

王：从正统的学科历史叙事来看，这种理性的风险在于把理性的正确和道德的善当成一回事。也就是说，把理性与否当成判断道德崇高与否的标尺，伦理被理性化了。

> **国际关系中的理想主义**
>
> 理想主义认为，人类拥有理性，总是在不断竞争和斗争中追求进步和自我完善。个人的最高利益与团体的利益是一致的，爆发战争的原因是良知误入歧途，一旦消除误解就可以消除战争。通过组建国际联盟和联合国这样的国际组织，建立行为规范，就可以改变国际社会的政治环境和国家的政治行为，最终消除战争。在实际运作过程中，通过代议制和教育培养，以及培养开明进步的公众舆论，由代议制政府组成的国际体系必将是一个和平的世界。

伦理、科学与政治在科学的理解下成为一回事。科学主义、理性主义的智识潮流不仅是政治与科学融合，还导致了科学与伦理学的融合。在摩根索看来，在理性主宰时代到来之前，政治和道德，真和善的关系是多样的。既有古希腊式的融合目标，比如“城邦（政治）是最高的善”，也有特拉西马库斯（Thrasymachus）的断然否定，还有马基雅维利的承认融合的偶然性。在古希腊大师亚里士多德的《政治学》中，开篇写道：“所有的城邦都是为着某种善而建立的，由于所有的共同体旨在追求某种善，因而，所有共同体中最崇高、最有权威、并且包含了一切其他共同体的共同体，所追求的一定是至善。这种共同体就是所谓城邦或政治共同体。”

11次出任法国总理的白里安（Aristide Briand），以对德和解获得诺贝尔和平奖，以非战公约和倡议建立欧洲合众国而闻名于世。

但在19世纪，当政治行动的一些规律符合自然科学发现时，伦理与政治的统一便在日常生活中实现了。科学不仅是政治，还是伦理的评判标尺，也是它们得以通约的桥梁。“政治争论将取决于科学争论的品质，政治中的不一致，即对理性方案的偏离，不仅在政治上不明智，在道德上也要受到谴责。”摩根索的这句话表明，对政治问题的科学解决也暗含了正确的伦理判断，科学上正确等于政治上的合理，同时等于道德上的完美。因此，政治冲突涉及的不仅是科学争论，它也变成了道德上的对立，政治对手变成了科学、伦理对手。于是就有了像威尔逊和**白里安**这类人，他们坚持某种自认为科学的政治判断，所以必然会产生出某种真诚而自信、但在我们看来有些幼稚的道德气质。

这实际上给我们敲响了警钟。我们在讨论国际关系时，不要把它的科学面孔和其他面孔混为一谈。不要像威尔逊那样，把人文关怀和科学分析搅在一起。要像摩根索那样，把政治的归政治，把道德的归道德，但这不是让我们不去谈道德，这一点我们后面会讨论国际关系的人文面孔。而另一个给我们的警醒是，科学的真谛是用理性去思考与判断，而不是执著于理性的教条，不是把科学当作一成不变的宗教。

严：那我们国内的国际关系研究，乃至社会科学研究是不是也受到了这种理性主义至上的影响？

王：是的，我们曾经经历过这个阶段。回望中国，五四运动以来科学思潮兴起，实证主义的社会科学研究观念开始在中国传播。随着新旧之争中“西学”的胜利，以实证主义为核心的科学思想成为学术研究的“信仰”。在《新青年》杂志上有这样一篇文章，它认为：“社会科学是拿自然科学的方法，用在一切社会人事的学问上……不但应该提倡自然科学，并且研究、说明一切学问，都应该严守科学方法，才免得昏天黑地的妄想、胡说。”你看，只要不用科学的方法，研究就是妄想、胡说了。

但是，随着科学革命不断推进，科学哲学和社会科学哲学研究逐渐成熟，我们对“科学”的认知态度也趋于理性。人们认识到，具体的科学理论和陈述经验的方式并非一成不变，甚至深层次的科学观念也在发生渐进式的变化。也就是说，科学的内容、科学使用

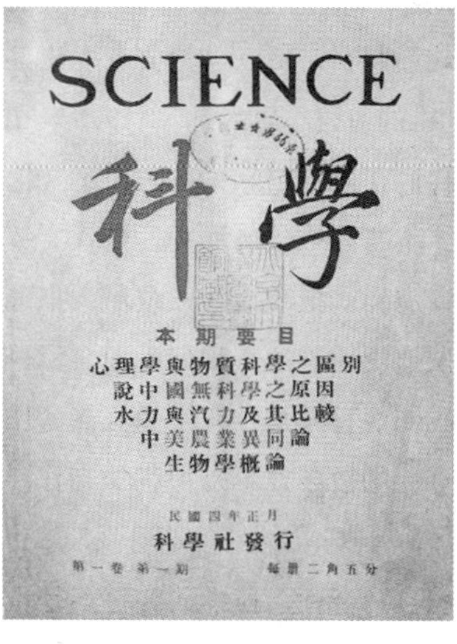

1915年1月1日，《科学》创刊号经留学生在美国康奈尔大学编辑，由上海商务印书馆在国内正式印刷发行。这是中国首份横排向右，使用标点符号排版方式的刊物，国内第一次有了一本正式的“以传播世界最新科学知识”的杂志。

图片来源：北京新文化运动纪念馆。

的工具手段是变化的，科学不是简单地承认理性至上。我更倾向美国哲学家托马斯·库恩（Thomas Kuhn）的观点，认为这种科学观念的变化十分缓慢，是渐进的、长周期的。相较于卡尔·波普尔（Karl Popper）认为科学观念的变化是“急剧而根本的”，是革命的，也许长周期的变化更符合我们的认知规律。比如，16—17世纪天文学革命自哥白尼提出日心说到牛顿力学的成熟历经了一个半世纪，20世纪地质学革命自阿尔弗雷德·魏格纳（Alfred Wegener）提出大陆漂移说到海底扩张学说的普及历时半个世纪。此外，在科学观念的更新中，往往同时存在着旧观念的抵抗和新观念的发展，观念的并存更能反映现实情况。

我的意思是什么呢？我们所说的科学的国际关系研究，提到国际关系学的科学面孔的时候，我们指的“科学”更多是一种认识论意义上的态度和方法论意义上的工具，而不是本体论意义上的教条。简单来说，就是国际关系学有这样一个层面，要求我们用理性的眼光和现代科学的方法去做研究，而不是迷信理性，迷信某种方法。科学只是国际关系学的一副面孔，不是全部。

严：请您谈一下，科学的国际关系研究具体是什么？国际关系学的科学面孔是不是也随着科学的发展在变化？

王：科学的国际关系研究指的是用现代科学的学科方法、理论工具和评价标准进行的国际关系研究。一般来说，科学的国际关系研究要求得出确定的规律性结论，并且研究过程要经得起重复性检验，因此这种研究在认识论和方法论意义上具有浓厚的实证主义色彩。回顾西方国际关系学科的发展历史，在20世纪50至60年代兴起了被称为“历史主义和科学主义大辩论”的学术争鸣。这次辩论的结果是科学研究方法逐步取代古典的历史人文研究方法，成为学科发展的主流。

但请你注意，我在说科学的国际关系研究时是说用“现代的”科学。什么是现代？现代是一个变化的概念。在20世纪70年代，博弈论是现代科学中系统论、控制论发展的产物，用博弈论去分析国际关系是科学的。放到现在，它也许还是科学的，但是如果还用70年代的方法去做，不结合我们现在的信息技术，它就是过时的。可能再过50年，我们有了新的科学观念，再提到博弈论也许就是一种历史的产物了。这就和今人提到**颅相学**、代写书信者的感觉一样。

尽管科学方法自20世纪60年代后成为国际关系研究的主流，

颅相学

颅相学是19世纪法国解剖学家创立的心理学假说，这个学说依据头盖骨的外部结构来推断心理功能和特性，有三个基本命题。第一，假设头盖骨的外部结构与头盖骨的内部结构及脑的结构相关；第二，假定心灵可划分为许多官能或机能；第三，头盖骨的形状与心灵的官能相关。也就是说，研究人员可以通过头盖骨的外部结构来了解一个人的性格与内心世界。

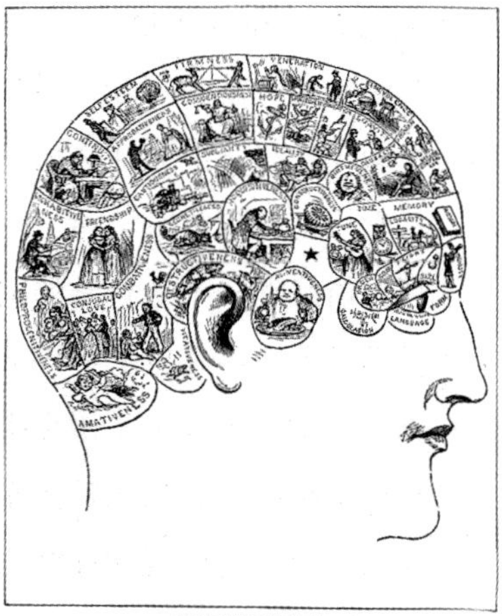

Phrenological Chart of the Faculties.

颅相学示意图

图片来源：People's Cyclopedia of Universal Knowledge，1883。

但“科学”的具体内涵并非一成不变。从早期的逻辑实证主义、行为主义研究方法，到后来库恩的范式主义，再到伊姆雷·拉卡托斯（Imre Lakatos）提出的研究纲领，国际关系研究中的“科学方法”不断更新。所以有学者称国际关系的学科史是“科学革命阶段的曲线发展史”。然而，不论具体研究中的“科学观念”如何变化，科学在认识论与价值论层面却保持着相对稳定——科学的国际关系研究始终期待理解国际关系中的“铁律”，对探索国际互动中的规律有着强烈的学术冲动，并且在研究方法上呈现出向自然科学靠拢、模仿的趋势。在学科发展中，一代又一代学者对建构不同层级理论的不灭热情，以及对预测事业的不懈尝试反复印证了这一点。尽管有学者对国际关系研究的“过度科学化”趋势表达了忧虑，但不可否认，正是得益于国际关系研究与科学研究的对话，当代国际关系学才得以与时俱进，不断朝着专业化和规范化方向发展。

三、探索知识进步的方向

严：在您看来，我们在把握科学的国际关系研究的时候需要注意哪些问题？

王：在我看来，科学的国际关系研究是学科未来发展的重要向度，是国际关系学的一副面孔，它的价值在于明确知识进步的方向，目标在于求“真”，关键在于平衡“现代”与“古典”。

严：科学的国际关系研究在于明确知识进步的方向，这是不是和科学观念不断发展和变动有关，国际关系研究是不是要追随科学观念的发展？

王：在科学的国际关系研究中，明确知识的进步方向是我们的重要目标。科学的国际关系研究除了要求我们用科学的研究方法去解决具体问题外，其更重要的价值在于，它有助于我们确定国际关系研究的发力方向。从科学哲学家的论述中我们可以发现，自然科

逻辑实证主义和科学研究纲领

逻辑实证主义（logic positivism）又称“逻辑经验主义”，兴起于20世纪20年代的欧洲大陆。它的基本特征是把数理逻辑方法与传统的实证主义、经验主义结合起来，主要目标是取消“形而上学”和建立一种科学哲学。逻辑实证主义认为有意义的命题只有两类，一类是经验科学命题，它可以由经验证实，另一类是形式科学命题，也就是科学和逻辑，它们可以通过逻辑演算检验。除此之外的“形而上学”问题，既不是分析命题，也不是经验命题，因而是毫无意义可言的“虚假问题”，应当从科学中清洗出去。逻辑实证主义声称要把哲学从形而上学中解放出来，把提供一种语言逻辑分析的方法，阐明概念和命题、特别是科学命题的意义，作为自己哲学的任务。

科学研究纲领是由英国哲学家伊姆雷·拉卡托斯（Imre Lakatos，1922—1974）提出的科学哲学观点，在批判和借鉴波普尔的证伪主义和库恩的范式理论的基础上，拉卡托斯认为科学研究纲领是应用范围大、影响人们思维方式深刻、能指导时代的科学活动的科学理论，或是某一科学的理论纲领。

科学研究纲领由硬核和保护带组成。硬核是不容反驳和改变的、稳定而确定的基本理论，比如牛顿力学理论中的运动三定律与万有引力定律。而保护带则由可以随时调整与改变、以应付反常情况的辅助性假设和应用理论构成。

科学研究纲领的方法是“正面启发法”与“反面启发法”。前者指的是一组提示或暗示性指令，用来修改、精练保护带，后者则提醒科学家应该避免哪些研究途径，防止损害硬核。

学的进步是影响社会科学进步的重要因素。从**逻辑实证主义**到拉卡托斯的**科学研究纲领**，我们看到了国际关系研究从机械的系统论观点到范式间折中、融合的转变，尽管形而上的科学观念与具体的国际关系理论之间常常不具有可以相互推出的关系，因为同一种科学观念可能指导着不同的具体理论，具体理论也有可能受到不同科学观念的启发。但是，在国际关系研究中，我们要有敏锐的“元理论”眼光，要看到科学、科学哲学，以及社会科学哲学发展对国际关系研究的指南意义。关注国际关系的形而上学并不能直接帮助我们解决现实问题，但它会为我们在学科“森林”的探索中指明道路。

在这个意义上，我觉得我们要特别重视自然科学进步对国际关系研究的启发。比如亚历山大·温特（Alenander Wendt）2015 年的著作《量子思维与社会科学》(*Quantum Mind and Social Science*)，彻底颠覆了传统意义上国际关系学界对科学观念的理解，量子思维被系统引入了国际关系领域。尽管 20 世纪 30 年代兴起的量子思维尚未取代牛顿力学思维，但量子思维模式对不连续性、跃迁、复杂因果关系和不确定性的关注，无疑有助于我们从另一个角度理解国际关系。特别是量子思维中有关纠缠态和波函数的讨论，对我们理解主体间性的产生与变化、施动者与结构的互构进程、非理性行为的动因有很大启发。

严：提到量子力学理论，这是我非常感兴趣的内容，但我们似乎普遍对这个领域一知半解，都只有一种模糊的概念，似乎我们都能说明白一些内容，但是很难在具体研究中使用它的方法。

王：是啊，这个和我们用平板电脑取代台式电脑，用手机取代电话座机不一样。量子力学对牛顿力学不只是物理学意义上的突破，更重要的是一种观念的更替。就像我们要放弃地心说承认日心说那样，认知过程是困难的。从科学革命发展阶段的角度考察，科学观念的更新有两个标准。从认知的角度来看，有符合科学性的反传统科学观念出现，这一点量子力学已经满足了。从科学共同体的分布来看，大多数人忠实认同并自觉实践新的科学观念。显然，对于量子思维而言第二点尚未实现。但是，这并不妨碍我们尝试用新的观念去思考现实。

严：用量子思维去思考问题，对我而言最大的启发是我们要开始重视偶然性问题。在量子力学的思维中，传统的因果关系不再存在，它呈现出一种不确定的概率关系。比如说，我们比较熟悉的“**薛定谔的猫**”，在这个比喻中，猫的生死实际上是一个偶然性的关系，观察者什么时候打开盖子观察猫，有可能猫是活着的，也可能是死掉的。猫的生死状态是一个概率性事件，取决于触发这个事件

薛定谔的猫
图片来源：作者自制。

薛定谔的猫

薛定谔的猫（英文名称：Schrödinger’s Cat）是奥地利著名物理学家薛定谔（Erwin Schrödinger，1887—1961）提出的一个思想实验，是指将一只猫关在装有少量镭和氰化物的密闭容器里。镭的衰变存在概率，如果镭发生衰变，会触发机关打碎装有氰化物的瓶子，猫就会死；如果镭不发生衰变，猫就存活。根据量子力学理论，由于放射性的镭处于衰变和没有衰变两种状态的叠加，猫就理应处于死猫和活猫的叠加状态。

这只既死又活的猫就是所谓“薛定谔的猫”。但是，不可能存在既死又活的猫，必须在打开容器后才知道结果。

的行为。那么如此说来，科学中的那些定律、规律就不是唯一重要的了，而偶然性和概率成为研究的对象。

那么我们可以做一个大胆的类比，当然只是类比，不一定科学。比如说特朗普的行为，特别是他的“推特外交”。我们现在经常说特朗普的行为喜怒无常、很难预测，他时不时发一个推特出来，然后很多国际议题就因此改变，这个决策甚至没有通过传统的官僚程序。比如他突然宣布要和金正恩在朝鲜见面，突然宣布美国退出联合国教科文组织。如果我们用大数据进行模拟，比如通过特朗普和他幕僚的对话数据、外交文件，我们也许可以推测出特朗普的行为。但是只要我们进入不了特朗普的内心，我们就很难发现他的行为规律，一切都是偶然性的结果，我们不知道是什么触发了波函数的坍缩，决定了他当下的选择。

这当然是一个大胆的类比，不过量子思维给科学的国际关系研究的启示是，我们要关注 Contingency 的研究，就是偶然性、特殊性、概率性的研究。实际上当前对硬科学的研究已经开始摆脱了对规律的迷思，转而深入探索偶然性及其条件，但是偶然性的观念对于我们这种长期接受牛顿科学式思维训练的国际关系学生来说是很难接受的。我们已经习惯了规律，习惯了权力平衡带来稳定，习惯了博弈论和行为预期的理论，量子思维会给我们造成一种不适感。我们还没有接受“没有规律”“**黑天鹅现象**”成为我们时代的主题，或者是把偶然性作为一种潜在的范式，我们还没有一种研究偶然性事件的具体方法。我想这有可能是国际关系研究知识进步的方向之一。

除了重视偶然性之外，量子思维给我带来的另一个启发，是它提供了一种研究动态变化问题的思路。这个问题和刚刚提到的“薛定谔的猫”假说有关系，比如民意调查这个问题。在某次竞选中，投票本来是一个相对独立、不受外界影响的过程，因为选民已经有了自己的偏好。但此时如果我们发布一个民意调查，告诉尚未投票的选民候选人的支持率，也许选民就会改变自己的意见。在这个过程中，民意调查相当于我们打开箱子观察猫的行为，选举结果相当于猫的生死情况。我们当然可以用博弈的思维模式去解读，但细想之下，这个过程和量子思维中的概率关系何其相似。

黑天鹅现象

黑天鹅现象（“Black swan” incidents），又称黑天鹅事件、黑天鹅理论，指非常难以预测，且不寻常的事件，通常会引起市场连锁负面反应甚至颠覆。

它的名称由来是：在发现澳大利亚的黑天鹅之前，17世纪之前的欧洲人认为天鹅都是白色的。但随着第一只黑天鹅的出现，这个不可动摇的观念崩溃了。黑天鹅的存在寓意着不可预测的重大稀有事件，它在意料之外，却又改变着一切。

一般来说，“黑天鹅”事件是指满足以下三个特点的事件：它具有意外性；它产生重大影响；虽然它具有意外性，但人的本性促使我们在事后为它的发生编造理由，并且或多或少认为它是可解释和可预测的。比如美国的“9·11”事件、次贷危机、新冠肺炎疫情，等等。

为什么会有这样的联想呢？是因为我发现在用牛顿力学式的因果关系理解社会世界时，我们把人比作了一个像质点、弹球一样的研究对象。在牛顿力学体系中，我们给弹球一个力，它会做出符合预期的运动轨迹。那么在牛顿力学思维主导下的国际关系研究中，我们给人、选民、国家一个因果的力量，它们也会按照我们的预期行为吗？当然不会，因为在这个因果律作用在人的身上时，我们就会产生心理的、意志的、感情的复杂变化，这种变化大到不能够被忽略，以至于影响到结果的呈现。比如我有一位同学研究欧盟成员国的违约问题，他讨论为什么成员国明知道会受到欧盟的惩罚却选择继续违约。在他的研究中，我就看到了量子思维的影子。在惩罚措施施加在成员国的同时，成员国的“意志”发生了变化——它对欧盟的认同与信任、对欧盟外大国的期待、对国民的承诺、它的利益偏好。当惩罚措施施行时，成员国的身份就不再是一个只考虑遵约和违约成本的欧盟国家，而是一个“内心活动”更加丰富的行为体。此时，我们如果用单纯的奖惩机制来理解成员国的行为，那显然是不够的。

王：很有意思！明确知识进步的方向是我们科学的国际关系研究的重中之重，发现科学领域的进步对我们是一个重要的启发。在知识社会学中有一个巴黎学派，它的代表人布鲁诺·拉图尔写过一本经典的小书，题目很有意思，叫《**科学在行动：怎样在社会中跟随科学家和工程师**》。拉图尔研究了大量科学家的手稿和工作笔记，还做了很多关于这些科学家生活背景的田野调查。他发现了一个重要的事实，就是科学的发展并不能免于受到社会力量的影响，而社会知识的发展也不只是单纯通过分析史料、时事而得来的。他宣称，科学和社会是难解难分地纠缠在一起的。探寻知识的进步的方向，不仅要听哲学家关于世界说了什么，也不要单纯听信社会学家关于社会说了什么，还要看看科学家关于自然说了什么，以及看看科学家是怎样工作的。

请你注意一下，我刚刚说的是我们要“发现”科学领域的进步对我们的启发，而不是说要亦步亦趋地去跟随科学进步的路子。信奉科学至上的人们会有这样一套理论：某个天才科学家，比如普朗克、爱因斯坦，提出了一个杰出的全新科学理论，这个理论就会以不可抗拒的力量穿越社会，迫使成千上万的人跟随它一起醒悟，成为我们社会科学研究的纲领。拉图尔在追踪那些伟大科学家研究经历的时候发现，其实早在新理论获得存在以前，就有成千上万的人对他即将提出的理论有着浓厚的兴趣，他们或者出于利益，或者出于学术的认同。拉图尔描绘了一位科学家的日常安排，发现他只有一部分时间在实验室，其余大部分时间都在与政府官员交谈来争取投资，与公司交谈来改进实验设备，与出版社交谈来发表文章。究竟是谁在做科学呢？

《科学在行动：怎样在社会中跟随科学家和工程师》的作者布鲁诺·拉图尔（Bruno latour）是科学知识社会学的领军人物之一、巴黎学派的代表者。在这部著作中，拉图尔试图发现科学实际上是怎样“工作”的。该书以重新理解科学实践以及它与社会的关系为目的，利用大量来自科学发展的不同阶段和不同学科的轶闻趣味、案例研究和实际例证，向我们详细描述了那些能够在追随科学家左右、跟随科学家活动过程中所使用的方法规则。为了消除人们以往在自然和社会之间制造的分裂，以便形成一种新的联合，这本书给予非人类因素以关键的位置。人们完全可以把这本书当作一部有关科学的社会—文化研究的一般性入门读物来阅读。

进化论横扫社会的时候，实际上已经有许多潜在的共同体认同这个观点，包括信奉弱肉强食生存法则的欧洲君主，强调效率至上的工业资本家，鼓吹殖民拓展的统治阶层。科学是远方的航标，我们的研究是一叶扁舟，要做的不只是瞄准航标，还要善于发现隐藏在水下的洋流，识别风向与气流的动向。

四、在科学研究中求“真”

严：从知识社会学的意义上讲，国际关系的科学面孔最大的特点是它有助于我们把握知识进步的方向，这要求我们善于学习前沿的科学发展，以及关注科学发展的社会性因素。那么我们在定好“航标”之后，应该做些什么？

王：应该是求“真”，这个“真”是科学的国际关系研究的目标所在。尽管对什么是“真”的回答并不是我们此刻的中心任务，但是加入这场自轴心时代就开启的讨论，可以为国际关系研究提供一些线索。

首先，无论是人文的研究还是科学的研究，求真都是知识探索与传播的永恒标准与目标，而求真的关键在于不断突破与创新。在国际关系学中，研究范式、方法与思想观念的更新是指引我们趋向真理的灯塔，而对金钱、权势和低质量增长的追求，只会让我们在知识的“森林”中迷失。

其次，国际关系中的“真”是有条件并且变化的，我们要识别不同语境下“真”的条件，发现不同时空中“真”的具体含义。在自然科学中，对“属真”知识的判断会随着人们认识的深入而变化。天文学经历了从地心说到日心说，再到现代宇宙说的三次革命。而在不同时代，这三种理论都作为真理与常识被接受。在国际关系领域，作为共识的知识也在发生变化。比如主权概念自**《威斯特伐利亚和约》**至今始终处在自我扬弃的过程中，我们对主权概念的理解发生着剧烈的变化，我们熟悉的无政府状态假设的内涵经过了数代学者的反复论争，至今仍在更新。无政府状态就是丛林法则主导的状态吗？无政府状态中有没有等级关系？无政府状态是不是意味着没有秩序？无政府状态是国家造就的吗？无政府状态是不是美国研究者为了维护美国的国际地位设置的话语霸权？诸如此类的求索，帮助研究者拨开层层迷雾，见到事物的表象与本质，见到对象的不同侧面，见到追索命题的深化。

《威斯特伐利亚和约》

1643 年开始和谈的威斯特伐利亚和会被认为是欧洲最早的一次国际会议，参会的代表包括神圣罗马帝国的皇帝，法国、西班牙、瑞典、德意志天主教诸侯以及新教诸侯的代表，这次和会的召开标志着开始于 1618 年新教国家与天主教国家之间的三十年战争告一段落。1648 年参会国家签订的《威斯特伐利亚和约》对国际关系发展意义重大，包括确认了各国宗教自由、主权平等原则，建立了常驻使节制度，承认荷兰、瑞士独立等事项。

严：您的意思是，在科学的国际关系研究中，求“真”意味着要求批判、质疑那些常识性论断？

王：批判和质疑当然是求“真”的题中应有之义，也是科学观念的要求。但这并不是否定一切，不是陷入一切都是相对的、没有固定概念的虚无主义之中。科学的国际关系研究要结合现代性反思，这不仅是哲学思辨的需要，也是科学精神的彰显。所谓求“真”，是要用历史和发展的眼光去看待“真”的条件，是为多元化的知识寻找与其匹配的解释框架和评价标准。如果我们只追求那个终极的“真理”，放弃对现实的考虑，我们会陷入所谓“政治的哲学化”，最终失去对现实的敏锐和关怀。也就是说，较真地去求“真”，求一个终极解，求个大理论，难免会损害我们后面要谈的人文关怀，研究就变得没有“人”的面孔了。

严：是的，这也是国际关系后实证主义理论所留下的遗憾。对于国际关系研究来说，哲学思辨和科学推理的限度在于恰如其分地理解事件，发现具体事件所处的历史语境，使我们不会误用概念，或者进行不合时宜地联想。

我们人类有一些恒久追求的价值取向，比如我们强调自由、平等、正义，这些价值的内涵其实是反复变化的。那么我们就要在不同的社会语境、不同的社会历史发展之中来考虑这些价值变动的内涵，把这些不同的内涵放在国际互动中去理解。举一个例子，比如说“童工”这个概念，在19世纪，它不是一个错误的概念，甚至它都不是一个有道德污点的概念。童工是正常的，我们可以在图片上看到工厂里的童工，在电影里看到在大街上卖报的报童，我们都习以为常，不会觉得这是一个违反人权的问题。但是到现在，我们可能认为雇佣童工违反人权，尤其是在那些污染严重的工厂，我们把它称为“血汗工厂”，要求国际干涉、保护人权。

那么国际关系的一个研究重点就是人的权利这种价值是如何变

迁的，过去的理解和现在的理解是不一样的，中国人的理解和美国人、马里人的理解也不一样。我们能不能做出一套谱系学的研究，按照时间、地域去归类和描述这些价值性、规范性因素的具体内容？甚至去讨论他们之间差异的原因，内容变迁的动力？

另一个典型的例子，比如说“主权”这个概念，过去我们说主权不可侵犯，这种不可侵犯的概念来自让·博丹（Jean Bodin），成熟实践是在《威斯特伐利亚和约》签订之后。在那个时候，主权的概念是相对于神权而言的，它是为了反抗大一统的欧洲天主教会对各王国国内宗教自由干涉而订立的。那个时候说的主权不可侵犯，实际上是不让神去侵犯，不让教会侵犯，而不是不让别的国家侵犯。随着西班牙王位继承战争之后签订《乌得勒支条约》，主权观念被进一步确认，再到后来的殖民地争夺战争，两次世界大战，以及反对殖民的民族解放战争，实际上我们按照传统主权定义，这种主权已经被侵犯了。比如说殖民行动，它实际上就是赤裸裸地对第三世界国家的、部族的主权的侵犯，但这个时候西方国家就通过它们的宣传方式把这个行为包装起来了，说这个国家实际上是没有主权的，主权只是我们这些西欧国家的概念。

对于21世纪的研究者而言，传统主权这个概念是否还要再坚持，或者说是否还要在学术上坚持17世纪的主权观念？问题性质已经发生了变化。比如说国家的边界已经模糊很多了，像您提到

《科学宇宙观与国际秩序》这本书精妙地解读了人类宇宙观与国际关系之间的联系，读起来奇思妙想，充满启发。作者是约翰斯·霍普金斯大学的助理教授本特利·阿伦（Bentley Allan），他对科学史与国际关系研究，以及量子思维与国际关系研究领域有着诸多独特见解。

的深海、外太空、极地这些概念也被纳入了主权的解释范畴。这些概念的产生使得很多问题在现有的主权框架之下得不到解决，必须要进行跨边界的合作、治理才能解决我们现在迫切的问题。但是如果我们揪着过去 17 世纪的概念不放，不去更新它，那这个命题就被僵化了。

再举一个例子，我们理解欧洲的国际关系，就需要关注不同时代欧洲人的宇宙观和欧洲国家行为与目标之间的联系：16 世纪的循环时间观对应着王朝—神权政治互动；18 世纪牛顿力学启发了均势政策；19 世纪进化论为革命、争霸背书；20 世纪发展观则给制度合作与全球治理提供了解释；21 世纪量子工程学和网络系统则为全球化及其反抗提供了基础；等等。关于这一点，不妨看看《**科学宇宙观与国际秩序**》这本书。

五、反思“时空观念”

王：你提到了不同时空观念作为一种特殊的语境，这个点很有趣，可以展开介绍一下吗？

严：我们光在科学框架下讨论国际关系学的面孔，有一个概念实际上是没有照顾到或者照顾得不够，就是时间和空间的概念。复旦大学的唐世平老师在《国际政治的社会演化》中提出了时间、历史因素对国际关系理论适用性的影响，但是他仍把时间作为一个线性流动的常量在处理，此外也没有着力讨论不同地理空间对理论适用性的影响。我的想法来自吉登斯对现代性的考察，我们所处的时代有它自己的时间和空间意义，比如时间只能一分一秒向未来流逝，空间是一个可以测量的实体，我们研究国际关系的宇宙观就是这样一种情况。那么我的问题是，我们过去的宇宙观是这样吗？我们未来的宇宙观还会是这样吗？如果不一样，那么我们研究问题所需要的最基本的世界观就不同。这种差别我可以打个比方，如果我们思考的模式是天圆地方、万物轮回，那么扩张和争霸就不存在意义，因为一定会“盛极而衰”“亢龙有悔”，但是如果我们信奉现代宇宙学说和线性的时间观念，那么成为帝国、成为自由民主国家就十分有意义，那么我们就有输出民主、输出革命这样的想法，因为它意味着历史的终结与顶点。

对于时间来说，我们习以为常地认为它是一个线性发展的概念，它是一个单向度的概念，这就引诱我们相信所有事情都是进化的、向前发展的。其实这是有问题的，这实际上是西方基督教文明，或者说是欧洲中心文明带来的独特的思维，跟传统中国和印度文明是不一样的。我们可以看到西方的古典文明，在基督教之前的古希腊、古罗马时期的文明，它没有一种单向度的进化性的时间观念，它讲的仍然是一种类似时间轮回、循环的观念。比如我们看柏拉图和亚里士多德的书，里面都提到政体循环理论，古罗马时代的西塞罗也提到过。没有哪个政体是永恒的、最好的，只有一个接一个取而代之的、有好有坏的政体。而到了基督教时代，它的文化变成了革命性质的文化，通过末世论学说，它把时间描述为从上帝造物到末日审判的过程，有起点、有终点，不可逆转，在此之外就什么都没有了。而像中国和印度的文化则强调类似阴德、报应、轮回、循环，实际上我们的时间没有唯一的终点，不是人生走到尽头就没有了。

西方这种线性时间观念的影响非常大，它相信世界发展是进化的，哪怕中间有挫折，它也一定是往前走。这里就隐含着这样一个含义，就是过去的东西一定没有未来的东西好，因为它是往前的，所以说旨在砸碎过去的革命就有了天然的正当性。比如现在纪念五四运动一百周年，当时我们引进了西方的这一套观念，它讲究科学、民主都是新的东西取代旧的东西，直到中华人民共和国成立初期的革命运动，我们都受到这种思维的影响。当然这种宇宙观有它的长处，它鼓励创造，但也能带来混乱，对它的评价我们不下定论。但实际上对于时间这个观念，它是否一定是直线式持续，是一个值得怀疑的问题。还有就是量子思维的发展是不是会改变这种时间观念，这都是未知数。

王：这里我插一句，很好奇，显然你在这方面的思考比我多，相关知识比我清楚。在量子力学中间，在量子科学的思维框架下，他们怎么来思考时间。因为我看这方面的书不太明白，尤其关于玻尔、爱因斯坦关于**量子纠缠**的争论。我印象中他们的争论就涉及时间和空间的关系，从早年的牛顿力学到后来 20 世纪初物理学的大争论，科学家对时间就有了新

量子纠缠

在量子力学里，当几个粒子在彼此相互作用后，由于各个粒子所拥有的特性已综合成为整体性质，无法单独描述各个粒子的性质，只能描述整体系统的性质，则称这种现象为量子缠结或量子纠缠（quantum entanglement）。

量子纠缠是一种纯粹发生于量子系统的现象；在经典力学里，找不到类似的现象。量子纠缠是一种物理资源，如同时间、能量、动量等，能够萃取与转换。应用量子纠缠的机制于量子信息学，很多平常不可行的事务都可以达成。

比如利用量子纠缠实现远距离加密通信的“量子密钥分发机制”，它能够使通信双方共同拥有一个随机、安全的密钥，来加密和解密信息，从而保证通信安全。在量子密钥分发机制里，给定两个处于量子纠缠的粒子，假设通信双方各自接收到其中一个粒子，由于测量其中任意一个粒子会摧毁这对粒子的量子纠缠，任何窃听动作都会被通信双方侦测发觉。

的看法。按照爱因斯坦的概念，时间是存在的，并以光速的形式体现。按照玻尔的理论，不管是半个宇宙的空间的距离，还是直接挨在一起的距离，两个粒子都会产生所谓量子纠缠，一个粒子正向旋转、另一个反向旋转，这样一来时间和空间就都失去了意义。在这个大争论结束之后，也不知道谁输谁赢，但是它引发了人们对于在量子时代或者量子思维条件下有关时间的定义、时间的走向、时间的价值是什么的争论。

量子纠缠示意图
图片来源：作者自制。

回到国际关系上来，关于时间问题的确很重要。这个你说的对，我们现在还是处在经典力学的思维下，相信古典人文精神，相信世界是进步的，相信发展是由初级到高级的进化的。我本人也是进步论者，就是强调时间是有走向的，而且走向似乎是不可逆的。比如说一个物种应该是从胚芽状态变成了果实，我们很难想象它会逆转。就像国际制度，原来我记得陈拯博士，几年前他在研讨会上发言，他的文章在现在看来很有想象力。但我当时批评说，他的主题是国际规范的退化，我认为国际规范生成了就不会退化。现在看来我的看法过于简单、线性。虽然我对他的态度还是很和蔼的，但基本上依据进化论来对他进行评判，但是现在看来，他的思想是有道理的，国际规范既可以是进化的、进步的，一定条件下又是可逆的、退化的。

现在特朗普“退群”，就造成很多国际规范的退化、失序，这就提醒我们研究国际关系，既可以从现实中找到证据，也可以从思维上去发现线索。像玻尔和爱因斯坦的推导，这个走向性、时间的指向是不是可以慢慢地转向，通过时间隧道回到从前，看到我的外婆，或者她结婚的那一刻，用什么样的影像能够展示，还是说是推导出来的。如果说这只是故事、幻想，对国际关系的研究，对我们现在做的学科进步又带来什么启示呢？我觉得这是非常有启示性的思考。那空间的问题呢？你说说看。

严：在吉登斯看来，空间在工业革命之前和时间是一个概念，是可以混用、通约的。这一点我们现在也许很难理解，在没有工业化生产的时代，我们没有表，也不需要表，描述时间的方法不是时刻。不像现在，从北京大学到清华大学，我会说走 15 分钟，或者说走二里路、三里路。若是在那时，我会说走一炷香、走一袋烟、走到马儿有点喘气。

王：或者，看晨星的起落。

严：对，时间和空间是一个概念，都是主观的感受。描述一个距离可以用一炷香，或者用马的状态，它们本质是一样的，都是我们的日常生活经验。但是后来呢，由于我们所说的工业化生产、发展，导致我们对时间的计算更加精确，或者我们需要一个精确的时间观念去安排生活，所以我们就人为地把时间和空间分开了。到了现在，尤其是即时通信的发展，未来全息投影、虚拟现实的发展，是不是又会导致时间和空间再次回归同一个概念呢？包括刚刚说的量子通信，它已经没有时空的概念了。比如我要跟您说话，我在地球的另一端，我就可以通过全息影像，就把您实时呈现在我面前，甚至可以传递触觉、味觉。

在现实的国际关系之中，我们还拿特朗普的推特外交来举例子。他的行动没有给我们传统国际关系学者任何反应时间，他发了一个推特，政策就变化了，甚至他的幕僚都没有反应的时间。他的毫无预兆的行动似乎是瞬间就影响了国际关系，我们只能事后解释，连预测都很困难，甚至我们的分析也得等到事情完全结束之后才能进行。比如说我们看到特朗普邀请金正恩在板门店会面，那我们只能等会谈完了之后再去分析，我们很难在毫无征兆的情况下对发展趋势做出预判。这是否就是说时间和空间发生了重新的黏合，嵌套在了一起呢？这也是我觉得国际关系研究中的一个重要点。

可能在专业人士看来，我的想法都是一些科幻想象，但我觉得至少有两点值得我们留意。一是我们要有开阔的心胸，比如认为国际制度不一定是进化的，也可能是退化的，它可能是反向行走的，不是单向度的。另一个是理论适用的时间和空间概念是否发生了变化，像唐世平老师就讲到，防御性现实主义就适用于冷战之后的国际关系，进攻性现实主义适用于两次世界大战之间的国际关系这种类型，任何一个理论、范式都有特定的时空适用度。

王：不错，这个点更丰富了，因为对谈的时间关系不能完全展开，应该把一些重要的知识点、人物和作品带入进来，过去确实没有想到，现在看很重要，就是我们谈的新的国际关系研究，如果从科学的角度来看，近代物理学的大争论，以玻尔、爱因斯坦的辩论、20 世纪 30 年代物理学的革命，对于几百年的经典力学、以牛顿为代表的思想，产生了不是否定的、全新的、再造的丰富成果，那么这种研究当然也应该对我们有很好的重大启示。20 世纪的物理学科学革命，不仅带来了物质上的丰裕、生活的变化，对于我们作为思想者，研究各种各样群体相互交流的国际关系的讨论也是非常值得思考的。包括刚才谈到的时空概念就是其中很重要的一个点。

你刚刚提到时空关系，我们现在经常讲国际关系的不同时代，我想顺便说一个我的批判。就是现在有一种看法认为，从现在开始，我们就开启了世界的百年变局。对于这个观点我不太同意。因为从某种意义上讲，第一次世界大战结束是一个大变局，帝国殖民主义的时代开始分崩离析，第一次世界大战之前的国际格局已经摇摇欲坠。到第二次世界大战期间，基本上帝国主义、奴隶制度、宗主国这些概念就完全退出了，那些被压迫的民族、殖民地开始成为了主权国家。所以那是一个真正的格局之大变化、百年之大变局，两次世界大战都有重大的节点意义。冷战结束我觉得也有这个意义，使得半个世纪的冷战、两极格局终结了，苏联不战而溃，传统的社会主义概念在国际上变得非常边缘化，而美国人享有单极世界的所谓辉煌时刻。那时美国人说起单极（unipolar）、单极时刻（unilateral moment）非常兴奋。那是 20 世纪 90 年代初期，美国人首先是大吃一惊，想不到苏联解体、分裂了，然后是得意忘形，所以出现了很多理论，历史终结论、民主和平论，还有很多其他的说法。但是不管怎么说我认为两极的结束、东欧的巨变、柏林墙的倒塌、苏联的解体、美国单极辉煌的那一刻，确实也是当代史百年之变的一个个重大节点。然后 21 世纪以来我们也看到很多新的变化，“9 · 11”事件，2008 年国际金融危机，以中国为代表的金砖国家等新兴的非西方大国崛起，我觉得这是总体变化的一部分，而不是说我们突然自党的十八大、党的十九大起才启动了世界百年之大变局，而且说不定到 21 世纪中叶由中国完成。中国现在的发展只是国际格局的一个重要部分，可能是大的插曲之一，但不是唯一，更不是全部。对于理解时间与格局的关系，上述讨论是有意义的。

你刚刚提到的这一点，我觉得我们未来的学者要好好挖掘，就是时空的概念，即：科学家的发明创造，对于国际关系研究还可以提供什么样的线索，如何理解新的时空观，以及经典力学到了量子时代面临的挑战，这些对于科学的国际关系研究如何带来新的空间。我这段时间也是借了一些量子力学的简明作品翻看，但“全糊了”，就别去误人子弟了。还是你的知识结构有这方面的理解优势，谈得出有价值的问题。

六、求“真”的现实使命

严：刚刚我们讨论了那么多关于科学、科学哲学的话题，国际关系的科学面孔一定会有科学的气质和性格，那么这种科学的研究会不会让我们陷入一种“两耳不闻天下事，一心只读圣贤书”的误区？

王：这是需要平衡的问题，国际关系研究天然具有政治影响力和决策利害关系，对于好的研究者来说，关键是如何掌握“度”——在可能的政策建言与学术要求的严谨客观之间建立动态平衡。要知道，国际关系学不是象牙塔里的智识游戏，好的国际关系研究在追求知识增长的同时，也能够直接或间接地表达着对现实问题的关切，影响各种人的看法与选择。我们说的“求真”既是学术要求，也是现实使命。因此，兼顾科学精神和社会担当，应当始终贯彻在我们的研究思考之中。

严：我觉得这个“度”是很难把握的，就像您前面提到我们的很多研究存在低水平重复的困境。现在提出来要把大学做成智库，实际上我不是很赞同，因为若把大学做成智库，研究就成了就事论事，不需要过多的深度，只需要应急的政策建议，自然就会缺少人文关怀。因为它不太需要人文的东西，人文是一个长期积淀的过程，对人的影响是潜移默化的。现实关切的研究需要一种撞击反应式的、见招拆招式的思维，这样对大学的培养是非常不利的。我们除了智库人才，还需要坐冷板凳长期研究一些深刻问题的人，反而是这些人推动了社会的发展。比如说像法国大革命的推动，它前面有卢梭、伏尔泰，这些人你说他们对法国革命有直接的贡献吗？实际上他们的直接贡献并不大，但影响了几乎所有的革命团体。还有那些社会空想家们，在现在来看他们就是一些天方夜谭的妄人，但是他们对推动社会主义运动起到了至关重要的作用。所以对重大问题的研究、对政策的响应是必要的，但一定是要以学术研究的思路进行。

王：说得非常好。我觉得，有关政策导向方面的研究，我认为它是有必要的，但是不能成为唯一。其实你看历史上，很多重大的经济需求、政治需求确实导致了学术的进步。比如说经济学领域凯恩斯学说的发展，就对第二次世界大战后期英、美国家的动员与备战，包括对战后经济的重振和繁荣起到重大的作用。而**凯恩斯主义**带动了很多政策导

凯恩斯主义

凯恩斯主义是建立在凯恩斯著作《就业、利息和货币通论》的思想基础上的经济理论。其主张国家采用扩张性的经济政策，通过增加需求促进经济增长，即扩大政府开支，实行赤字财政，刺激经济，维持繁荣。

向和学理上的研究，其中也有人获得了诺贝尔奖，取得了知识的进步。

那么对于中国而言，也是这样的。改革开放也好，加入世界贸易组织也好，“一带一路”倡议也好，这些重大的、带有枢纽性的、历史转折意味的国家政策调整，对我们研究中的知识增长同样是有启发的。我的批评仅仅是说政策导向的研究不能成为唯一的，不能是所有的研究都要成为政策导向的。政策导向研究和基础理论的纯粹学理研究要平衡，很多时候因为过分的强国家、强政府导向，这使得我们后面要提到的带有艺术、带有非实证色彩的研究，那些看来没有什么用处，没有实际经济效应，没有增强博弈能力和短期效果的研究很不受待见。比如说像带有艺术气质的国际关系研究，从诗歌、服饰、音乐、美学、戏剧等角度来看国际关系，在我们大学经常很边缘化。我们的课题设置，在国家社会基础重大课题评选中基本没有，所以这才是问题所在：政策导向的研究是必要的，但不能只有这一个类型。

此外，我们有一个问题：一旦政策有驱动、上面有需要，大家就都一呼百应、争先恐后，以至于造成重复和浪费。而政策所不太关注的东西，比如外交政策的艺术特征，科学家、学者就很容易把它忽略掉。我想说的是，对于国际关系研究来说，政策上不紧要并不意味着学术上不重要。在很多发达国家的学术生态中，很多“政策上不紧要”的研究会自然生长，在大学中会有比较平静的容身之地。

而我们现在的大学就像你说的，越来越智库化、政治化。但是在发达国家，一般来说智库是比较独立的，比如说在华盛顿专门有位于哈佛大学的费正清东亚研究中心是美国东亚研究、近现代中国学研究的先驱。该中心从费正清时代就确立了学术研究与现实政治挂钩的研究趋势。它的对华研究几乎涵盖了各个方面：不仅涉及中国的政治、经济、外交、历史、社会状况，而且还对其中所涉及的细节和边缘化的问题进行深入细致的研究。

一条街都是智库。但是在哈佛大学里面，包括像肯尼迪学院，包括我去**费正清东亚研究中心**参加活动，它的那些学者都很严谨地遵守自己学术人的立场。比如亨廷顿当时在做“文明冲突论”的研究，很受政府赏识，所以非常得意地去哈佛演讲。当时他讲到一些关于儒家文明、基督教文明、伊斯兰文明对立的时候，就有一些人问他，你说的儒家到底如何界定。亨廷顿当即挂出免战牌，他说在东亚学问家面前，我不敢过多谈儒家文明。还有一个号称美国十大中国通的学者，穿梭于各大智库之间，但是他在哈佛大学特别低调、说话小心。所以在美国的经历给我一个强烈印象，就是美国虽然号称是智库发达的国家，但是这些智库研究员在最好的大学、最好的学者面前，仍然保持了至少表面上的谦虚谨慎。反观我们的学术生态，在各种演讲、会议和大学的活动中，一些官员反而成了首席和明星，学者变得边缘化。我们所说的国际关系研究、政策研究、学理研究，或者说对策研究和基础研究之间，要建立比较平衡的关系。现在是这头过重，那头偏轻，不是不要，但是不能变成唯一，不能变成压倒性的、统治性的、无所不在的。应该给学理研究、基础研究，包括那些看似荒诞的、非实证的、想象性的研究，留有一定的空间。

最后强调一点，我们的国际关系研究要做到谦虚、开放，还应该通过营造良好的知识交流平台，实现知识之间的通约与共鸣，不同领域取长补短。要避免国际关系不同领域专家彼此看不起，要打通国际关系学和比较政治学这些次级学科之间的隔膜。朝这个方向努力，学者的学术学问之类，会做出更高的品质，有利于争取更多的空间。

七、现代与古典的平衡

严：刚才我们谈到科学的国际关系研究的现实使命，而提到科学的研究我们不能回避的一个问题就是科学研究的方法。什么是科学的研究方法，或者说，什么样的研究可以被称为是科学的？科学的方法就是唯一的好方法吗？

王：什么是好的研究方法，这个问题的答案不是唯一的。我们前面提到了科学的观念是在变动的，对于什么是科学的方法的判断自然也是变化的。再有就是很多国际关系的大家，他们的研究方法说不上是科学的，但也是好的。比如说我们回到最早期的摩根索和**爱德华·卡尔**的研究。实际上我们把摩根索和卡尔分为一类，都叫古典现实主义理论家，或者第一次学科辩论中的现实主义的一方，但实际上如果细细去读两个人的著作，你会发现他们两个人的研究模式是完全不一样的。卡尔因为是英国的外交官，他研究的成果是在政策的基础上进行提炼，有点像我们所说的经验回顾，是一种反思性、沉思性的研究。而摩根索的著作则是讲习式、口头语式的。他通过自己的顾问经历和切身经验——因为他本身是一个在德国受迫害的犹太人，之后逃到了美国——来进行思辨。摩根索的研究没有摆脱历史学、社会学这种古典的研究方式，甚至在一定程度上受到了来自德国汉堡的美学流派的影响。你能说他们的研究不是好的吗？但是后来技术的进步，就有了早期的计算机研究方法，有简易的统计方式，比方说有一个叫作罗伯特·阿克塞尔罗德（Robert Axelrod）的人，这个人到现在已经被边缘化了，你们可能已经不读他的文献了，但是在我们年轻的时候，他使用计算机进行博弈分析的方法可是前沿呢！

严：我记得做大数据研究的董青岭老师曾经和我说过，做国际关系研究你可以走两条路，一条是走技术的路，一条是走思想的

卡尔专长国际关系史和苏联史，一生著述颇多，影响最大的是1950—1971年陆续出版的10卷本《苏维埃俄国史》和史学理论方面的代表作《历史是什么？》。卡尔最被后人认可的是国际关系学，他被后人评价为“现实主义国际关系学之父”，他在国际关系学上的开山之作是《二十年危机》，这是现今国际关系学专业学生必读的书本。

英国外交官、历史学家爱德华·卡尔（Edward Carr）

路。但是我一直有这样的疑问，就是纯粹的技术研究思路如果没有思想的支撑，走到最后会不会变成单纯的研究工具使用者。就像我们经常举的一个很好玩的例子，我们可以通过复杂的统计研究分析大学四级英语成绩的通过率和女生头发长度之间的关系，我们当然可以取北京大学这个几万人的样本来做一个很复杂的数学模型，甚至可以构建出某种对应关系出来，但是这个现实意义有多大呢？

王：前面说到了对策研究和基础研究，现在还有另外一个很重要的点，就是数量化的、带有技术特质的这些研究。其实你想，不光是纯粹数量的研究，机器、物理形态的分析研究都是跟技术时代、科学全球化时代有着必然关联。其实在 20 世纪 60 年代行为主义盛行的时候，不同于以往以经验、老式历史思辨为特点的研究，美国对科学的国际关系研究十分青睐。这股科学主义之风其实始于 50 年代后期，在 60 年代达到高峰，到了 70 年代以后就逐渐盛况不再。你如果去看那个时代美国政治学家的访谈录、回忆录，在 70 年代实际上政治学研究有一次历史、哲学方法的回潮。但是国际关系学兴起的比较晚，政治学在人文主义回潮的时候，华尔兹、基欧汉才刚刚崭露头角。所以即便这股科学主义旋风没有那么鼎盛，但是却在国际关系学术界产生了广泛的影响。

我记得 1996 年、1997 年我在哈佛大学的时候，它的隔壁就是麻省理工学院（MIT）。有一次我去听讲座，感觉真的很惊悚。为什么呢？当时教室还没有计算机，电脑也很少，我一进教室，黑板上满眼都是各种各样柱状图、饼状图之类的数据图表。我看了之后一个图都没看懂，所以我当时就对 MIT 心生恐惧。我说再也不去了，所以那是我唯一一次到 MIT 听讲座，现在想起来还都是图、表、曲线、柱状图和角。我印象中那次讲座的主题是战略威慑，包括导弹、核威慑，围绕这些因素讲大国博弈。但是 MIT 的讲座和我在哈佛听到的还不太一样，在哈佛我能听得懂，有各种感悟与收获。尤其是在费正清东亚研究中心，它们的主题有东亚的文化、血脉，所以听来还挺舒服。但是到了 MIT 我有一个感觉，什么感觉呢？我后来想可以引用英国学派的一个著名代表人物的一句话：那些看上去闪闪发光的行为主义、科学模拟，就像在夜深人静的时候看天空，那个星空看上去那么亮闪闪、绚丽无比，但是很高远、很孤独、很寒冷，我们还是需要一件人文的外套，需要历史气息的润泽。大概是这个意思。

王逸舟在哈佛大学图书馆，1996 年

所以在科学的国际关系研究中间，一方面我鼓励年轻人，鼓励现在擅长于各种大数据、人工智能等新的研究手段的人继续深造、发挥优势。就像我们学院的一些年轻老师，他们最近回来，我和他们聊天，我印象最深的感受是，他们就是经常讲这些量子、科技啊，都想在以往的博弈论基础之上进一步发展。其中一位告诉我，有位退休的著名外交家最近写了一篇题为《人工智能时代的国际关系》的文章，他们看起来就觉得太初级。我想说，这些年轻人，那些特别擅长新技术的人，看到我们这些生于20世纪五六十年代的老式学者试图用这些东西来装点自己，他们觉得好笑、很外行，这些年轻人会认为老式学者用这种花哨的东西装点自己很可爱。

所以从这个意义上讲，我们要抱着开放、宽容的心态，鼓励年轻人去追踪最新的技术。因为我看我的小孩，他房间里永远有一堆电子设备、有数据线和好多手机。每次他走之后我都给它们照个相，问他桌上是什么东西、有什么用处，不要占着太多空间。反正每次回来，他的桌上就是一堆这样的电器，然后走的时候他又都不要了。所以讲到技术，一个重要的点是，看待今人的和未来的国际关系研究，要回望古典，感受那些有温度的、了不起的思想家，不要忘记人文关怀和对是非善恶的敏锐直觉，不要让眼花缭乱的技术及器物模糊了视线。

这是一个平衡点，我们讲人文的国际关系研究之前，要树立伟大的、崇高的价值观，要让人权、平等这些人类进步中永不熄灭的灯塔长明。但也不要让自己变得过于守旧、迂腐，我们和年轻人一样，都处在技术井喷的时代。我们对他们所心仪的、擅长的手段和方式，不能抱着一种轻蔑的态度，反过来说也不要让这些东西变成排他性的新教条。

严： 我总结一下您的观点。对于科学的国际关系研究来说，平衡“现代”与“古典”是关键。一方面，关注技术变革带来的知识进步是科学的国际关系研究的一个侧面，技术特质是时代潮流。另一方面，“现代科技”是科学向度国际关系研究的一副面孔，我们应该鼓励年轻人，尤其是擅长最新技术的研究者不断探索。您是这个意思吗?

王：不错。用国际关系学在20世纪六七十年代的大争论，即行为科学主义和历史主义的争论给我们的重要启示来说，最终两者都是需要的，两者需要保持平衡，都需要不断自我革新。历史学派有很多新的发展，他们融合了不同工具箱的探索方式。而行为科学，或者发展到后来的人工智能、大数据这些新的东西，也要给它一个很好的空间和提升机会，要允许年轻人充分地发展自己。所以，最近我就请了一个年轻的学者，就是你刚刚提到的董青岭老师，在《国际政治研究》中做了一篇关于大数据与国际关系研究的专访。他现在也就三十几岁，但是他写成了我们第一本关于大数据与国际关系的专著，这是很难得的。

但另一方面，就是在繁星闪烁的寒冷的冬夜，我们也要披上温暖的外衣，人性的外衣、价值判断的外衣、历史智慧的外衣，这个是永远去除不了的。在探索科学向度国际关系研究的同时，还要警惕技术奴役我们的心灵。科学不是统治性与排他性的教条，在科学的审慎之外我们还需要树立伟大崇高的价值观。17世纪科学革命时代一位人文主义者的呼吁至今仍然发人深省，他说：“知识正在不断走向碎片化，我们凭借自己偏狭的能力将艺术与科学分成了碎片，无法渊博到一窥全貌。人类已经不再可能拥有普遍性的知识，但是我们可以鼓励‘哲学精神’以期避免狭隘的专门化。”

严：古今中外，您认为有哪些学者在平衡古典与现代的时候把握得比较好，值得我们这些后辈学习呢？

王：在百年历史中间，如果说对我影响最大的中国学者，我可以列出四五位，比如说李慎之先生是第一位，陈乐民老师、资中筠老师，包括像王缉思老师也都了不起。他们的研究成果未必在数量上超过我们，但是他们的人文气质和人文智慧，是我们一般人达不到的，包括我自己。我做研究，常会想起视为榜样的四位前辈同事：思想开阔而犀利的全球化研究大家李慎之，在国际关系领域学问无人出其右的陈乐民，疾恶如仇却优雅知性的资中筠，聪明绝顶和幽默风趣的王缉思。他们共同的特点是见多识广、见解深刻，作为思想者而“顶天立地”。所谓天，是除了思想外，金钱、地位和职务都无法与之相比。所谓地，是接地气，了解社会及普通人的感受。每当我提出一个看法时，心里会自问这几位师长可能怎么看，因为古典与现代的两种风格在他们那里有最好的平衡。

从外国来说，我佩服的是两个人，不是亨廷顿、不是基辛格，这些人以对策著称，而且确实都是“老狐狸”，都是不同凡响的大战略家。可是我最佩服谁呢？一个是刚才提到的爱德华·卡尔，一个是汉斯·摩根索。卡尔有英国贵族气息，他的文字充满优雅的韵律，但是他又有英国绅士看问题的风范。按理说威尔逊主义才是第一次世界大战结束以后的欧美知识分子的普遍心态，充满了理想主义精神，重视国际联盟、国际法。但是卡尔却超过了他们，发出了战争的警报，提醒人们这是二十年的危机期。而且还有一点是美国人不讲的，后来到了美国读新闻学的时候，我才注意到其实卡尔也是对马克思主义有深刻理解的人。这是卡尔作为欧洲人，特别是英国人最了不起的特点，他们对于社会主义、工人运动、下层人物都有同情心。卡尔虽然是贵族，但他的作品里有马克思的影子。对马克思主义的理解，就是对人的命运、对下层的苦楚的了解，这是思想之花、人性之花，也是人文主义了不起的特点。

摩根索是另一个我佩服的人，前面提到过他是德国的难民，从欧洲移居到美国。作为现实主义的大师、第一本百科全书式的《国家间政治》的作者，国际关系学到他的手上才变为一个比较系统、全面的学问。从他以后，才可以说国际关系学像一个学科、像一座山一样耸立着。但摩根索最了不起的一点是，对于美国政府、美国军方、美国战争中的偶现狂热，始终抱有警觉。这是美国某些智者很了不起的地方。华尔兹也是这一类。别看他的理论叫作新现实主义或者科学结构主义，但是跟有些人不同，他也有着很高的道德水准，不会为了讨好政客而动摇自己的学术信念。哈佛大学一位著名教授给我讲，哈佛不少老师看不起亨廷顿。虽然亨廷顿的学问了得，三十几岁就成为终身教授，但是越战期间他给中情局打小报告的污点，受人诟病、难受尊重。

从某种意义上讲，我说这些大家就是人格上伟大的人，人性之光了不起的人。这也是对现在做科学学问、大学问的年轻人的一个提醒：真要把学问做大，一定要保持审视与批判力，保持自己政治哲学意义上的、人格上的独立。需要警惕的，既有权势的影响，也有技术至上的诱惑，还有市场金钱的诱惑。那些最好的学者，在权力、权势、利诱、炫色的科学时代，始终是清醒的，永远保持应有的姿势。希望你和以科学为业的国际关系学子，未来发展时牢记这一点。

第三部分
国际关系学的艺术面孔（I）
——从国际关系到艺术

Charming
International Relations

艺术和国际关系？你没有看错！把这两个话题放在一起讨论始于突发奇想和灵感乍现，但在深思熟虑之后，我们认为这种新奇的组合并不是不负责任的玩闹，而是一次努力突破常规的探索。在这一部分中，我们试着从国际关系的视角去看待艺术，特别是艺术在尔虞我诈的国际关系中如何被人们利用、改造，甚至曲解。我们的话题从“艺术为何被国际关系研究忽视”开始，讨论横跨了艺术风格之争、音乐与外交和法西斯美学，最终回到对一些重要概念和具体问题的关注之上，比如政治和艺术之间的纠缠，失窃文物追索和跨国艺术品的产权保护。

一、《圣西门致陪审员先生们的信》

王：前面讨论了作为科学的国际关系研究，下面我们来聊聊作为艺术的国际关系研究。我非常赞同在我们的研究中要有艺术性的、发散性的思维，把艺术气质、感性特质融入国际关系研究的思路不仅有趣，而且有益。这部分你有底子，请你重点谈谈吧！

严：早期的空想社会主义者**圣西门**在1820年《圣西门致陪审员先生们的信》中写道："新的思考向我表明，事情应该在艺术家的领导下向前进，他们后面跟着科学家，工业家应该走在两者之后。"我引用这句话不是为了抬高艺术之于其他学科的地位，而是想说明在思考国际关系问题时，我们不应该忘记它有一副艺术的面孔。

什么是艺术？我们这里定义的艺术和国际关系研究有什么联系？我的观点是，艺术涉及国际关系研究中的一个重要问题——观

圣西门（Saint-Simon）画像
图片来源：Gallica Digital Library。

圣西门

克劳德·昂利·圣西门（Claude-Henri de Rouvroy，Comte de Saint-Simon，1760—1825），法国伯爵，是19世纪初叶杰出的思想家，马克思、恩格斯把他同傅立叶、欧文并列为三大空想社会主义者。圣西门出生于法国的一个贵族家庭，曾赴美洲参加过美国独立战争，后回国参加法国大革命，成立圣西门主义团体，宣传他的思想和出版著作。实证主义者孔德曾经担任他的秘书，两人合作长达七年之久。

念。在国际关系中，观念的力量是巨大的，它可以成为惯例，最终演化成为规范和制度，它可以决定行为模式和偏好。但是观念通过什么来表达？我们用实证主义的方法，通过观察行为和语言识读出的信息就是观念吗？我看未必，不然也就不会有所谓误读、误判了。而对于理解国际关系中的观念来说，艺术是一个非常有趣的角度，一方面它用完全不同于科学的方法表达着观念，另一方面它又有一套自身独特的思维方式和工具策略对观念进行加工处理。从艺术的角度去“窥测”观念的生发和变迁，我们也许可以获得意想不到的收获。

王：那么在国际关系学的语境下，我们使用什么样的艺术定义？

严：这里使用的艺术定义是广义上的，它强调艺术的历史建构特征和观念反映特征，凡是符合这两个特征的事物都可以称之为艺术。历史建构特征就是说，定义什么是艺术是依据具体时代而言的，是特定的历史决定了什么是艺术，什么不是艺术。比如杜尚的《泉》放在文艺复兴时期就不是艺术，我们现在看到的很多教堂壁画在当时可能也不是艺术，更多是宗教装饰。而观念反映特征指的是，不论什么形式的艺术，它一定反映着一种观念，这个观念可以是作者天马行空的奇思妙想，也可以是作者对世界的思考，这一类艺术我们可以从达利的画中找到一些蛛丝马迹。这种观念也可能并不来自创作者，创作者只是媒介，反映了委托人的一些想法。比如17世纪法国一些描绘港口的绘画，这些绘画由当地中产阶级商人资助完成，画中往来船只熙熙攘攘，贸易十分发达，但实际历史上这个港口此时已经衰落了。之所以“自欺欺人”，也许反映了这些商人对过去盛景的怀念，也许表达着他们对未来的憧憬。

所以说，只要一个事物反映着历史和观念，我们就可以把它当

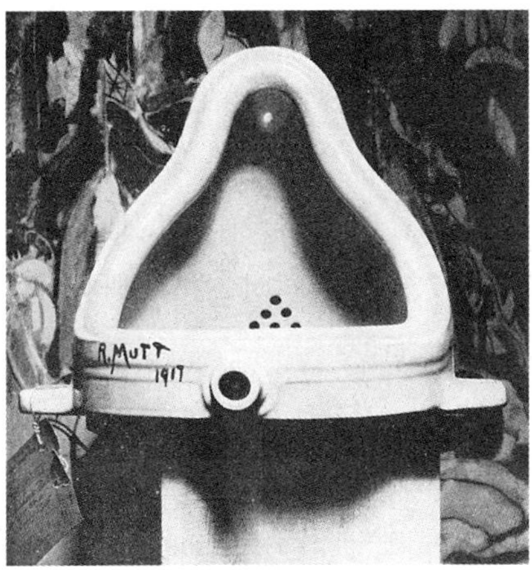

杜尚（Marcel Duchamp）的作品《泉》

图片来源：互联网档案馆 Internet Archive。

作艺术放在国际关系的语境里面考察。那些被掠夺的圆明园兽首，有归属争议的宗教雕塑，法西斯主义电影《意志的胜利》，作为意见领袖的艺术家，在世界博览会上被震惊的观众，被艺术史学者记录下来的集体审美取向，在日记、微博、抖音、快手里面呈现的个人艺术体验，等等。为了方便，我们可以做一个简单的区分，把艺术分为“小写的艺术”（art）和“大写的艺术”（Art）。art 指的是具体的艺术，比如诗歌、音乐、舞蹈、戏剧、建筑，等等，Art 则是带有美学意味，比如艺术性的思维、方法。

王：从国际关系学的学术角度来说，“艺术面孔”的意义在哪里？

严：从学理上考察，艺术和它所指涉的艺术品、艺术创作、艺术体验和艺术家等共同构成了思考国际关系研究问题的独特视角，这些视角对于补充理性主义思考、评价具体内政外交决策、反思日常生活经验而言意义重大。康德认为艺术作品的意义包含着无限可能的解释，而有限的理性是无法理解的，只能在艺术作品审美经验的历史中浮现出来。理解历史事件，透视具体问题都不应该忽视艺术扮演的角色，甚至是关键角色。简单来说，国际关系学的艺术面孔是指借鉴了艺术领域的学科思维、工具方法与审美策略的研究，它能够最大限度地激活研究者的想象力和创造力，在增添研究趣味的同时，拓展研究视角，展现国际关系研究中更具色彩的一面。

当然，我们在讨论这个跨界问题的时候难免缺少对某个具体问题的深入，我想我的目标在于努力呈现出艺术与国际关系跨学科研究的一般图景，而不是致力于对某项具体问题的研究。正如您说的，我们的对话不是一篇严谨的学术论文，我也不想揪着一个问题反复去论证，如果我一直讲《**1812序曲**》是怎么体现法国大革命期间国际体系格局变化的，大家估计都会睡着。所以我的想法是多提一些要点，多讲一些故事和案例，让我们的未来的读者，也让您不至于打瞌睡。

王：很多人也许会对这样一种艺术与国际关系的组合感到非常好奇，但也会很费解。艺术和国际关系是两个看似毫不相关的领域，它们怎么能放在一起讨论呢？艺术好像就是美的东西，给人与世无争的感觉，国际关系就是政治，是冷冰冰的算计。你对这个问题怎么看？

严：从根本上讲，艺术视角在国际关系研究，乃至政治学研究中面临的合法性质疑，关于“艺术的国际关系研究是否有价值”的讨论，实际上折射出的是美学和政治学之间存在的长期争论。核心问题是，美学所包含的艺术概念和审美视角是否能在政治学研究范围内有效运用？简单地说，我们如何处理艺术和政治之间的关系？这是一个宏大的问题，很多哲学家和美学家穷尽一生都在探索这个命题，我肯定不能把他们的观点一一复述，只能

《1812序曲》

《1812序曲》是柴可夫斯基于1880年创作的一部管弦乐作品。为了纪念1812年库图佐夫带领俄国人民击退拿破仑大军的入侵，赢得俄法战争的胜利。曲目开始时出现一个深广的主题，代表着俄罗斯广袤的领土和无限风光。后来乐曲进入发展部，一个侵略性的主题代表着法军的入侵。接着再次转到一个进行曲，表达的是俄罗斯人武装上前线，准备抵抗侵略者。后来激烈的主体冲突描绘了残酷的战争。里面被扭曲的马赛曲代表着法军。后来，俄国人赢得了战争的胜利，俄国国歌在炮声钟声中把乐曲推至最高潮。

大体介绍一下。

王：没关系，你可以照自己的思路展开。

严：其实在古典时代，古希腊科学（scientia）和艺术（ars）之间的关系更倾向于“理论”和“实践”之间的关系。所以如果读亚里士多德对科学和艺术的讨论，我们估计会摸不着头脑，因为在当时这两个词的意思和我们现在所使用的意思完全不一样。但这其实也反映了早先人们对艺术的某种态度：艺术是实践的知识，是口耳相传、以心传心的，科学是写成定理、画在羊皮纸上的。从这一点上来讲，艺术和科学各自代表了知识中“不可描述、只可意会”的那部分和可以测量、实证、比较的那部分。

近代以来，政治与艺术，或者说政治学与美学之间的关系，大概有三种比较典型的观点。第一种观点比较接近我们熟悉的马克思主义，当然这里面很多学者本身就是马克思主义者。这一派认为当代艺术家都深深内嵌于文化工业之中，艺术实际上表达的是内在于工业资本主义的政治经济逻辑，其不过是一种当代的商品形式。在根源上，艺术是对现实的反映，更是对经济活动的反映，工业革命之后就没有艺术了，只有文化工业产品和娱乐现象。

如果我们接纳这一派的观点，这就要求我们有一双慧眼能够透过艺术表象看到国际关系的本质，或者反过来把握国际关系规律然后以此来解读艺术。从这个角度看，艺术是人类内在追求的工具性表达，反映着社会等级关系，并为社会权力机构服务，是社会的记录者。那么在国际关系的艺术面孔下，研究的基本任务就是解释明显带有自律性、由自由个体所创作的艺术作品，是如何或多或少地携带了“国际关系的”信息和意义的。并且通过对这个问题的分析，努力发现艺术和国际关系之间的潜在关联。

第二种观点比较传统，这一派美学理论家倾向于认为艺术外在于任何特定的社会政治语境，也就是说艺术不仅独立于政治，并且是自我指涉的。什么是自我指涉呢？就是说理解艺术不需要以理解其他东西为前提，这当然包括政治，不需要政治为它做注释，艺术通过自己的一套概念就可以把自己解释清楚。这个观点延续自19世纪，继承自浪漫主义流派对艺术的理解，认为艺术家和他们的作品独立于外在的政治大环境，艺术实践是在一个独立领域中进行，核心是“为艺术而艺术”。根据这种观点，艺术天然保持着和政治之间的距离，像主权、认同、安全这种国际关系议题注定被打上“与艺术无关”的标签。

第三种观点把前两者结合了起来，以尼古拉斯·伯瑞奥德（Nicolas Bourriaud）提出的“关系美学”为代表。它赋予艺术以“半自主性”的特点，就是说艺术处于纯粹审美和历史语境的中间位置，只有一部分源于历史环境。不同于第一种研究方法，这种关系美学不再过分关注如何解读艺术作品，或者去发掘作品中潜在的、作为社会之反映的意义。因为对于他们而言，艺术的意义无法通过剖析作品而揭示，一旦艺术品脱离了历史语境和社会语境便不再存在意义，艺术的意义存在于永无止境的断言、交流、争论和对话之中。

王：也就是说，在关系美学的范畴里面，美学判断、政治历史分析和社会学判断占有同样重要的比重。

严：是的。比如德拉克洛瓦的那幅油画《**自由引领人民**》，在关系美学角度看，我们考虑的就不再是简单的画法技艺或者单一的历史场景。我们考虑什么呢？首先从美学判断上来说，画中“C位”（核心位置）是一位裸露胸脯的女性，举着三色旗，神态坚定冲在最前面，后面有一位戴着小礼帽但是穿着工匠服装的男士，再后面还有衣着朴素的农民。这些细节会告诉我们丰富的信息，比如女性的解放、对禁忌的摆脱、参与法国大革命群众的身份、当时的服饰，等等。这些是细节，当然还有画面的布局、透视的方式、色彩的搭配，通过美学鉴赏，我们可以在脑海中形成一套比较完整的故事画面。当然这既需要一定的艺术技巧，也需要我们的想象力。那我们把故事“编完”就可以了吗？不行，我们还得去找资料去看这幅画创作的时代，去理解法国大革命的历史背景。比如当我们用审美手段进行解读的时候，我们会觉得把女性放在“C位”是因为大革命带来的性别解放，或者赞扬女性的领导力。但当你了解了法国大革命的历史，查阅了当时人们手传的小册子的时候，你会发现在大革命期间，女性象征着自由，是自由女神的化身。所以你就要修正从美学判断角度得出的理解，也就更能理解为什么这幅画叫《自由引领人民》而不是《女性引领人民》。好，理解到这一层够了吗？还不够，我们还要去考察这幅画的社会内涵。什么叫社会内涵呢，比如这幅画是谁资助的？谁收藏的？是博物馆还是私人？在哪里展出？观众都有哪些人？是平民还是贵族？有没有记录下来的观众的评价？要知道这幅画在法国曾经多次展出，为大革命鼓噪，又因为拿破仑复辟而被弃置于地下室，直到19世纪中期才得以重见天日。所以说，只有把这些不同角度的分析全部统合在一起，我们才能够完全理解这幅画，其实通过这些步骤，我们也就理解了这幅画背后的时代和历史。

《自由引领人民》

图片来源：作者自制。

王：这种关系美学取向的思路似乎也应用于国际关系研究。

严：您说的对。对于国际关系研究而言，采用“关系美学”式的艺术研究视角对具体研究议程的确定有着重要意义。一方面，出于分析需要，分析者需要承认艺术是一种文化产品或“作品”，它可以独立于它生产的环境而存在。另一方面，分析者也必须思索艺术是一种文化“文本”的观点，由此才得以揭示它的社会性与政治性意义。进一步而言，无论分析者怎样强调，那种认为艺术“文本”拥有“内在”意义的观点是不足取的。也就是说我们在看《蒙娜丽莎》的时候不要总想着它有什么神秘的终极意义，无论这个意义是达·芬奇在创作时所赋予的，还是蒙娜丽莎本人想要表达的。在关系美学的角度来看，讨论作品原始的内涵与意义价值不大，因为绘画与文本和其他文化产品一样，本身就是人类相互协作的产物。它们并不自在于“某处”，而是人们依据其文化关联和个体兴趣所建构起来的。

以音乐为例，人们在说明音乐作品的“真实”本质时的不成功便是一个很好的例子，这是因为预先把“文本”实体化并追寻它的“本质”的做法是有问题的。比如我们在听斯美塔那的作品《伏尔塔瓦河》时，如果我们不知道任何关于这首曲子的背景知识，大多数听众也许并不能感受到它所期待表达的情感。但如果我告诉你这首歌歌颂的是捷克的母亲河，描绘的是沿河的森林、小镇、城堡，是在奥地利对捷克专制统治崩溃之时，祖国重获生机、欣欣向荣的景象，是满怀着作者的爱国热情的。当我把这支曲子的“语境”告诉你时，我们就能够马上确定理解的方向，以及情感共鸣的方式。

艺术的内涵是无法通过抽象的、超越语境的分析方式揭示的，而应该通过对真实情境中的人的互动行为进行详细考察才能揭示。听懂《**伏尔塔瓦河**》需要和作者对话，和共同欣赏的听众对话，或者至少参与到和歌曲历史背景的对话中去。即便是最孤立的欣赏者，艺术对他们的意义和效果

《伏尔塔瓦河》

交响诗《伏尔塔瓦河》是整部交响诗套曲《我的祖国》中最著名的一首，尤其是伏尔塔瓦河主题深刻地融入了捷克民族的情感和意志，成为捷克民族的象征，被称为捷克第二国歌。

沃尔塔瓦河是捷克最大的河流，它由南北纵贯捷克国土，是捷克人民赖以生存的母亲河，是捷克民族繁荣昌盛的摇篮，在捷克人民心中占有重要的地位。

交响诗《伏尔塔瓦河》，从河水的源头开始描写，逐渐映现出奔腾不息的河流、岸边茂密的森林、富有生气的乡村、宁静的月夜、险要的峡谷、古老的城堡，这些景致与民俗生活和神话传说相联系，展示了捷克山河的美丽和悠久的历史文化。

也指向某个“潜在的共同体”。用国际关系的术语来说，艺术也是主体间的产物，一种时刻在变化的共享知识。所以说蒙娜丽莎微笑的谜底在一百年前、现在和一百年后可能都不一样，但每个时代的答案都是那个时代的正确答案。

二、被回避的艺术面孔

王：你讲了政治和艺术之间的关系，提到了艺术的国际关系研究所参考的关系美学。这些既是本体论问题，也是认识论问题，你应该继续往下思考，要再去读更多这方面的著作和文献。你要知道，一个学者的学术成长史，就是他的阅读史。

尽管学术界在 2001 年开启了“国际政治理论研究的美学转向”，我们国内也有陈玉聃等学者跟进研究，但艺术的国际关系研究仍然处在边缘的位置。你想过这是为什么吗?

严：我觉得国际关系研究的学者之所以回避艺术视角，一个原因就是艺术具有不易理解的特征和瞬时性的特征，在观看、聆听、触摸、感受艺术作品之后，我们很难详细说明艺术的“文本”，艺术因为无法“解码”而难以满足实证研究的需要。

王：不错，我们看档案、看数据、看新闻报道，这些最后都能够落实在文字、数字这些文本上，都是客观实在、稳定具体的信息。比如外交部的通告、核武器的数量、联合国大会的投票情况，还有条约的文本、各种备忘录，这些东西都可以拿来做实证研究。统计研究也好，案例研究也好，研究者对这些素材的理解是相对稳定的，处理起来也有一套流程。艺术则不然，它的意义需要理解，有艺术素养的人和缺少艺术鉴赏能力的人理解不一样，不同时期、不同心情、不同氛围下人们的理解不一样，不同知识背景的人的理解也不同。看起来艺术是不能用来作为国际关系的研究对象的。

严：对这个质疑有两种回答方式。一种是站在艺术思维角度上的回应，就是把“对艺术文本进行成功解码”视作研究的必要条件，并非放之四海而皆准。虽然说实证主义要求研究者能够对研究对象进行清晰的描述和概念化处理，但在具体的研究中，实证主义认识论的普遍适用性仍然是有疑问的，因而不能因为艺术视角在某些问题上存在“盲点”就对它彻底否定。即便是文字、数字这些看似客观的文本，其实也是有待解读的。对文字来说，我们“**双重阅读**”之后会发现很

双重阅读

双重阅读（Double reading）是德里达后现代主义理论中的一种方法。雅克·德里达（Jacques Derrida）认为阅读有两种，即重复性阅读（Repetitive reading）与批评性阅读（Critical reading）。前者是一种传统的阅读方式，阅读的过程就是对作者原意进行追寻的过程；后者是一种解构的阅读方式，即在原文的“边缘”或“盲点”对文本进行肢解和增补，阅读的过程就是意义散播的过程，也是文本增殖的过程。

批评性阅读不再关注真理，不再理会作者意图，读者以一种游戏的态度对待阅读，在这种阅读中不企求确定的意义，对文本的阅读是常读常新的。这种阅读不再是获得知识的手段，它只关注阅读本身，阅读成了目的。

多言外之意，有的是隐含了作者当时不便于表达的意思，有的则是带有强烈的时代语境，比如前面说的艺术和科学之间的关系在古希腊和现在就完全不同。对于数字就更是如此，不同的统计方法、计算模型得出的结论可能完全不一样。其实，不论是强调文字的客观性，还是强调数据的真理性，最终的判断标准不是我们的理性思考，而是我们对“什么是理性”的主观选择。比如在印刷术刚刚普及的时候，相比于文字和数据，图像更具有客观性特征。当时学者对论文中手绘插图的迷恋，就和现在我们对数据图表的虔信一样。在这一点上，艺术的非实证特征和文本的可实证特征没有根本上的差别，区别的只是我们界定理性的标准罢了。

刚才说的是从艺术思维角度的回答，我想对于信奉科学主义的人来说，我是很难说服他们的。所以我还有一种回答方式，是科学主义、实证主义的回答方式。刚才说到质疑来自艺术固有的不易理解和瞬时性特征，那如果我们有一套理解艺术的方法呢？也就是艺术领域所说的“套式”，英文是 stereotype。我想如果艺术家听了我这句话又要不高兴了，艺术怎么可以用套路去理解呢？而且我们知道英文单词 stereotype 的另一个意思是“刻板印象”，不是什么正面的词汇。但是为了让国际关系学者满意，我只能既得罪艺术家，又得罪科学家了。

王：看来国际关系学者地位很高啊，你不惜得罪艺术家和科学家去说服他们。你准备怎么得罪他们？

严：其实即便从艺术角度来讲，套式，或者说这种鉴赏、分析艺术品的“套路”也是必需的。我们不能指望一个刚开始学钢琴的孩子就能即兴演奏圆舞曲，也不能让刚开始学画画的人直接上手去画人像。学钢琴要先学习指法，弹音阶、和弦，弹各种各样的练习曲，了解不同曲风的特色调式。学画画也是先学布局，学色彩，学基本型构图。这些都是套式。反过来说，理解一件艺术品和这个道理是一样的，只不过创作是加法，理解是减法。我们的确有一套“科学”的手段去解码艺术品，比如图像学和图像志方法、社会心理学方法、结构主义的符号学方法和艺术史方法，而且这些方法可以综合使用。所以说，解码艺术不是问题，只不过我们不太熟悉罢了。

王：我的另外一个疑问是，很多研究国际关系的人，尽管对于艺术也有浓厚的兴趣，但最多也就局限在欣赏这个层面。很少有人能够“玩转”艺术，比如我们学院的王缉思老师，他会拉手风琴也喜欢音乐作品。但大多数国际关系圈子里的学者可能都觉得艺术和国际关系研究结合在一起太“阳春白雪”，难以亲近，难以入手。

严：是啊，每当我和学术圈子里面的人说起这个主题的时候，大多会有两种反应。一种是认为我的研究是“瞎胡闹”，是艺术学院学生做的东西，是“不务正业”。当然我非常理解他们的批评，毕竟学术分工的结果是有限的关注度和资源都会集中到核心问题上。但是我并不能否认边缘性的学术探索很难在高度封闭的学术圈中获得“生存空间”，但就知识社会学意义上的知识增长而言，这类探索往往更具启迪价值。

知识社会学的第二代大师凡勃仑在解释为什么犹太人能够在各个方面做得那么出色，他的一个关键论点就是“边缘是社会知识的生命力所在”。为什么呢？一方面，这些处在社会边缘、组织边缘的人，他们没有主流的归属感，他们不会说我是现实主义流派的，我是自由主义流派的。另一方面，这些人还被主流排斥，被主流批评，他们也无法加入这些流派。这两个方面合力的结果就会促使这些边缘人成为天生的怀疑主义者，他们怀疑一切，对任何知识权威都有着天然的疏离感。所以他们必须要有创造力，这是被迫的，因为他们需要编织一整套能自圆其说的概念装置与逻辑体系，最好还能找到一群志同道合的“怪人”，去创造属于自己的共同体。这样的结果是旧的知识体系被无意中突破了，带来了我们所谓知识社会学意义上的进步。

王：我赞同你的观点，我也说过，把艺术和国际关系结合起来的探索是有趣、有益的。但是你还没有回答我的问题，对于不懂艺术的学者来说，他们就没办法做这类研究了吗？

严：好，我老老实实回答您的问题。无论是国内还是国外，大多数国际关系学者并不具有完备的艺术技术或者审美知识，他们觉得对艺术行为的研究最好留给那些有能力读谱、演奏乐器、在画布上创作或者参与表演的专业人士。而且平心而论，在国际关系领域采用艺术视角进行研究的学者大部分都是身兼艺术家或者艺术评论家。比如写《美学与世界政治》（*Aesthetics and World Politics*）的作者罗兰·布莱克（Roland Bleiker）是一位成就极高的诗人，研究艺术与博物馆关系的著名女性学者克里斯蒂娜·西尔维斯特（Christine Sylvester）自身也是一位著名的策展人，考察电影影像和国际问题关联的著名学者迈克尔·夏皮罗（Michael Shapiro）则是众多国际电影节的评委。但这只能说明，在这场关于艺术与国际关系的讨论中，发起人大多数身处“艺术圈”之中，国际关系学者还没有足够的勇气去大胆涉足他们所开创的领域。更重要的是，我们要意识到这个圈子并不是封闭的，只要对这个领域感兴趣，就可以参与进来。并不是说会弹吉他、会拍电影才能做艺术的国际关系研究，这类研究没有关卡，没有哨兵。即便是有，和现在流行的定量国际关系研究相比，它也会“温柔”许多。当然如果懂一些艺术，研究起来会更便利。

王：好的，请你回到刚才的思路里面，你说在国际关系学术界经常碰到两类质疑。第一类我们已经说过了，那第二类呢？

严：第二类批评者友好多了！他们普遍对这类研究感兴趣，也鼓励我坚持下去，不过他们也提出了很多具体的疑问。比如有学者曾经说类似的研究好像更适合出现在《纽约客》（*The New Yorker*）这类高端文化杂志上面，因为讨论的主题是上流社会的日常话语，或者说是精英茶余饭后的谈资。比如在鸡尾酒会上大家会聊一聊**班克西的街头涂鸦**与反战文化，在私人沙龙里会讲一讲艺术反抗和机械复制时代人们精神空虚之间的关系。简单来说，第二类批评就是说，这些东西的确高大上，有受众，但不够学术，太过于“文化”了，在《三联生活周刊》上刊登可以，在《国际政治研究》上发表就显得不伦不类。

班克西的街头涂鸦艺术

图片来源：英国和爱尔兰地理图片平台。

神秘的班克西

班克西（Banksy）是一位英国的街头艺术家，创作了大量以现实生活和反战内容为题材的作品，风格以黑色幽默著称，被誉为是当今世界上最有才气的街头艺术家之一。

由于涂鸦活动的非法性，早年班克西不仅被英国媒体称作“恐怖主义艺术”，他的“艺术”活动还常常受到警察打击和追踪，生活和“安全”都没有保障。他如今仍然保持着“游击队式”的生活——几乎从不对自己的作品发表看法，很少接受采访，也没什么人见过他的真面目，他的真实身份从来没有被正式公开过。

但是，班克西的低调并不掩盖他的大胆。班克西惯于艺术恶作剧，常在英国各地的美术馆用换包形式，将世界名作换上自己修改的仿作，不时引起传媒轰动。他的涂鸦遍布英国街道桥梁，在伦敦特拉法尔加广场他写过大胆标语“指定暴乱区域”，在泰特美术馆门外台阶上写过“小心垃圾”。

王：这个批评很犀利！你准备怎么回应？

严：我觉得这是一个很技术化的问题，但也很重要，就是艺术的国际关系研究如何成为一个像模像样的学术研究，成为一个在国际关系领域能够立足的学术研究。回答这个问题很难，不过可以反过来思考，想一想如果要防止艺术的国际关系研究失去学术意义，我们要避免陷入什么样的误区？

王：你可能会被这样一种观点挑战：艺术视角无法为政策制定者提供具体的建议，相较于重视权力的现实主义视角和重视利益的自由主义视角，艺术视角不过是艺术爱好者的自说自话。会有人从实用的、功利的角度否定你的研究。

严：从功利的角度来判断知识的价值，这种观点古已有之。如果我再重复诸如“学术研究要谨慎面对功利导向、利益导向的趋势”、“国际关系研究不是对外政策研究”这些观点，就有些老生常谈了。那么多大师，比如摩根索、华尔兹、考克斯都对这个问题做过很有信服力的回应。我的想法是要说服这些人，回应这种批评，就得从他们的角度去思考，从他们期待的功利角度、实用主义角度来回答他们的质疑。

王：我听听你的想法。

严：是的，艺术的国际关系研究和主流国际关系研究、外交政策分析不一样，它和主流研究保持着一定的距离，但它绝不曲高和寡、自说自话，更不是无病呻吟，它的目光实际上要转向底层，转向边缘。它一定是人文主义的，一定是有草根关怀的，它不是为权力辩护的研究，不是为当权者锦上添花的研究。会有正直的国际关系研究者为国家出谋划策、纠正错误、决胜千里，但也需要有研究者睁开悲悯的眼睛去关怀苍生。引入众多被压迫的视角、声音和情感自然难以取得主流的关注，但正是因为他们处在边缘化的不利位置，才更需要研究者为他们发声。聚焦于底层的研究难道没有价值吗？我想和聚焦顶层的研究相比，它们只是实现价值的角度不同罢了，或者说它们在为不同的人实现价值。

王：还会有一些具体的问题，你对学科分工造成的知识盲点有自己的看法，你主张把注意力放在这些盲点上，不要被这种分工干扰。但是我们无法摆脱这种学术分工的现实，在具体的研究中，你可能还会遇到很多技术上的问题，这些技术问题仍然与不同学科之间的界线划分有关。请你思考，艺术的国际关系研究和艺术研究的边界在哪里？会不会随着研究的进行，国际关系的色彩被淡化了，成了艺术史的研究，成了文学批评的研究？

严：有很大的风险研究会陷入这种误区，就是用艺术视角来观察理解国际关系，将模糊与文学评论、艺术评论之间的界限，研究将成为对各种文本和素材的个性化解读。对于这个批评，从事艺术与国际关系交叉研究的学者已经达成了共识，他们认为应该在“艺术视角的研究”和“艺术研究”之间划出一条清晰的界限。其中“艺术视角的研究”的目标在于再现政治事件，而“艺术研究”则关注解读文本。简单说就是研究的目标不一样，一个落脚在艺术背后的“故事”，一个落脚在艺术本身。这里说的都是“小写的艺术”，对于“大写的艺术”而言，在艺术的国际关系研究重在强调“艺术性视角”“具有艺术特质的方法”，这也和单纯“形而下”的具体艺术研究不同。

此外，很多国际关系学者认为一旦接纳了艺术视角，研究将无法区分个人的审美取向和由艺术视角获得的政治洞见，主观的体验容易被包装为客观的分析。最典型的例子就是我们对作品的过分解读，而且往往集中于那些文本模糊，需要我们运用想象力填补作者留白的那些作品里面。比如没有歌词的音乐、诗歌、抽象艺术、现代话剧和舞蹈。举个例子，当我们看到巨幅湿壁画《死亡的胜利》，我们可能会感到恐惧，被画中描绘的杀戮、分尸这些残忍的地狱场景给吓到。如果我们刻意地去联想，完全能够把这个场景和创作时意大利各个邦国之间复杂的国际关系史相联系。但作者在作画时有这种政治意图吗？还仅仅是我们的臆想吗？这个问题其实很难回答，在缺乏史料档案的情况下，这两种答案都有可能。

我的观点是，只有当个体的艺术体验能够启发我们的政治思考，这种艺术体验才有社会科学意义上的价值，否则它只会停留在感官层面。也就是说，我们不必过分区分什么是主观的感觉，什么是客观的知识，因为使用艺术视角的目的在于分析具体问题，而非建构理论，只要有助于我们对事件的多角度理解，艺术视角就是正当的。具体来说，我们感受到了《死亡的胜利》里面所描绘的恐怖氛围，然后在历史档案中发现了描绘同时期战争的只言片语，那么我们有理由把它们进行类比，用于思考战争的烈度、对人的创伤，以及国际关系对平民心态的影响等方面的研究。

王：最后还有一个方法论方面的疑问，会有人说在艺术视角下，研究所选取的材料是有意摘取印证论点想法的那些艺术品或者艺术家，尤其选取的是那些“反主流理论”的艺术作品。实际上研究者并没有全面理解作品的内涵，艺术视角研究实际上是dilettantish，也就是“对艺术不懂装懂”的研究。你怎么看这个批评?

严：我觉得这是任何研究在选择案例时都无法避免的尴尬，但同一般的社会科学研究方法一样，艺术视角下对案例的选取也可以采取技术手段减少这种风险，例如采用“最不可能案例”和“典型案例”等。而且对于这个问题，应该用具体的研究来回答，这和研究的质量有关。使用数据作为论据，研究可能做的很糟糕，而使用图像和音乐作为论据，研究也可以做的很好。把艺术文本和常规文本放在一起，以论据的性质来说明论据的好坏，这种评判方式并不一定妥当。

三、艺术风格之争

严：我们刚刚简单谈了什么是艺术的国际关系研究，探讨了艺术的国际关系研究在知识社会学中的价值，讨论了这个领域中可能存在、或已经存在的一些误区，最后还简单介绍了一些最新的学术动态。现在进入具体的研究主题，聊一聊“小写的艺术”与国际关系研究，讨论一下从国际关系的角度怎么去思考艺术问题。在进入正题之前，我想强调两点：第一，将要提到的艺术，即“小写的艺术”，指的是具体的艺术门类，比如电影、音乐或者文学作品，不是美学和哲学意义上抽象的艺术、“大写的艺术”。第二，重申我们在访谈之初说过的一句话，这种探讨并非严格的学术讨论，主要目标是发散思维、拓展思路，所以可能存在联想和推测的成分。若有幸让文学家和艺术家看到这个对话，希望他们不吝赐教。

王：我们现在对谈的目标，是对“艺术的国际关系研究”的前景做一些初步思考，不成熟、不细致都是在所难免的。没关系，你尽可以大胆地表达你的观点，有争议的地方我们可以讨论，今后读者们也可以进行批评、争鸣。

严：好的，老师，那么请您随时批评指正。昨天我们讨论的一个话题——艺术的国际关系研究是否能为国家提供政策支持？我的回答是艺术的感性思维方式可以从人文主义的角度为边缘人辩护与发声，这算得上是从底层的角度为国家做贡献。另外，如果我们从“小写的艺术”角度考察，艺术可以充当国家对外政策的重要抓手。这是什么意思呢？就是说艺术可以作为一种工具服务于国家的总体外交战略。并且，艺术服务于政治，不仅指艺术具有传播国家文化、塑造国家形象这些公共外交、文化外交的功能，艺术还可以“包装”政治意图，通过柔性的方式，使政治权力作用于人心，最终实现其外交目标。

王：文化可以作为一种“软实力”作用于其他国家，尤其是很多潮流文化，它的吸引力甚至堪比官方的意识形态。可以说文化的力量既是一种软实力，也是一种“巧实力”。一个例子是可口可乐和麦当劳对苏联社会的影响：第一家麦当劳在莫斯科开业的时候，真的可以说是引得万人空巷，好多人都去排队。你说莫斯科的老百姓是想吃汉堡和薯条吗？我看不完全是，他们是想体验一下美国的生活方式和餐饮文化。所以说麦当劳给苏联老百姓带来的不仅是文化上的猎奇，还有一种深层的吸引，是文化上、生活方式上的吸引。

严：所以冷战开始的时候，美国人说冷战是“两种生活方式之间的对抗”。核武器数量上的竞争、尖端武器的竞赛其实和老百姓关系不大，对他们来说这些只是数字而已，真正能影响到老百姓的都是日常生活中的细节。所以大国之间的竞争，在某种程度上来说不完全是军力的较量、国内生产总值（GDP）的较量。并不是说这些不重要，这些是国家权力的基础，但是当军力的对抗、GDP的攀比到达某种程度的时候，大国之间较量的其实是老百姓的日常生活体验，是我们现在所说的获得感、满足感和幸福感。如果一个国家能够影响另一个国家的日常生活，比如引领服装潮流，影响大众对日常饮料的偏好，甚至在娱乐方面决定流行风格，那么这种隐形的权力将是强大的。因为它不仅能够以潜移默化的方式令人欣然接受，它的影响力还会十分持久，很难轻易改变。

王：也就是说，通过渗透大众的日常生活，一国能够对另一国施加影响力，而这种渗透的方式可以是“艺术的”。

严：是的，在艺术与国际关系学的跨学科研究中，艺术往往被视为一项有效的国家政策工具，很多学者都从软实力和文化外交的理论框架出发，研究制定国家的对外政策。这种观点将艺术视为国家或者领袖权力意志的延伸，认为艺术是一种具体的政策工具。艺术在他们眼中永远不是“为艺术而艺术”，即便在他们的理解中艺术带有审美成分，但它权力政治的色彩却更为鲜明。

王：你能举几个例子吗？

严：我先讲一个“高大上”的例子，稍微抽象一些，这个例子和您刚才提到的冷战期间美国与苏联的生活方式之争有关。我先向您提一个问题：说到后现代艺术您会想到什么？请您说几个关键词。

王：后现代艺术啊，我会想到毕加索、达利，还有法国的电影家布努埃尔、装置艺术、先锋戏剧，我不知道算不算，还有**加了两撇胡子的蒙娜丽莎**，安迪·沃霍尔的丝网印刷画。

杜尚的《带胡须的蒙娜丽莎》，1919年

图片来源：马塞尔·杜尚研究网络期刊（www.toutfait.com）。

严：这些都可以归类到后现代艺术之中，不过您提到的人物主要都来自西欧、南欧和美国。如果我告诉您这些抽象艺术、先锋艺术可以溯源至19世纪的俄国，您相信吗？

王：这个我还真不知道。提到俄国艺术，我的印象大概分成两类，第一个是沙皇俄国时期，就是十月革命之前的俄国。比如柴可夫斯基、芭蕾舞，还有从西欧学习的巴洛克式音乐，甚至更华丽的洛可可风格的音乐，绘画也多是宫廷画风格，华丽、繁复。第二个印象是革命之后的苏俄和苏联，它的艺术风格比较有特色，现实主义为主——歌颂革命，歌颂劳动人民，无论是舞蹈还是绘画都给人一种很强的模式感。似乎这两种印象都无关于后现代艺术。

严：其实艺术中的先锋派和俄国密不可分。所谓先锋就是“非主流”，是一个时代独立超群的思想。先锋派就是那群不受权力威逼利诱，能够打破常规、跳出“套子”的人，这类人我们现在把他们称作知识分子。而最早“知识分子”这个概念也是从俄国起源的，指的是19世纪中期俄国社会中一批能够识文断字，但不愿成为御用文人，也没有进入国家机构的人。在第一次世界大战之后，知识分子的共同体蓬勃发展，出现了我们熟知的各种沙龙和小圈子，他们在其中纵谈国事，臧否人物。那个时代几乎我们熟悉的所有名人都是沙龙的一员，是“思想共和国”的公民。美国导演伍迪·艾伦拍过一个电影叫《午夜巴黎》，完美地再现了当时沙龙的盛景。

回到我们的主题上来，第一次世界大战后这批俄国知识分子也在反思现实。其中，艺术家开始尝试运用一些比较抽象的技术方法来表达对战争和沙俄政府的不满。当时，二月革命和十月革命相继爆发，布尔什维克政权和这些知识分子的矛头都指向了腐败疲软的沙俄政府，它们目标一致，顺理成章地联合在了一起。从艺术史的角度来说，1910年前后出现的俄国未来主义运动算是**先锋派艺术**的起源，当时的“苏维埃绘本艺术”与“苏维埃先锋艺术”成为主要的继承者。它主要源于本土的至上主义、构成主义、生产主义等激进艺术主张，同时也有机地糅合了欧洲的未来主义、表现主义、立体主义，以及装饰艺术等艺术思潮的风格与手法。因此，当时的苏联艺术风格表现出一种浓郁的国际主义格调，有着强烈的装饰感和机械时代的审美观，以圆形、椭圆形、几何形、直线等为主要元素，追求一种机械美。当然，这也与当时苏联党和政府提出的社会主义工业化理想有一定关联。

王：那当时这种先锋艺术是如何为革命服务的呢？或者说，在这个具体的案例中，艺术和政治的关系是怎样的？

严：简单地说，艺术的服务方式就是把“革命的长相”画出来、唱出来、演出来。要知道，当时俄国有着大量不识字的农奴，若想把革命的信息准确传达给他们，就要首先把所谓“革命的艺术长相”描绘出来。不仅要准确生动，还要简洁逼真，更要有视觉上的冲击力和心灵上的渗透力。我们可以反过来想一想，如果宣传干事向底层大众宣传革命思想的时候使用的是印象派的油画，估计这次宣传会事倍功半。这是因为底层民众从来没有欣赏过这类作品，也根本无法从光影、明暗、虚实的变化技巧中获得有效的信息。但是如果这位宣传干事拿出了一幅简笔画，简洁有力、线条清晰、立意鲜明、正邪分明，他宣传的效果肯定就要好很多。所以从 1917 年到 1933 年的这段时期，被称为先锋派的艺术风格和苏维埃国家政治意识形态展开了充分互动，先锋艺术得以积极参与社会实践，抽象艺术在苏俄全面展开，进入了黄金时期。

弗拉基米尔·马雅科夫斯基（Vladimir Mayakovsky）创作的苏俄抽象主义政治宣传画
图片来源：互联网档案馆 Internet Archive。

然而事情到 1934 年起了变化。当年全苏联第一次作家代表大会召开，会议确立“社会主义现实主义”为指导苏联艺术发展的唯一方针，从此苏联先锋派艺术的发展逐渐走向了僵化。尤其是它的宣传品，开始显示出一种空洞的虚张声势，以前的活力和想象力已经消失殆尽。正如您所说，苏联的艺术风格有一种“模式感”，这是因为社会主义现实主义其实是保守的艺术，激进不是它所需要的。也许一开始革命需要激进来扫清障碍，但政治风暴卷起的尘埃落定之后，紧跟上来的一定是保守的现场清扫。实际上，这次文化转折的根源是苏联当局在社会构成上的变化，这些出身平民的新官僚在审美观和艺术观上与学院派和先锋派大相径庭，所以无论是斯特拉文斯基（Igor Feodorovich Stravinsky）、毕加索（Pablo Picasso）还是维多托夫（Dziga Vertov）统统遭到了他们的排斥。有一部电影特别生动地反映了美苏两个阵营在艺术风格上的差异，片名叫作《无主之作》。在这部影片中，德国人以艺术家的视角反思自己的历史，讲的是在东德已经功成名就的艺术家逃到西德之后重新学习艺术的故事，很值得一看。

王：好的，我记一下，有时间找来看看。你提到艺术参与了冷战时期美苏之间的“两种生活方式之争”，苏联阵营你讲得很好，那么美国阵营的情况是什么样的？

严：与苏联倡导的大一统的艺术风格不同，美国通过支持想象派与表现主义艺术风格的发展，试图证明美国文化较之于苏联提倡的社会主义现实主义文化风格更具创新性与生命力。实际上，这种表现主义风格不仅影响着绘画创作，后来西方的文学、戏剧和影视也多多少少受到了表现主义风格的影响。

王：什么是表现主义风格？这种风格和美国的冷战政策之间有什么关联？

严：一般我们提到的表现主义风格，主要指的是一个流行于

20世纪的艺术流派，是一种艺术表达的“套式”，代表着一种艺术风格。表现主义兴起于19世纪末、20世纪初的德国，是当时一群“非主流”的艺术家对绘画风格进行实验性探索的产物。他们不愿接受传统学院派画法的限制，不愿走上自然派、印象派画法的老路子，于是开启了另一种创作模式。追溯表现主义这个词，它最早出现于1901年巴黎的一次沙龙上，这次沙龙集中展出了我们现在熟知的野兽派代表人马蒂斯的油画，当时著名的策展人茹里安·奥古斯特·埃尔维（Julien-Auguste Hervé）把马蒂斯的油画称作表现主义风格。在第一次世界大战期间，这种风格逐渐被艺术圈熟知，后来一度成为20世纪30年代到冷战期间欧美艺术的主流风格之一，这是表现主义的基本历史。

王：那么表现主义为什么会被美国当作对抗苏联的武器呢？

严：这就要从它的风格说起了。表现主义强调的是个体感受，重视个人经验对外在世界的感知与描绘。它不在乎一幅画是否逼真地描绘了现实，而是强调画家描绘世界时的个人感情。所以，我们看马蒂斯的油画，总会有一种怪诞的感觉——浓重的线条、强烈的对比着色、失真的人物比例。这些是现实吗？当然不能说这是客观现实，但这是马蒂斯眼中的现实，是主观的现实。再比如文学界的表现主义，其代表人物是**卡夫卡**，读他的《变形记》和《城堡》的时候，我们也会有一种

卡夫卡

弗兰兹·卡夫卡（Franz Kafka，1883—1924），生活于奥匈帝国统治下的捷克小说家，他生活在奥匈帝国即将崩溃的时代，又深受尼采哲学影响，对政治事件也一直抱旁观态度，故其作品大都用变形荒诞的形象和象征直觉的手法，表现被充满敌意的社会环境所包围的孤立、绝望的个人。主要作品有小说《审判》《城堡》《变形记》等。

强烈的不真实感。很多像梦境一样的现实中不可能发生的事情，卡夫卡都会把它们当作真事儿一样写出来。这种怪诞其实也是卡夫卡对现实，对奥匈帝国统治下的捷克的感受。所以说，表现主义风格的特点是重心理、轻现实，重情感、轻客观，重想象、轻细节，重体验、轻逻辑，重个性、轻共性。它大多采用抽象和扭曲的手法去表现作者内心的焦虑、恐惧、愤怒、不满、狂喜等激烈情绪与反抗意识，它的目标不在于描绘外在世界，不是为了营造审美氛围，而是为了剖析本质，鞭笞灵魂。

所以我们可以看到，这种表现主义风格的基底是个人主义的、是自由主义的，甚至是无政府主义的，它允许怪诞的风格，甚至鼓励那些光怪陆离的情节和背叛主流的情感态度。简单来说，表现主义给予了个人色彩最大的宽容和承认，它是自由主义姿态在艺术领域的尽情表达。美国为什么在冷战期间鼓吹表现主义，根源就在于表现主义的自由主义倾向，在于它与苏联社会主义现实主义艺术风格之间的巨大差异。

王：所以说在美苏艺术风格之争的背后，是两种生活方式的较量，是不同政治思潮的对抗，是自由主义和集体主义吸引力的一场比拼。

严：的确如此，冷战期间美国和苏联之间的对抗是全方位的，艺术在当时是意识形态的延伸，也是有力的思想武器。

王：“艺术是国家的有力的思想武器”，怎么理解这一点？

严：关于这一点，我想举几个冷战期间和音乐有关的故事来说明。第一个故事发生在冷战的高潮时期。1958 年美国音乐界发生了一件让所有人震惊的事情，**“猫王”**在美国应征入伍，并将被派驻到冷战前线——西德——两年。这件事对于德国的年轻人来说无疑是一枚深水炸弹，“猫王”的到来意味着美国流行文化的“冲锋”，象征着美国式的自由主义旗帜插在了冷战最前沿的碉堡上。尤其是在“柏林危机”这样的紧要关头上，他的专辑《摇滚之王》在西德年轻人中广泛传唱，成为西德青年们的强心剂，大大增强了他们对西方价值观的信念。

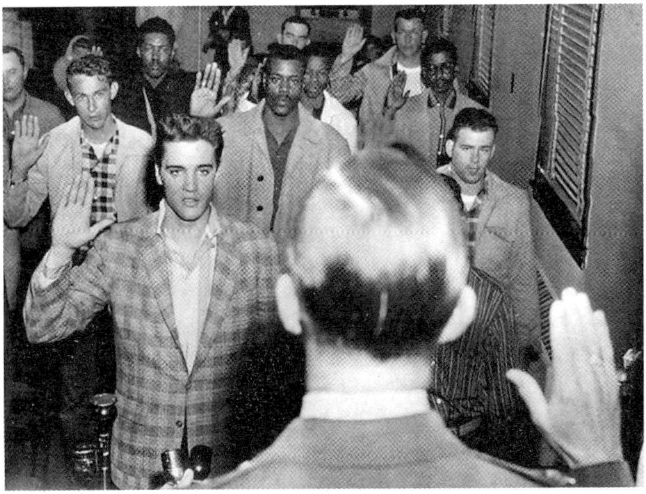

“猫王”在1958年宣誓加入美国陆军

图片来源：美国联合通讯社。

第二个故事发生在铁幕的另一边，1969年的一个传闻也证实了音乐作为外交工具的威力。当时西柏林的广播电台散布了一个谣言，声称美国的滚石乐队将在民主德国成立20周年之时在柏林墙联邦德国一侧的施普雷大楼楼顶举办演唱会。这个消息瞬间引爆了东柏林的年轻人，大量留着长发，穿着奇装异服的“游手好闲者”

结伴朝着柏林墙走去。当时东德的社会统一党为了预防骚乱的发生，不惜抓捕了数百名青少年粉丝。当时的见证者说，失望的东德粉丝呼喊着乐队成员的名字，高声咒骂着逮捕他们的警察，这是自柏林墙建成以来少有的景象。

王：我觉得这个传闻并非空穴来风，1969 年美国的音乐界也发生了一件大事，就是伍德斯托克音乐节。这是一场嬉皮士的盛会，当时几乎所有的美国音乐人都参与了这场狂欢，滚石乐队更是大放异彩。我想即便东西方之间信息不畅，但铁幕东侧的年轻人肯定有所耳闻，并且心生向往。

严：我想应该是这样的。因为 1973 年东德在东柏林也举办了一场类似的狂欢，叫做“第十届世界青年会演”，邀请了 200 多个本土的乐队演奏摇滚乐，只不过口号和伍德斯托克不一样，它是“为了反帝国主义的团结与和平”。这算是苏联阵营的一次反击吧，不过这种嬉皮形式的反击似乎在当时很不受政府待见，最后东德的音乐节“雷声大雨点小”，不了了之。

王：音乐，尤其是摇滚乐，有着很强的感染力。“猫王”也好，滚石乐队也好，他们的音乐是铁幕一端的年轻人想象另一端世界的窗口。无论把“猫王”派驻到前线是不是美国政府的刻意安排，也不管滚石乐队的谣言是不是西德政府有意为之，音乐掀起的狂热无疑穿透了柏林墙的阻隔，打破了政治在人们心中构筑的铜墙铁壁。如果说艺术是一件武器的话，它不应该只是哪一个国家的武器，而更应该是人类的武器，是对抗暴政与控制、追求自我解放的武器。

严：艺术在某种程度上有着潜在的反抗冲动，加缪就认为“艺术应该向我们描绘关于反抗的最后情景”。

王：在这两个故事中，音乐引发的政治效果有可能是“偶然性的杰作”，实际上或许并没有政治权力在背后“出谋划策”。那么有没有可以确证的案例，能够证明艺术确实充当着国家的外交武器？

四、爵士乐外交

严：艺术是国家的外交武器，这不仅是“偶然性的杰作”，还是“深思熟虑的产物”。回答您的问题，我想举美国“爵士乐外交”的例子。上海金融学院的曾智琳老师对这个问题进行过很细致的研究，还出版过专著，我这里把她的研究内容“借”过来，讲一些里面的小故事。其实早在冷战开始之前，美国就计划让国内的黑人音乐家在德国进行巡回演出。这一方面是为了在冷战前线传播美国文化，另一方面也是为了粉碎当时苏联散布的谣言。

当时苏联在国际社会上散播着一种观点，指控美国的自由和民主只是虚伪的面具，实际上美国国内的有色人种根本不享有公民待遇，尤其是黑人，它们仍然像奴隶一样被奴役。冷战开始后，美国的宣传策略是派出完全以黑人为代表的音乐家举办世界爵士乐巡演，不仅前往美国阵营国家，也去苏联阵营国家，甚至还要在莫斯科演出。

王：为什么要选择爵士乐？

严：选择爵士乐作为巡演内容其实是美国国务院深思熟虑的结果。一方面，黑人音乐家在爵士乐领域十分突出，代表着美国黑人文化的最高成就；另一方面，这和爵士乐本身有关。爵士乐最大的特点就是它要求即兴发挥，要根据乐手的心情、现场的氛围和观众的互动情况即兴编曲唱词。而且爵士乐风格轻松活泼，有着特别强烈的动感，你听到它就会不自觉地跟着跳起舞来。在美国人看来，爵士乐是自由的象征，是自由主义和美国式生活的化身。相反，在苏联当局看来，爵士乐是“腐朽迷乱的精神鸦片”，是艺术领域的“特洛伊木马”。

王：演出的效果怎么样？苏联政府方面有没有禁止这些艺术家演出？

严：这场遍布苏联、东欧、中东和非洲地区的演出不仅针对精英，更面向普罗大众。美国把爵士乐比作一个安插在苏联政府和苏联人民之间的“楔子”，为的是通过爵士乐激发民众对自由的渴求，动摇公众对苏联体制的信念，削弱政府对社会的控制，甚至煽动青年进行反抗。有意思的是，苏联对于这场演出的态度并不是一味地排斥。当时苏联将美国社会描绘成一片只有物质文明，没有文化气氛的“精神荒漠”，所以苏联对“黑人 + 爵士乐”这样的宣传组合根本不以为然。根据曾智琳老师的考证，即便是在柏林危机和古巴导弹危机这样的冷战高潮时刻，美国的爵士乐巡演也没有被叫停，美国音乐家本尼·古德曼仍然获准在苏联的 6 个城市进行了 30 多场演出。尤其是他在莫斯科演出的时候，尽管当局严防死守，演出当日还是发生了骚乱，演出结束后穿着牛仔裤的年轻人和警察起了冲突，而苏联当局根本没有意识到爵士乐居然会在本国民众心中掀起这么大的波澜。所以，美国当时策划爵士乐外交的负责人说："爵士乐是一扇对哪里都开放的门，就像潘多拉魔盒，一旦打开就难以关上。"

王： 显然爵士乐在美国对苏外交中产生了一定影响。你刚提到"爵士乐是一扇对哪里都开放的门"，那对于其他国家来说，爵士乐是否也扮演着美国"外交武器"的角色？

严： 我想是的，尤其是当巡演来到中东和非洲的时候，它不同程度上实现了美国的外交目标。在冷战期间，中东地区这些国家的民族主义运动高涨，再加上相较于东南亚和非洲国家，中东国家无论从资源上还是从人口上都具有相对优势。这些新近独立的国家无论倒向美苏任何一方，都会在很大程度上影响两极格局的权力分配。然而，中东国家在文化和历史上与美国几乎没有相似之处，甚至对美国政府的自由主义制度怀有戒心。那美国的外交策略是什么呢？美国从外交的"武器库"中选择了音乐，选择了和阿拉伯音乐在节奏与风格上都比较相似的爵士乐作为外交的触手。再加上黑人演奏家为阿拉伯观众带来了十足的新鲜感，爵士乐的巡演成为美国外交的重要"加分项"和"闪光点"。一轮巡演下来，最终的结果并不出人意料——无论是开罗还是巴格达，当地的媒体都对爵士乐评价颇高，美国也在中东地区树立了良好的形象。

与在中东受到的欢迎相比，爵士乐在非洲的演出更为成功。与阿拉伯国家一样，新近独立的非洲国家也是冷战中美国需要拉拢的重要对象，但苏联早期的宣传让美国的处境十分不利。对于非洲国家，尤其是撒哈拉以南的非洲国家来说，美国国内黑人的不利处境让它们对美国充满敌意。所以当“爵士乐外交”在非洲上演时，美国国务院就考虑“不仅要选择好的艺术家，还要选择合适的艺术家”。那么什么人合适呢？当然是那些有着政治诉求、在美国社会中积极活跃、并且倡导“天下黑人一家亲”的黑人音乐家。我这里有当时演出的现场录像，您可以看一下，非洲观众在简陋的体育场观看演出时载歌载舞，好像就是在和邻居开派对。小号一响，所有人都不自觉地扭动了起来，美国黑人和非洲黑人仿佛一瞬间就成为了朋友、亲人。文化认同，甚至是政治认同悄然在爵士乐带来的狂欢之中生长了出来。

爵士乐大师路易斯·阿姆斯特朗（Louis Armstrong）
图片来源：荷兰国家档案馆。

王：刚才你讲了冷战期间的艺术，特别是通过三个小故事介绍了音乐如何成为了国家的外交工具。但是我注意到一点，尽管你提

物化

物化现象是以匈牙利学者卢卡奇（Georg Lukács）为代表的西方马克思主义理论的概念。卢卡奇认为，商品生产发展到资本主义社会以后，物化作为一种高居于整个社会之上的统治力量，已经渗透到社会和个人生活的深层次结构之中。它有三种主要表现：第一，人的数字化，人被整合到自律的机械体系中；第二，主体的客体化，即人由生产过程和社会历史运动的自主自觉的主体沦为被动的、消极的客体和追随者；第三，人的原子化，即人与人的隔膜、疏离与冷漠，人与人之间丧失了统一的有机的联系。

到的艺术是“小写的”，是实现外交目标的文化渗透手段，但是艺术并没有被完全“**物化**”成冷冰冰的工具，它的美学特质与审美风格没有被政治权力和“**国家理由**”抹去。比如你刚刚提到美国的摇滚乐、爵士乐，作为外交工具它们并不是被美国政府不加选择地采用，它们成为外交工具后也没有失去原有的艺术价值。艺术在与政治的互动中并没有被彻底工具化，它依然保留着自身的美学内涵。也正因为如此，政治权力在利用艺术时不能忽视艺术的特质，它和艺术之间更像是合作关系，而不是统治关系。所以只有当政治目标和艺术风格相一致的时候，艺术才可能发挥它的政治效果。比如美国对爵士乐和摇滚乐的选择，很大程度上是因为这些艺术本身带有鲜明的自由主义风格。表现主义文学和绘画在西方世界的兴起，也是因为它们在本质上重视个体经验、反对整体主义式的僵化安排。所以我的评论是，在艺术的国际关系研究中，只采用国际关系的研究视角和方法是不够的，艺术角度同样重要，尤其要重视不同艺术风格与不同政治思潮之间的互动。

严：您的说法很有道理，艺术的国际关系研究不是“艺术研究 + 国际关系研究”，而是它们之间研究对象与研究方法的相互融合。我们的研究对象可以来自艺术领域，比如绘画、音乐、电影，也可以来自国际关系领域，比如主权、国际规范、国际社会。研究方法的融合意味着美学方法和国际关系学方法都要成为我们工具箱中的常备品，这些工具只要有用就是正当的。在艺术的国际关系研究中，这种融合关系的具体表现可以用两个关键词来概括，一个是“政治的艺术化”，另一个是“艺术的政治化”。

国家理由

国家理由（意大利文 Ragione di Stato，法文 Raison d'Etat）是欧洲近代国家学的著名概念。其思想起源于著名学者、政治活动家马基雅维里（Machiavelli），他认为国家为了行善，必须能够作恶，必须同时具备狮子般的强势和狐狸般的狡诈。为了谋取公共福祉和保存必要的权势，以最终保存和发展更大的美德而对付邪恶，掌权者在应对时势的必需时可以运用不合法律和寻常道德的手段，可以无视宗教、道德和司法的限制。

五、“迷人”的国际关系

王：很好，学术研究应当有一种海纳百川的态度，不能固守某个学科而排斥其他学科的视角与方法。刚才你提到了研究中出现的两类具体问题——政治的艺术化和艺术的政治化，这两者之间有什么区别吗？请你解释一下。

严：从概念上来讲，所谓政治的艺术化，指的是把政治领域的概念包装成艺术的形式，前面提到的苏联早期的抽象主义宣传画就属于这一类。基本上所有的政治命题都可以被艺术化加工，比如意识形态、政府的合法性、革命与改革，等等。通过艺术手法炮制，那些冷冰冰的，甚至令人厌恶的政治词汇会变得温和起来，甚至还可以变得很美、变得吸引人。另一个关键词，艺术的政治化指的是艺术以实现政治目标为目的，这个可以和“为艺术而艺术”的浪漫主义观点放在一起比较。对于信奉浪漫主义的人来说，艺术的目标是为了得到纯粹的审美体验；而对于接受艺术政治化观点的人来说，艺术最重要的目的是为了实现特定的政治效果，比如打击对手、凝聚共识、创造认同。不过，对艺术与政治之间的关系进行简单的二分法描述显然有失客观，现实中艺术与政治往往在同一时间彼此相互影响，政治的艺术化和艺术的政治化同时发生。但是为了解释方便，我们不得不把政治与艺术之间的关系进行拆分，在分析其中一个的时候，把另一个“悬置”起来。

王：听起来很抽象，能举例说明吗？

严：好的，我用电影的例子来解释一下吧！首先来说政治的艺术化。我觉得在电影史上，政治艺术化的巅峰之作应该是**里芬斯塔尔**的两部纪录片——《意志的胜利》和《奥林匹亚》。莱妮·里

纳粹德国御用电影导演里芬斯塔尔（左二）在纽伦堡大会拍摄现场，照片中左一为希姆莱。

图片来源：德国联邦档案馆。

苏珊·桑塔格

苏珊·桑塔格（Susan Sontag，1933—2004），美国作家、艺术评论家。除了创作小说，她还创作了大量的评论性作品，涉及对时代以及文化的批评，包括摄影、艺术、文学等，被誉为“美国公众的良心”。

桑塔格写作风格较为奇特，她以一种散文形式来写论述性质的东西，风格上不受论文的局限，还可以传达出她的女性敏感细腻的感受。她行文很少有注释，书写完后也没有参考文献，只管放笔而谈。桑塔格酷爱格言式的表达方式，这与她推崇尼采、本雅明以及罗兰·巴特写作风格有很大关系。在文化界，桑塔格和西蒙·波伏娃、汉娜·阿伦特被并称为西方当代最重要的女性知识分子。

芬斯塔尔（Leni Reifenstahl）被称为纳粹德国的御用电影人，她为纳粹德国拍摄了一系列迷人的影像镜头。她的电影不仅成功“迷惑”了德国大众，还成为纳粹思想家得意的宣传方式。

王：纳粹思想、法西斯主义的宣传电影是“迷人的”？

严：这个“迷人”可不是我说的，是美国著名的文化评论家**苏珊·桑塔格**的评价，她把里芬斯塔尔的影片称为“法西斯美学”的集大成者，并洋洋洒洒地写下了《迷人的法西斯主义》这篇文章。这里的关键问题是：为什么里芬斯塔尔的影片能够在纳粹德国覆灭几十年后依旧如此震撼人心？影片到底拍摄了什么，能够让当时的百万德国人为之疯狂，心甘情愿地被法西斯主义洗脑？我想这就是政治艺术化的威力，通过艺术的炮制，法西斯主义和美变得“不可分割”了。

王：政治是如何“变美”的？尤其是像法西斯主义这种邪恶的政治？

严：这是一个很严肃的问题，我们往往想当然地把“美”的东西和“善”“真”的东西混为一谈，认为只要一件事物是美的，它就应当是好的、是正确的，或者至少是无害的。比如我们面对一位长相英俊、衣着得体青年人和一位面相丑陋、穿着邋遢的中年人，我们也许更倾向于认为这位年轻人心地善良、博学多才，而这位中年人穷困潦倒、油腻猥琐。但事实一定是这样吗？事实上，美的东西并不一定是好的，也不一定是对的，真、善、美早就“分家”了。至于它们是怎么分家，马克斯·韦伯做过很精彩的分析，我就不拾人牙慧了。提出这一点的意思是，正是因为人们经常下意识地把“美”等同于“真”与“善”，许多不太熟悉的政治观点才得以在艺术包装后被欣然接受。白居易说“乱花渐欲迷人眼”就是这个意思。

蘑菇越漂亮毒性越大，生物界中的美既用于繁殖，也用于捕猎；而在政治领域，有着漂亮外表的意识形态同样也是捕猎公众的高手。里芬斯塔尔的电影美吗？的确是美的。法西斯主义的艺术表达是美的吗？我们不得不承认，它也是美的——让人感到赏心悦目、和谐一致，甚至激情澎湃。法西斯主义的政治内核具有美学的特征，而这种美学特征通过剧场效应和乌托邦理想来打动人心。什么是剧场效应？我们看《意志的胜利》的场景设计，影片中的纽伦堡大会不是作为一个壮观的群众集会而构思的，而是作为壮观的宣传性电影而设计的。大会上的所有仪式、游行、阅兵、群众队伍，包括作为电影远景的礼堂和运动场都是为了摄影便利而设计出来的。不仅如此，这次大会的流程都是遵照《意志的胜利》的摄制要求而决定。如此一来，历史成为剧场，政治实践得以通过美学方式表达，艺术因此成为政治的法衣。那么什么又是乌托邦理想呢？就是影片中体现的法西斯政治文化对乌托邦理念的强调。比如在电影的宣传照片和影片中，大量镜头呈现着体态健美、毫无瑕疵的青年男女形象，而雅利安人种族至上的宣传论调则是这一乌托邦幻想的极端表现。对法西斯主义而言，电影不仅仅是记录历史，更是为了通过制造记录来制造现实，最终用纪录取代现实。

王：剧场效应和乌托邦设想是法西斯主义实现艺术化表达的手段。具体来说，它“美”在哪里？法西斯主义的“美”为什么能够蛊惑人心？

严：这种“美”体现在法西斯主义特定的美学设计中——一种强调对称平衡、整齐划一和焦点放射的设计安排。比如影片《意志的胜利》的画面中呈现为“成群结队的个人、个人的物化、物的不断增多并围绕一个中心运动、聚合”，为“主宰和奴役采取了一种特别虚饰的形式”。

此外，精心设计的艺术风格是对特定的社会秩序的隐喻，在给人们带来震撼的身体感受和心理体验的同时，也塑造着人们对法西斯主义的理解和认同。“躯体和社会公众通过对一个不可抗拒的领袖的崇拜而获得再生。”法西斯艺术的中心是强大的力量和它的傀儡之间的狂热交替，通过对情境的控制、对服从行为和狂热效应的迷恋，一种凝结了集体静止与“有男性气概的”运动美学理念，为法西斯主义政治实践夸耀忠诚和屈服、歌颂愚昧和无知、美化牺牲和死亡。因而对于法西斯主义而言，政治和艺术的关系并非要艺术从属于政治的需要，而是要政治调节艺术的语汇，二者共享一个话语体系，共同作用于社会实践。简言之，法西斯主义的政治实践是高度审美化的。纳粹德国的宣传部长戈培尔说政治“就是现存的最高级的和最综合的艺术，我们在制定现代德国政策时，感到我们自己就是艺术家——艺术和艺术家的任务在于成形、定形、消除有害的东西，为健康的人创造自由”。

王：法西斯主义的“美学”代表着政治艺术化表达的高潮，显然这种方式在当时是有效的，不过法西斯主义最终还是被钉在了历史的耻辱柱上。经历了这次政治与艺术共谋的大幻灭，后世的人们是否会对这种共谋有所警惕？

严：我的答案并不乐观，因为政治是狡猾的，艺术是难以琢磨的，而民众又是健忘的。至少在日常生活中，具有政治色彩的审美体验对于民众来说仍然具有很大的吸引力。对于那些不熟悉艺术品鉴的人们，高度政治化的艺术之所以拥有吸引力，就是因为它是单纯的、象征的、情感的，而不是理智的。《战狼2》的50亿元票房和它所引起的争议就足以说明这一点。具体来说，一方面，艺术化的政治表达能够直截了当地引起人们的情绪共鸣和心理同情；另一方面，当人们厌倦了过度娱乐化的文化产品之后，与其费力探索错综复杂的现代主义艺术，不如投身于直白而强烈的政治艺术。比如当你某天厌倦爆米花电影的时候，面对《寒枝雀静》和《红海行动》这两个仅有的选择，你的遥控器也许会瞄准后者。

而对于那些“见多识广”“自视甚高”的“行家”来说，政治艺术的形式反而具有了一种先锋派的特质，一种反对庄重严肃和对抗主流叙事的反叛精神。尤其在消费市场的推动下，政治的艺术化现象反而成为波普艺术的重要表现形式，人们在心中有数的同时嘲弄地保持着与政治的距离。但也正是得益于这种暧昧关系，政治审美化在“后法西斯时代”继续维持着不灭的生命力，并在种族主义、宗教极端势力和极端右翼思潮的温床之中伺机再生。毫不乐观

“我是查理”事件

我是查理（法语：Je suis Charlie），是一个声援言论自由与反恐的活动，主要是在纪念《查理周刊》总部枪击案。2015 年 1 月 7 日，法国巴黎的左派杂志《查理周刊》遭到宗教激进分子的恐怖袭击，包括后续袭击，共导致 20 人死亡，其中包含 3 名恐怖分子。全世界网友自发性发起“我是查理”串联活动，此活动一方面是追悼罹难者，另一方面是表达捍卫言论自由的决心。

地说，经过艺术“法衣”的加持，政治意识形态将以一种更具杀伤力的方式渗透人心。而“**我是查理**”事件及其后续的影响就是典型一例。

王：你举了里芬斯塔尔的例子来说明政治的艺术化现象，这是艺术与国际关系研究的第一个要点。你继续讲第二个要点吧！谈一谈艺术的政治化。

严：前面提到了艺术的政治化，简单说就是艺术为政治而创作。我们还以电影为例，在电影市场上，有没有只考虑政治目标而创作的影片呢？当然是有的，国家的对外宣传片就属于此类。不过这类影片不考虑市场，不在乎票房，只是扮演单向的对外宣传角色。我这里要说的电影——符合“艺术政治化”的电影——一定是有市场预期的，而且期待获得观众的认可。这意味着在谈论艺术的政治化现象时，无论我们讨论的是电影还是话剧，选取的研究对象应该有一套标准。首先，它要经过市场的筛选，不能是纯粹的宣传品，其次，它要有美学价值，能经得住审美视角的检验。最后，观众可以比较容易地解读出它所表达的政治理念。即使观众感觉到的是一种模糊的情绪，这种感觉也需要在不同的观众间得到统一。比如观众看完《红海行动》这部电影并不会产生清晰的爱国主义体验，但大家会产生比较一致的情绪，例如对忠诚的感动、对勇气的赞赏、对牺牲的敬意，等等。

王： 是的，我在看这部电影的时候也有同样的感受。当看到我们的军人面对强敌不言退，身受重伤也要掩护战友的时候，我的确被他们表现出来的勇气、忠诚和牺牲精神打动了。那么依据你提出的三个标准，如果要解释艺术的政治化现象，哪一部电影会比较符合？

严： 在这套标准下，我觉得卓别林的电影《**大独裁者**》比较典型。为什么这么说呢？我们依次用刚才提到的三个标准检验一下：首先，它通过了市场的检验，《大独裁者》上映后在北美地区可以说是“一炮打响”，甚至还吸引了900万英国观众前去观影，据说连希特勒自己都看了两遍。其次，它的艺术价值也得到了肯定，《大独裁者》在第十三届奥斯卡金像奖颁奖典礼上一共获得了5项提名，包括最佳影片、最佳男主角、最佳男配角、最佳原创音乐和最佳原创剧本。1997年美国国会图书馆的美国国家电影登记处把该

这段卓别林的独舞十分经典。扮演希特勒的卓别林玩弄着绘制有地球样子的气球，得意的跳着舞，可惜最终气球爆裂。
在这幕场景中，气球舞蹈的隐喻十分直白：气球意味着世界，舞蹈意味着战争，而最终爆裂的气球则代表着希特勒破碎的征服梦。

电影《大独裁者》剧照
图片来源：《大独裁者》电影预告片。

片列为“在文化、历史和艺术上具有重大意义的电影”。最后，也是最为重要的，就是它所表达的政治观点。显而易见，《大独裁者》对纳粹德国和法西斯意大利的行径充满了嘲讽，对德国的犹太人又报以极大同情。从这三个标准来看，《大独裁者》既是一部商业片，也是一部艺术片，同时更是一部宣传片。

王：会不会有这样一种可能，我们评价这部影片的时候站在了“上帝视角”上，以此认为它具有特定的政治隐喻。但实际上影片只是在追求商业和艺术成功的同时，引发了观众的联想，由此获得了政治上的影响力。

严：您说的有道理，在解读任何一部电影隐喻的内容时，我们都要警惕这一点。我们不能武断地猜测一部电影，乃至任何艺术品的隐含意图。但是对于《大独裁者》而言，通过考察它的创作背景和同时期的历史事件，我们可以合理推测它有着明确的反法西斯政治目标。一方面，卓别林是《大独裁者》的主演、编剧和导演，他的个人经历十分关键。根据资料记录，卓别林的创作动机最早源于20世纪30年代末德国对犹太人的清洗运动，加上他自身拥有犹太血统，并且受到过纳粹党的公开侮辱，可以说电影的反法西斯意图并不是我们的无端揣测。另一方面，《大独裁者》的政治价值是被时代“设置”的。我们看一眼时间表，《大独裁者》最早于1940年9月在纽约首映，10月在全美国公映。而就在当年6月法国向德国投降，9月意大利、德国和日本签订了《三国同盟条约》，宣告轴心国集团成立。此外，这个时候《苏德互不侵犯条约》还没有被撕毁。因此，可以说影片上映的时间点是纳粹德国最得意、气焰最嚣张的时候。此时电影公映，无论影片是否具有主观的政治意图，它都传递着向法西斯主义开战的政治信号。

关于艺术的政治化，还有一个案例可以拿来举例。在这个案例中，电影节被塑造成大国斗争的舞台。提起电影节，我们比较熟悉美国的奥斯卡金像奖颁奖典礼，而在大洋彼岸和它齐名的是欧洲三大电影节，分别在意大利威尼斯、法国戛纳和德国柏林。这三个电影节各具特色，威尼斯电影节侧重电影的人文性，戛纳电影节更青睐艺术片和文艺片，而柏林电影节偏爱关注社会问题的严肃电影。如果我们考察这三个电影节的诞生历史，我们会发现它们都与国际关系有关，都是大国博弈的产物。威尼斯电影节最早举办于 1932 年，早期的几届还算得上是“阳春白雪”——没有明显的政治色彩。不过到了 1935 年，法西斯主义纪录片《意志的胜利》获了大奖，1938 年它又把最高的“墨索里尼”奖颁给了另一部纪录片《奥林匹亚》。一时间，里芬斯塔尔的法西斯美学成为欧洲电影艺术的标杆，代表着欧洲影像美学的最高水平。

针对威尼斯电影节为法西斯主义背书的做法，法国文化部倾全国之力于 1939 年举办了戛纳电影节，而且要求入选影片务必要弘扬自由、平等、博爱这些和法西斯主义针锋相对的主题。这两个电影节一东一西，你方唱罢我登场，相互较劲，暗中比拼，成为大国斗争背后的文艺战场。稍晚诞生的是柏林电影节，它于 1951 年在西柏林举办，是在东德包围之中的西方电影节，这本身就极具象征意义。而且入选柏林电影节的影片在三大电影节中又最具社会批判力，尽管这与德国本土的批判传统有关，但其更重要的意义在于，它作为西方文化的展示窗口，成为在冷战最前沿的那个文艺哨兵。

王：看来，艺术不仅可以充当国家的外交工具，同时还是国家间斗争与合作的舞台，其中“政治的艺术化”和“艺术的政治化”是我们探索艺术与国际关系跨学科问题的两个切入点。你提及的这些要点，证明了国际关系理论中现实主义思考方式有力量。摩根索在《国家间政治》一书中花费了大量篇幅去界定什么是国家的权力、什么是构成国家权力的要素，比如民族特性、士气、人口，等等。其实你提到的艺术，包括音乐、绘画、电影这些形形色色具体的艺术门类，都可以归入国家权力的构成之中，成为国家权力增长、维持和使用的手段。

严：在讲“小写的艺术”与国际关系研究的时候，我承认很难跳出现实主义的思维惯性。我们谈论的是权力如何改造艺术、利用艺术，或者反过来，艺术如何为权力服务。

六、“政治是艺术而不是科学”

王：这让我想起马基雅维利在《君主论》中提到的“统治术”——君王要像狐狸一样狡猾，要像狮子一样凶狠。“小写的艺术”似乎就是统治术的同义词，这和摩根索的那句著名的断言非常相似——“政治是艺术而不是科学”。

严：恐怕我不能同意您的观点。在摩根索这句“政治是艺术而不是科学”中，他提到的“艺术”和我区分的“大写的艺术”与“小写的艺术”都没有关系。换句话说，摩根索言中的“政治是艺术”，并不是要我们要去研究政治和艺术之间的关系，也不是要用艺术性的思维方法去理解政治。他的意思是把艺术视为一种马基雅维利主义式的政治手段，“政治的艺术”等同于“卓越的治国术”，指的是在处理大国关系时的经验老到、纵横捭阖、运筹帷幄。比如我们可以说俾斯麦、梅特涅、毛泽东掌握了政治的艺术。

新康德主义

新康德主义（德文：Neukantianismus 英文：Neo-Kantianism）是一场针对在古典唯心主义浪潮消退后，科学领域泛滥的唯物主义思潮的反对运动。其发源地为德国，是多个不同学术中心流派的总称。

这个流派反对科学主义对知识的垄断，反对科学至上的迷信，转而回归康德哲学的基本理论假说，强调自我、主观、体验、感受等的意义。

王：学术界对于“政治是艺术”还有一种通行解读：把政治比喻为艺术，更强调政治学研究的人文性、历史性和经验性，主要用于区分科学革命之后行为主义的政治学方法。

严：是的，很多教材上也是这么写的。不过近期有一位名为迈克尔·威廉姆斯（Michael Williams）的学者对这种理解提出了反驳。他考证的结果表明“政治是艺术”并非一种比喻，而是一种确指。我就不展开说这位作者的考证过程了，简单说就是通过细致查阅摩根索的日记、手稿和档案，作者发现摩根索的学术思想深受韦伯、卡尔·施密特、弗洛伊德和法兰克福学派的影响，并且摩根索在旅居慕尼黑的时候系统学习并接受了汉堡学派的艺术史观点。研究的结论是，摩根索的古典现实主义视角，实际上受到了**新康德主义**艺术史研究路径的影响，这种影响的结果是反对在研究中采取实证主义方法，更反对接受社会研究是基于科学研究之上的简单思考。

王：你同意他的说法吗？

严：我觉得这位学者可能把问题复杂化了。从知识社会学角度考察，我的理解是，摩根索的断言很可能参考了西方古典时期的语境。即前面提到的“科学”（scientia）和“艺术”（ars）之间的关系是“理论”和“实践”之间的关系，摩根索的言下之意应当是“政治是实践的学科，而不应当用教条的理论框架去理解”。但无论哪种解读方式，都与我们说的艺术的国际关系研究不太相关。

王：我觉得有机会的话，你应该和这位威廉姆斯教授交换一下意见。不过既然提到了现实主义，我觉得我们可以再深入一些。在国际关系领域，讲到现实主义的时候往往会联想到斗争、生存、博弈这些对抗性的场景，回想一下你前面提到的艺术与国际关系的几个案例，它们都体现着某种对抗的特质。我的问题是，在艺术与国际关系的跨学科研究中，这种现实主义的态度是必然选择吗？

严：当然不是。首先要明确的是，现实主义的思维方式并不是国际关系互动的客观规律。现实主义不是常数，冲突不是底色，我们不能把国际关系预设为“战场”。如果承认这一点，接下来就是我们的选择了。对于大国关系来说，判断对抗与否的标准不仅来自核武器数量对比这样的客观事实，还来自我们对世界的感知与理解。很多所谓对抗状态是被我们塑造、建构出来的，甚至有些是被有意宣传出来的。真实的情况或许未必如宣传或想象的那样。如果我们先入为主，戴着“凡事皆冲突”的有色眼镜去观察世界，那么不止在艺术领域，任何领域的国际互动都将成为你死我活的修罗场。最后也是非常重要的一点，人们之所以“迷信”现实主义，认为它有着强大的解释力，很大程度上源于对待历史时采取的“事后诸葛亮”态度——在解读历史时，人们刻意把历史打扮成现实主义偏爱的样子，为现实主义统治地位的确立贡献出了各种想象力。

举一个国际关系史中的例子。当我们谈论第一次世界大战前夕的欧洲局势时，绕不开的一个话题是英国和德国之间的竞争。英国和德国竞争的焦点是什么？熟悉国际关系史的人会说：是两个国家海军的军备竞赛。当时英国推行的海洋政策是“两强策略”，就是英国海军军舰的总吨位要超过欧洲任何两个国家海军军舰吨位之和。简单来说，就是英国作为海军的“老大”要比“老二”和“老三”加起来还要厉害，这是英国的策略。德国的做法更加“粗暴”，它要求英国每下水一艘战舰，德国就要下水两艘，德国至少要在海军军备的增量上超过英国。如果我们在解读这段历史时，把目光聚焦在军舰吨位的竞争上，我们会认为英国和德国之间的关系是剑拔弩张的。但是如果我们把目光聚焦于其他领域，比如英国和德国之间的贸易、英王和德王的血缘关系，我们可能会认为两个国家是十分友好的。因为英国和德国之间的大规模贸易往来一直持续到了开战以后，尽管这很不寻常。此外，英国国王和德国国王还是表兄弟关系，他们都是“欧洲祖母”维多利亚女王的孙辈，开战不久前

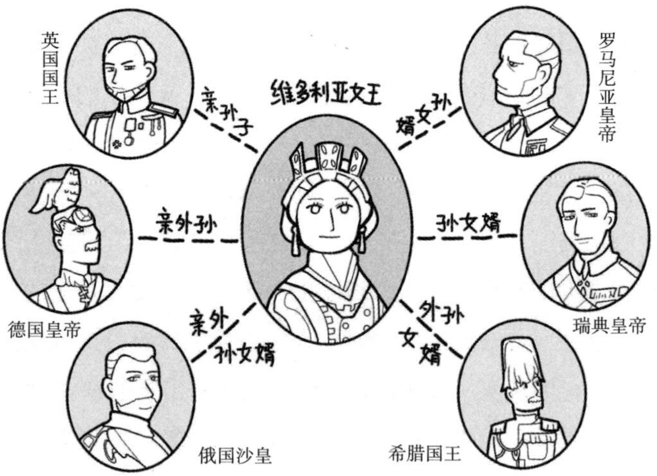

欧洲王室的血缘关系

图片来源：作者自制。

参加英王爱德华七世葬礼的国王。爱德华七世是“欧洲祖母”维多利亚女王的继承者，他于1910年逝世，彼时第一次世界大战的阴云已然笼罩在了欧洲的上空。前排左起分别为：西班牙国王阿方索十三世、英王乔治五世、丹麦国王费雷德里克八世。后排左起分别为：挪威国王哈康七世、保加利亚国王费迪南德、葡萄牙国王曼努埃尔二世、德皇威廉二世、希腊国王乔治、比利时国王阿尔贝。

© IWM Q 69833

图片来源：英国帝国战争博物馆。

他们还一起参加了刚刚去世的**英王爱德华七世的葬礼**。那么我的问题来了，为什么在考察战前英德关系的时候，我们要把眼光放在海军军备竞赛上，而不是贸易关系或**欧洲王室的血缘关系**上？换句话说，在判断英德关系这件事上，为什么军备数量比其他领域更适合作为论据呢？

我想对于这个问题国际关系专业的学者都会有自己的回答。现实主义者会说军备竞赛，尤其是海军军备竞赛打破了欧洲大国之间的力量对比，经济联系即便再紧密，也无法阻挡冲突的爆发。建构主义者会说，之所以我们关注军备竞赛，是因为19世纪末、20世纪初是**霍布斯文化**主导的国际社会，丛林法则支配着国家行动。而军备平衡的打破威胁着每个国家的生存，所以冲突不可避免，英、德注定走向对抗。当然，还可以从自由制度主义、国际法、国际贸易、不对称相互依赖这些角度给出不同的解释，去论证为何如此关心军备竞赛。不过如果从历史中回望，会不会有这样一种可能性：因为知道了英国和德国最终卷入了第一次世界大战，所以我们在卷帙浩繁的档案中选取了那些符合历史结果的证据？如果第一次世界大战没有爆发，我们在书写历史的时候是否会把英、德之间的贸易往来和王室的血缘纽带作为战争得以避免的解释原因？简单说，国际关系中的因果关系是我们建构出来的，除了事件之外，没有绝对真实的因果关系，只有我们愿意接受的因果关系。如果您问我，军备竞赛是第一次世界大战的原因吗？是的，它肯定是原因之一。但军备竞赛是导致第一次世界大战的唯一原因吗？我想它没有这么大的能量。

霍布斯文化

美国国际关系学家亚历山大·温特认为国际体系中可以存在三种不同的角色结构：敌人、对手和朋友，不同的主导角色结构产生不同的主导国际体系文化，最终构成不同类型的无政府状态。

敌人对应霍布斯文化，对手对应洛克文化，朋友对应康德文化。其中霍布斯文化的核心内容是敌意，国家相互之间的认知是敌人，行为原则是不承认其作为独立行为体存在的权利，并且可以无限制使用暴力。

如果从艺术的角度回答您的问题——在艺术与国际关系的跨学

科研究中，现实主义的对抗态度是必然选择吗？答案也是否定的。艺术舞台上的对抗，无论是艺术风格之间的尖锐差异，还是艺术理念之间的冲突，都不是导致国际关系冲突的原因。我们不能把艺术领域的冲突“上纲上线”，将艺术彻底政治化，把艺术领域的差异描述成政治领域的对抗。

王：既然现实主义态度不是我们研究艺术与国际关系时的必然选择，那么你认为什么样的视角比较合适？

严：我觉得这个问题没有固定答案，研究视角的合适与否取决于我们面对的问题。如果问题本身就带有冲突特征，比如冷战，那么现实主义的视角就是合适的。

七、请忘掉现实主义

王： 好，我又要给你出难题了。既然视角的选择与具体问题有关，那么在艺术的国际关系研究中，你能不能讲一些跳出现实主义视角的例子？比如合作的视角、规范的视角？

严： 我想到了两个例子，一个是失窃或者盗窃文物的跨国追索问题，另一个是艺术品的跨国产权保护问题。不过关注这两个问题的国际关系学者都不是很多，在文物追索方面，国际法学、博物馆学、艺术管理学的专家居多。对艺术品跨国产权问题的研究，也是法学家和经济学家占据主流。但实际上这些研究更多地倾向于技术问题，学术研究和实践的关联比较紧密。我这么说的意思并不是要贬低法学家、管理学家研究的意义，更不是要把研究的价值按照学科分类或研究目标划分成三六九等。我想说的是，法学家关注“核心地带”的知识，他们把精力都贡献在了“知识王国”的宫殿里，而我更多地关注“边缘地带”的知识，关注“知识王国”的贫民窟和不同“知识王国”之间的争议领土。

王：失窃文物的跨国追索是艺术与国际关系跨学科研究的一个现实问题，它有什么特点？或者说，这项研究为什么需要国际关系学者的参与？

严：这是因为文物是国家历史的见证者，国家对失窃和掠夺文物的追索不仅是主权对财产权的保护，它也关乎国家尊严和民族感情，影响着大众对主权概念的想象与认知。对于主权国家而言，文物追索不仅是法律行为，更是政治行为，是主权被侵犯后的再次确认，是主权的实践状态。

王：我想起李英桃老师给我讲的一个故事，她是北京外国语大学国际关系学院的教授，对女性主义国际关系理论很有研究。她的先生在故宫从事文物方面的工作。我曾经问英桃，中国政府费了那么大劲去追回流失海外的圆明园兽首，这些东西究竟有没有艺术价值？她的回答让我吃惊，她说这些东西在文物专家眼里很难说有太大价值，但我们花了大力气，这就说明它有着超出艺术与考古领域的价值。

严：李老师指的是政治价值？

王：是的，与其说文物追索是法律问题，不如说它是政治问题。成功追回一件文物能够极大地振奋国人的精神，提升我们的民族自豪感，它事关国家的尊严。除此之外，它还关乎主权完整、国家认同和公众的凝聚力，这些都是国际关系和政治学的核心问题。

严：更重要的是，在文物追索的实践中，文物已经不再是单纯的历史载体或者艺术作品，它不仅能够反映一国国内的政治生态，还能够影响跨国群体的身份认同，甚至成为国际关系变化的风向标。

王：你可以具体谈一谈这三点吗？

严：第一点，文物追索反映着一国国内的政治生态，我举一个斯里兰卡的例子说明。斯里兰卡曾经向英国追索一尊佛教的护法神像 Tara Devi，声称这尊神像象征着本国佛教徒的精神来源，关乎民族感情与社会信仰。而英国则坚持对艺术品、宗教和政治加以区分，反对基于政治和宗教归还文物。如果深究下去，我们会发现斯里兰卡之所以向英国提出文物追索的要求，根源在于斯里兰卡国内特殊的政治生态。在斯里兰卡，信仰佛教的僧伽罗人和信仰印度教的泰米尔人长期对立，泰米尔人甚至在印度的支持下组织了反政府武装“泰米尔猛虎组织”。双方的角力长达数十年，直到 2008 年才告一段落。对于占人口多数的僧伽罗人来说，佛教不仅是他们政治团结的心理基础，更是民族认同的精神来源。“泰米尔猛虎组织”对于斯里兰卡而言远不是反对派那么简单，它散布仇恨僧伽罗人的舆论，肆意残害异教平民，武装割据占地为王，它实际上威胁着斯里兰卡作为一个主权国家的完整性，不断消解着民众对斯里兰卡的主权认同。

公众对主权的想象虽然部分来自国家的宣传和教育，但多数情况下，公众只有在主权被侵犯时才会产生强烈的国家意识。波兰人在经历了三次灭国的历史之后才萌生出强烈的爱国主义热忱，阿尔萨斯的法语老师在《最后一课》上才意识到自己对法国居然有着如此深沉的眷恋。斯里兰卡的僧伽罗人同样渴望弥补已经遍布裂痕的共同记忆，同时他们也期待出现一个能够团结同胞、共同抗敌的政治象征。此时，经过斯里兰卡政府的宣传，这尊漂洋海外的佛教塑像便成为公众情感投射的载体，变成弥合认同裂隙的黏合剂，成为凝聚民心的“圣迹”，它的政治意义早已超出了宗教、艺术与历史范畴。

第二点，文物追索影响着跨国群体的身份认同，这个例子发生在印度。2010 年印度考古调查局通过法律和外交手段向联合国教科文组织申请，要求英国伯明翰博物馆和美术馆归还 1861 年于印度发掘的**苏丹甘吉佛像**（Sultanganj Buddha），并声称该佛像对印度的文化和宗教至关重要。然而对于英国来说，这尊佛像已经成为伯明翰市重要的文化象征，并吸引着众多佛教信徒前往朝拜。值得一提的是，伯明翰市将艺术馆的佛像展厅开辟成佛教信徒的冥想场所，艺术馆因此每年吸引着大量信徒前往朝拜。

苏丹甘吉佛像（Sultanganj Buddha）
图片来源：伯明翰博物馆和美术馆。

所以基于这些原因，伯明翰市长以“佛像要让伯明翰居民自由观赏”为由拒绝归还。与前面斯里兰卡的例子不同，在这个案例中除了佛像归属的争议双方外，宗教势力也影响着这次追索的进程。不少佛教社团极力反对英国向印度归还文物，理由是他们认为佛像既不属于英国也不属于印度，而属于全体佛教徒。尽管英国的佛教徒人口比例只有 0.3%，但印度的佛教徒人口比例也不过只有 0.8%，佛教信仰在两国都不是主流。这意味着一旦佛像回到印度，它极有可能被封存在仓库中，佛教信徒们将失去一个重要的礼拜和冥想的场所。最终联合国教科文组织尊重了佛教团体的意见，这尊佛像至今仍然留在伯明翰展出。在这场英国和印度的“官司”中，跨国宗教团体实际上决定了文物追索的结果。当文物追索和跨国因素牵连在一起的时候，问题的解决就更需要国际关系的参与了。

第三点，文物追索有时反映着国际关系的变动状态。比如 2015 年澳大利亚向印度归还了一尊原先位于印度马图拉市的坐佛，这一归还行为被视作两国关系升温的信号。坐佛归还不久，两国就签订了加强经济与战略合作的备忘录，同时拓展了双边贸易往来，更重要的是，澳大利亚公司于同年开始向印度出口铀原料，双方关系急速升温。

王：这三点中的任何一点都可以展开进行深度研究。你有没有发现，其实这三个研究主题及文物追索问题在技术层面并没有太多关联，反而和国际关系研究联系紧密。比如你提到的文物追索与国内政治生态，这实际上讲的是国际关系和国内政治之间的互动。第二点是跨国行为体研究，前两个主题同时又涉及认同问题。最后一点谈论的是影响国际关系的要素，或者说是国际关系变动的信号。这些都是我们国际关系研究的经典主题，但它们又都和艺术相关，都把既有艺术价值，又有政治意义的艺术品、文物作为了研究的对象。

严：是的，文物追索的研究思路，能体现“小写的艺术”与国际关系研究的特点——以国际关系方法为主，以艺术为主要的研究对象。文物追索既可以是技术问题，也可以是艺术问题，同时还可以成为政治学、国际关系问题。

王： 我觉得关注政治学问题并不排斥我们对技术问题的关注，我们仍然可以从技术的角度去思考，把文物追索当作一个实证问题来研究。在政治学视角下，我们的问题是："为什么文物追索很重要？"如果提出的是技术性问题，我们可以问："为什么文物追索这么困难？"

严： 这一点您启发了我。我在浏览联合国教科文组织的资料和国际失踪艺术品的档案时，发现了一个反常的现象：按照我们的常识去理解，随着文物追索制度与规范的完善，文物追索的成功率应该越来越高，但现实情况却恰恰相

"圣像牌"运动

1935年由俄罗斯艺术家尼古拉斯·罗伊里奇（Nicholas Roerich）倡议、多国签署并成为国际法的《罗伊里奇协议》（Roerich Pact），确认了一国对文化遗产与艺术品的保护优先于国防与军事需要，并号召各国对文物古迹使用统一标志以避免战争与暴力破坏，进而开启了"圣像牌"运动（pax cultura）。

战争期间，人们在博物馆和古迹上喷涂上这个深红标记，用来告知敌军此处建筑物的中立地位，从而避免古迹在战斗中被破坏。

这个标记的作用和代表医院的红十字标记作用类似，其中深红的颜色象征着人类的鲜血，并且更为醒目。图案中间是三个实心的圆形，上面圆形的象征着人类不分种类的信仰，下面的两个圆形象征着艺术与科学，而包围这三个圆形的圆环则代表着将信仰、艺术和科学团结在一起的文化。

反，文物追索如今变得越来越困难。我觉得这是一个特别好的实证问题，它要求我们思考相关制度规范在设计、操作过程中存在的问题，启发我们反思文物追索的运作机制。

王：这是一个有着现实意义的研究问题，你可以再说说对这个问题的看法吗？

严：好的，不过我的想法还不是很成熟，只是做了一些初步的资料搜集工作。我先简单介绍一下关于文物追索的历史。在殖民主义时代，前殖民地国家的历史文物曾经被宗主国大量掠夺，这些文物经过不断的继承、拍卖、捐赠或是抵押之后四散于各大博物馆和私人收藏家手中。虽然历史上不乏交战国掠夺文物的案例，但自从1648年《威斯特伐利亚和约》规定战后需要归还作为战利品的他国财产后，文物作为战利品便失去了合法性。18世纪以来，随着民族国家体系与国家义务兵制度的不断完善，国家对财产的保护和士兵对财产权的认知也有所提高，在战争中强占他国文物的情况开始减少，战后文物归还也逐渐规范化。其中具有标志意义的国际条约包括1899年和1907年的第一与第二《海牙公约》，公约明确要求军队在战时保护平民财产。值得一提的是，1935年在艺术家的呼吁下，对交战中古迹与艺术品的保护得到了国际社会的重视，一项旨在避免文物被战争与暴力破坏的运动开始兴起，史称"**圣像牌运动**"。

然而，不同于主权国家之间的战争，在宗主国对殖民地的侵略中，文物掠夺行为并不受当时国际公约的约束。直到去殖民化运动兴起之后，国际社会才逐步出台了普遍性的禁止战时掠夺文物的条约。例如1949年《日内瓦第四公约》禁止士兵掠夺平民财产，1954 年《关于武装冲突中保护文化财产的海牙公约》(Hague Convention for the Protection of Cultural Property in the Event of Armed Conflict ）首次明确使用“文化财产”概念界定文物遗产，将文物保护纳入财产保护的法律范畴之中。这样的结果是，依据法律的不溯及过往原则，在上述公约颁布后独立的国家，尽管成为公约的成员国，它们也无法向宗主国提起文物追索的国际诉讼。即使前殖民地国家符合公约执行的条件，事实上也仅有少数国家真正执行。为解决这个问题，1970 年 120 个国家签订了《教科文组织关于禁止和防止非法进出口和转让文化财产所有权的方法的公约》(UNESCO Convention on the Mean of Prohibiting and Preventing the Illicit Import，Export and Transfer of Ownership of Cultural Property)，两年后联合国教科文组织又颁布了《世界人类遗产公约》(World Heritage Convention)，并设立世界遗产委员会 (World Heritage Committee)，为各国提供沟通的平台，用于解决实践中各国法律管辖权差异与集体行动的问题。针对 1972 年公约未能解决的法律问题和非成员国与成员国之间的纠纷问题，联合国教科文组织于 1995 年颁布《国际统一私法协会关于被盗或者非法出口文物的公约》(UNIDROIT Convention on the International Return of Stolen or Illegally Exported Cultural Objects)。根据这一公约，成员国的公职人员可以向世界遗产委员会提出文物追索请求，同时被窃文物的实际所有人可以选择向追索国的任何个人移交文物，并且保留获得补偿的权利。

王：在你的介绍中，关于跨国文物追索我们实际上有许多明文的规定，有国际社会普遍接受的制度规范，还有确保制度规范运行的权威国际组织。那么问题出在哪里？

严：是的，尽管国际公约日臻完善，但文物追索的实践并不顺利。一方面，许多技术性原因妨碍了文物追索。虽然国际博物馆协会（ICOM）在1989年就启动了成员国文物信息的收集计划，国际失踪艺术品纪录组织（The Art Loss Register，ALR）也于1990年成立，并联合各大拍卖行定期发布失窃文物信息。但不同国家在文物登记的水平和普遍程度上存在较大差异，比如日本详尽标注并登记了近1.6万处国家级文化财产，同有超过10万处地区级文化财产，而文物大国印度则仅有32处国家级文化财产登记在册。这使得各国对文物走私的监管缺少统一标准，跨国追索更是无据可依。另一方面，过高的文物追索成本也使追索实践难以开展。在跨国文物追索的实践中，国际组织、相关国家、文物实际持有人、保险公司和拍卖行需要相互配合，各方不仅要及时分享信息，还要对文物的性质与价值达成共识，以便协商文物归还后的补偿费用与移交过程中的保险金额。然而，占有文物的国家和追索文物的国家往往存在分歧，现实中两相情愿的文物归还并不常见。因此，文物追索一般耗时甚久、成效甚微。

王：听了你关于跨国文物追索的介绍，我能感觉到艺术与国际关系的跨学科研究不只是现实主义的主场，制度研究、规范研究同样大有用武之地。最后请你简单介绍一下艺术品的跨国产权保护问题。这个问题与跨国文物追索有相似之处，都与国际法、国际规范有关。但产权保护问题的经济学、法学意味更为浓厚，我们对这个问题的关注点应放在哪里？

严：我想我们的态度仍然是用国际关系的思维去分析艺术现

象，用制度主义的眼光去解释艺术品的产权保护难题，关注点是具体实践中的制度合作与国际规范。不过要澄清一点，我对艺术品产权问题的关注主要聚焦于19世纪末期到20世纪初期。这段时期，艺术品的产权保护制度刚刚兴起，还处于不成熟的阶段。选择这段时期的原因在于理解相关制度的成长历史，而不是为了解决实际的产权问题，这和前面跨国文物追索的研究目的有所不同。

自19世纪80年代始，有关产权保护的国际惯例与国际公约开始兴起，不过当时主权国家仍处于核心地位，规范商业交易的法律依然由各国独立订立与执行。1886年《保护文学和艺术财产国际公约》（International Convention for the Protection of Literary and Artistic Property）颁布后，对艺术产权的界定与保护逐渐上升至国际层面。然而，由于各国坚持将文学艺术作品视为国内法律的管辖范围，无法协调出一个统一的跨国管理标准，1886年公约只是确认了各国对本国文艺作品具有排他的管辖权，并未有效解决文学艺术品在跨国流动和实际使用中的争端。

举一个听似荒诞的例子：一位长期居住在德国的法国作家创作的小说，在英国被盗版出版长达3年，这位作家和德国出版机构遭受了巨大的经济损失，那么索赔将如何进行？按照各国的国内法，法国将作者对小说的所有权视为其人权的延伸，没有申诉时效限制，且与国家、与出版机构无关，申诉需个人出面；英国则只承认作品的版权，因而只接受德国出版社的诉讼申请，不受理法国作者的请求；而德国则严格依照德国和英国之间的互惠协定行事，由于德国和英国协定中规定版权有效期只有2年，因而德国出版社无权向英国盗版商提起诉讼。此时，1886年的国际公约并不能为文艺作品的跨国流动提供具体有效的管理方案，它至多为各国提供一个讨论的场所。

王：造成这种尴尬局面的原因是什么呢？

严：我觉得原因有三点。首先，就产权的界定而言，文艺作品与一般商品相比很难确认应当适用的法律。对于普通商品而言，商品中凝结的生产要素一般产权明晰，不论产权的界定方式是依据生产地还是法律合同，它们都处于确定的法律管辖范围之内。值得一提的是，作为文艺作品的延伸，由文艺作品复制生产的文化商品的产权管辖与普通商品相似。在1886年公约颁布之前，涉及文化商品的国际纠纷可以援引各国于1883年签订的《保护工业产权国际公约》(International Convention for the Protection of Industrial Property)。不同于机械复制的文化商品，具有独创性的文艺作品很难确定应当依据何种法律确定产权归属。尽管创作者是产权确认的关键，但作者究竟适用于哪国法律却难以确定。是依据创作者国籍国的法律，还是依据创作者居住国的法律，抑或是依据创作者作品出版国家的法律？各国法律在这一点上存在不小差异，同时国际公约也缺少统一的制度安排，大多数争议只能依靠国家之间签订的双边协议来解决。

其次，当文艺作品作为商品在市场中流动时，大量相互牵连的组织机构会形成一个关系复杂、利益交织的关系网络，客观上造成了跨国产权保护的困难。例如，如果一件古代艺术品作为商品在市场上流通，除去交易双方外，至少还会有三方参与其中：第一个是与交易有关的博物馆，如果某个博物馆对流通艺术品表达出收藏意愿，或者计划将来策划一次关于艺术品的展览，或者这件艺术品本身就是该馆的失窃文物，那么博物馆也将牵涉其中；第二个是全球性的文化产业企业，如果即将交易的艺术品具有较高的广告、娱乐或者新闻价值，这些企业能够通过开发文化商品而盈利，它们也会关注艺术品的流通；第三个是为艺术品提供技术性服务的营利性组织，比如参与估价的保险公司，为失窃文物登记提供付费数据库的众多拍卖行。在 1945 年联合国教科文组织成立后，它作为第四方也会参与进来，将负责监管艺术品的流通、确保交易的艺术品不是被盗或非法出口的登记文物，并在艺术品交易出现争议时提供帮助和指导。因而，一旦艺术品的跨境流通出现问题，跨国产权保护所要协调的利益攸关者为数众多，并且它们之间往往互不隶属，也不在同一个公共管辖权之下，产权保护更加困难。

最后，艺术品跨国产权保护中的矛盾还在于艺术的公共性特征。所谓艺术的公共性，指的是一些文学艺术作品具有启蒙教育、学术交流、宗教和庆典等服务于大众的功能。当艺术参与公共性实践时，艺术作品的私人性便被排除了，相应地，艺术家也自然会失去其作品的版权。比如，生物和地理课程教学可以使用自然摄影作品而不必向摄影师付费，一部小说可以被文学评论期刊引用而不必向小说作者支付报酬，信徒和教会也不必向祷告文和赞美诗的作者支付稿酬。尽管 1886 年公约确认了在艺术品中存在各国主权管辖之外的公共利益，但各国对公共利益的共识也只局限在教育和启蒙两项之上。如何在国际层面协调艺术的公共性和私人性，进而保护创作者的合法权益、增进公共利益，不仅需要主权国家完善本国法律，同时需要国际组织推动艺术作品产权保护的标准化。

王：针对你所说的“小写的艺术”，我们从国际关系学的角度思考了艺术与国际关系的跨学科研究思路，介绍了艺术是如何作为国家外交政策的工具和国际互动的舞台，讨论了政治的艺术化和艺术的政治化作为艺术与政治互动的两种方式，反思了不同国际关系理论视角对艺术与国际关系跨学科研究的意义。

第四部分

国际关系学的艺术面孔（Ⅱ）

——从艺术到国际关系

Charming

International Relations

如果说前面的讨论是从国际关系视角出发审视艺术，那么这一部分视角发生了转换，我们将用艺术的眼光去理解国际关系。艺术是一面透镜，透过它去观察国际关系的现象和概念，我们会看到截然不同的图景，比如“主权”和“国家”在不同时期艺术家的眼中就有着不同的“样子”。当然这种艺术性的理解不是散漫的诠释，它有着一套系统方法，我们可以从图像志、心理学分析、结构主义和艺术社会史中得到启示。在对谈中，我们发现艺术之于国际关系不仅是一种视角，它还介入并且塑造着国际关系，从各种具有政治意味的行为艺术到博物馆展览中体现的权力关系，隐藏在艺术面纱之下的巨大宝藏尚未被我们发掘。

一、艺术的透镜

王：我们来聊聊艺术与国际关系研究的另一个侧面，从艺术视角去观察研究国际关系问题，也就是你所说的“大写的艺术”与国际关系研究。首先请你简要说明一下研究思路。

严：“大写的艺术”与国际关系研究，简单说就是“如何用艺术性的思维去思考国际关系问题”。与上午的思考角度不同，今天下午我们将要步入艺术的殿堂，看看艺术的思维与方法能够带来什么样的启发。

我的观点是，对于国际关系实践而言，艺术通过三种重要功能影响着我们国际关系的研究——透视功能、介入功能和构成功能。所谓透视功能指的是，可以使用艺术评论、鉴赏的“技法”透视国际关系现象，从而发现事件的另一种“真相”。特别是艺术能够为“主权”概念提供形象化的解读，能通过艺术观察到“主权”概念的历史变迁。关于透视功能，我希望着重介绍两点，一个是艺术透视的技法，另一个是透视对象的选择问题。艺术的介入功能指的是艺术可以影响、甚至形塑国际关系的发展进程，这一部分我将回答这个问题——“国家何以通过艺术而变得真实?”最后，艺术的构成功能指的是艺术可以成为国际关系研究的一种“构成性制度”，即艺术以及它所指涉的艺术家、艺术实践本身可以作为国际关系的行为体。在这个话题下，我将介绍“艺术主权”、艺术反抗，以及情绪要素在国际关系研究中的价值。

王：内容丰富！在介绍的过程中希望你能多举一些例子，让这些抽象的概念生动形象起来。我先有一个疑问：通过艺术观察国际关系，我们的观察点是什么?

严：您提了一个十分关键的问题，这个问题如果得不到回答，艺术的国际关系研究和纯粹的艺术研究之间的边界就会模糊不清。我的想法是，我们要避免对艺术作品进行单纯的审美判断，也就是说观察不能浮于艺术现象的表面，要通过艺术品所呈现的蛛丝马迹发掘它试图传达和掩盖的信息。艺术的意义要得以确定，不是在艺术作品所作的特定的陈述中，也不是在它们似乎表现出的立场中，而是在它们独特的“艺术特征”中。这里的“艺术特征”不仅包括艺术作品的美学特点、它所处的历史语境，还包括不同时代的人们欣赏它时，与之发生的情感沟通和这种主观经验的变化，以及它在被评判、鉴赏与传播过程中的社会语境。

所以说我们的观察点——“艺术特征”——实际上包括四个侧面。第一个是美学特点，比如一件绘画的创作技法，一部电影的镜头语言，一场话剧的舞台调度，等等。在观察这一点时，我们既要重视艺术风格背后的潜台词，比如爵士乐与自由主义，还要关注作品细节传递出的信息，更重要的是发掘美学与政治潜在的互动，比如之前讨论的“艺术的政治化”与“政治的艺术化”过程。第二个是历史语境，它是某件艺术品的客观特质，它反映着艺术品负载的历史信息。第三个是主观经验的变化，它是不同人独特审美理解的集合，它可以被用于观察社会心态与审美偏好的变迁。第四个是社会语境，对于国际关系研究而言它更为重要，因为它反映着这件艺术品在创作者、传播者、审查者和消费者之间形成的关于这件艺术品的具体内涵。从社会语境角度而言，“艺术特征”是一种主体间的共有知识，它关乎这件艺术品以何种方式在何时何地形成何种意义。而国际关系互动则为意义的造就提供了各式各样的台本与布景。

政治是意义的赋予，艺术则是用另一种方式“编码”意义的结果。我们也许很自然地想到从档案史料和数据图表中获取对政治动机与政治过程的理解，但这仅仅是因为我们习惯于通过文本与数字进行意义“解码”。艺术作品在我们心中唤起的不只是直接的快乐，还有我们的判断。如果承认艺术对于政治的再现（represent）价值，那么一旦成功“解码”一件艺术作品的社会语境，便能够发现一些隐藏于日常生活之中，不易被人发觉的政治意义。艺术观察的切入点是社会事实的“艺术特征”，艺术观察的着眼点就是艺术与现实互动过程中的“社会批判”。

王：你的意思是通过艺术这个滤镜，我们可以看到国际关系的另一副面孔？

严：是的。艺术的揭示并不弱于社会科学，小说家在弗洛伊德之前就介入了潜意识研究，在马克思之前就对阶级斗争有深刻洞见，在**现象学**家之前就讨论了人性问题。在国际关系研究之中，不同于传统的对安全、经济等“高级领域”的重视，艺术为观察国际关系提供着更低且坚实（low but solid）的视角。在全球化和网络化时代，剧烈变化的艺术形式不断为政治动员提供素材。

一方面，艺术行为成为政治表达的重要方式，人们通过诸如街头涂鸦、政治讽刺剧、漫画等方式表达自己的政治见解，从而避免与公权力公开对抗。另一方面，从艺术视角观察，艺术作为旁观者见证着人们在政治进程中所表达的焦虑，这些焦虑大多源自主权国家体系引发的诸多不公正现象，例如人种、民族、宗教和性别的不平等，以及不断扩大的国家对个人的控制。在这样的视角下，艺术不再被视为“自足的实体”，而是通过社会成员持续互动所建构起来的一种社会事实。对艺术的观察不仅取决于群体在特定情境下关于“什么是艺术”的理解，也取决于人们在该情境中的目的、兴趣和习惯。并且无论选择

现象学

现象学（phenomenology）是20世纪在西方流行的一种哲学思潮。狭义的现象学指20世纪西方哲学中德国犹太人哲学家E.胡塞尔（E. Edmund Husserl，1859—1938）创立的哲学流派或重要学派。现象学不是一套内容固定的学说，而是一种通过“直接的认识”描述现象的研究方法。它所说的现象既不是客观事物的表象，亦非客观存在的经验事实或“感觉材料”，而是一种不同于任何心理经验的“纯粹意识内的存有”。

现象学的基本特点主要表现在方法论方面，即通过回到原始的意识现象，描述和分析观念（包括本质的观念、范畴）的构成过程，以此获得有关观念的规定性（意义）的实在性的明证。认为只有在这个基础上，才能廓清传统哲学中那些概念的真实意义，从而重新说明传统哲学中的问题，并深入开展各个领域的研究。

基于何种标准，对艺术理解的选择都是一个持续的政治性过程，并且永远没有固定的关于“好的艺术”的概念。

简单来说，在一个具体问题上，个体的审美判断反映的是一种政治决断。艺术对国际关系另一副面孔的再现存在于“不确定性原则”背后，即“任何人都不可能讨论‘作品本身’，因为根本不存在这个东西。真正存在的，只是作品被呈现、被表演、被评论的许多场合，每一种场合可能各不相同”。艺术家可以借用多种不同的视角对一个事件或者现象进行描述，不同的描述和特定的情境、话语和“精神世界”相关，这样一来便没有一个单独的、终极的描述方式可能定义一个独立于任何语境的人，因而在每一种语境中事件都有特定的再现模式。总之，采用艺术视角的关键在于寻找被掩盖的东西，寻找新的视角，而非新的事实。

王：也就是说，从艺术的角度观察国际关系，研究对象是那些具有“艺术特征”的国际关系现象，研究的目标是发掘这些现象背后隐藏的信息，或者说是另一副面孔。

严：可以这么理解。不过我还要补充一点，刚刚我们对“艺术特征”的讨论是站在美学和艺术史角度而言的。也就是说我们刚才提到的“艺术特征”仅仅和艺术品有关，“艺术特征”是艺术的属性。但是，我们不必那么局限，认为“艺术特征”是艺术领域的“自留地”，我们也可以大胆地打破学科的界线，用“艺术特征”为标尺去处理国际关系现象。所以，我要说任何一个国际关系现象都具备“艺术特征”，任何一个国际关系现象都可以用艺术性的视角来透视与解读。比如主权这个概念的“艺术特征”就在于它被形象化、具体化的途径，以及历史上它呈现出的不同样貌。

二、主权的“样子”

王： 既然说到主权，我们不妨用你提到的“艺术的透视功能”去考察一下。主权的“艺术特征”是什么？从艺术的角度来看它是什么样子的？

严： 在提到**主权**概念的起源时，我们一般会把它和神权联系在一起。主权不是凭空产生的概念，不是政治哲学家们奇思妙想的产物，它的诞生与主权和神权之间的竞争相关。如果回顾欧洲中世纪的历史，我们会发现整个欧洲无论从法律还是现实角度都处在天主教教会的权力笼罩之下。从法律角度而言，各国国王需要通过教皇加冕才具有统治的合法性；从现实角度而言，教会不仅控制着各地的教堂、教产，还拥有向百姓收税的权力。教会所代表的神权是中世纪政治统治合法性的唯一来源，神权通过教会组织与封建附庸关系层层向下传递。

上帝的神权至上，教皇自诩为上帝的代言人，行使着世俗世界的最高权力。教皇通过加冕仪式册封国王，国王因而具有了得到普遍承认的、在其领地统治的合法资格。国王进一步向下分封贵族，层层缔结契约关系，确认权力归属。在西罗马帝国覆灭之后，这种政治模式持续了数百年，史称“中世纪”。尽管国家与教会之间的权力争夺时有发生，但这段时期国家并不拥有近代意义的主权。国家不是其统治范围内的最高权力代表，也不具有排斥外部干涉的身份资格——它既非对内最高，亦非对外独立。如果我们把此时的欧洲称为“前主权时代”，那么我们可以从**中世纪的欧洲地图**中发现一些端倪。

博丹的主权观点

让·博丹（Jean Bodin，1530—1596）被认为是现代主权概念的创始者，他在1576年所著的论《共和六书》里形容主权是一种超越了法律和国民的统治权，这种权力由神授或自然法而来。从这里他也先行定义了君权神授说，指出“主权是一个共和国所拥有的绝对和永恒的权利”。主权是绝对的、至高无上的，因此是无法被分割的，但也并非不受任何限制：它只在公共的领域行使权力，而不是在私人的领域。它也是永恒的，因为对它的拥有者而言，主权并没有期限存在（而掌权者则有其期限）。换句话说，主权并非一个人的财产：在本质上，它是无法被割让的。

这幅中世纪的欧洲地图有着明显的拟人化特色，它把欧洲描绘成教士的形象：他表情严肃，头戴法冠，身披法袍，右手托着球型法器，左手举着法杖。我们熟悉的欧洲国家——尽管有些国家在当时还只是地理名词——在图中是“欧洲教士”身体的一部分，共同组成了一部完整的躯体。

王：这种独特的地图绘制方法与中世纪的国家主权观念之间有什么联系呢？

塞巴斯蒂安·明斯特（Sebastian Munster）所画中世纪的欧洲地图，1570 年

图片来源：University of Texas at Arlington Library。

严：从图像的角度考察，每一个国家都是欧洲大陆“有机躯体”的组成部分，只有联合在一起躯体才是完整而有生机的。对于欧洲而言，意大利的独立意味着人失去了右臂，英国的独立象征着教士丢弃了法杖，国家独立等同于欧洲被肢解。而对于每个国家而言，即便成功谋求了独立也无法生存，因为脱离了躯体的残肢是无法存活的。

王：这种解读方式是你的猜想，还是当时人们的态度？

严：有猜想的成分，但也是有依据的。这种将**国家与身体**进行类比的隐喻方法在当时有着很强的解释力。从宗教角度来说，把国家的独立类比为对身体的伤害，这个隐喻背后的道德威慑力十分强大。在天主教的教义中，为了私欲而自戕是不圣洁的行为，任何自戕的人都无法获得救赎。因而一旦国家背叛神权、谋求主权便会遭到严厉的宗教指控，这种潜在心灵压力不仅施加在国王和贵族身上，更施加在虔信的公众心中，成为一股隐形的压力。从知识社会学的角度考察，把主权与身体进行类比的做法是当时知识界的主流观点。从起源上考证，西方近代政治学与医学的关系最为紧密，政治学研究中的大量分类方法都脱胎于医学研究成果，

关于身体、生命、政治之间的关联，德国学者恩斯特·康托洛维茨（Ernst Kantorowicz）的作品《国王的两个身体》（*The King's Two Bodies*）很好地解释了这一点。
在伊丽莎白一世时代的英国，流行着这样一种观念：国王有一个“自然之体”，他个体的肉身，可生病、会疲弱、可朽坏；同时，国王另有一个“政治之体”，永远存续、不可朽坏。
然而，政治体世俗化的发展历史塑造了超越时间的“祖国”和“人民”这样的观念，并自然地引向这个身体的“头”，即国王的永久性问题。这个问题是古今政治体的根本问题。

更有不少学者使用医学领域的案例去解释政治现象。

用艺术观察主权时，借助这两幅地图，我们看到了什么？那就是下面这番场景：神权是完整的躯体，主权是自戕后的残肢，知识界接受了这种隐喻方式，普罗大众受迫于难以救赎的恐惧，艺术家则把这种前主权时代的观念通过地图记录了下来。

三、透视的方法

王： 通过解读古地图，你描绘了前主权时代的欧洲政治生态。这个方法应该是受到了葛兆光老师研究的启发，在他的思想史研究中，地图是展现观念变迁的重要素材。今后我们不妨也开设一个新的方向——地图中的国际关系学。毕竟我们学科有着悠久的地缘政治学传统。

严： 葛兆光老师采用图像学、图像志的方法去分析史料，发现历史的隐微细节，沿袭了英国史学家彼得·伯克（Peter Burke）在《图像证史》(Eyewitnessing：The Uses of Images as Historical Evidence）中提到的方法。对于我们国际关系研究来说，用技术策略去解码艺术的文本，可以在很大程度上回应实证主义对艺术的国际关系研究的批评。当然，伯克的方法主要针对的是图像、图画，对于其他艺术形式来说，也许我们需要进一步发掘。

王：你说说艺术透视的方法吧。国际关系研究者怎么通过艺术品看到有用的信息？

严：伯克介绍了四种方法。第一种是图像志的方法，它的关键是细节的分析和识别。对于一幅图像，我们要依次进行三个层次的识读。比如说艾兰·库尔迪（Alan Kurdi）在土耳其海滩上溺亡的新闻照片，第一个层次要求描述图像，关注它的“自然意义”和图中的事物。比如死亡的孩子、海滩。第二层次要关注图像的历史语境，社会背景等“常规意义”。比如死亡的是难民，他是在欧洲死亡的，以及中东危机与欧洲难民潮。第三层关注的是“本质意义”，是那些深埋在文化中的、揭示一个民族、时代、阶级、宗教或者哲学的根本原则。比如对个体自由的追求，怜悯，对政府的不信任。图像志方法的要点在于通过图像细节和图像所处文化之间的联想，获得图片的“言外之意”。简单地说，图像志的方法就是把图像当作一个寓言，我们识别图像，就是识别寓言，识别文化中的那些“默契”。

第二种方法是心理分析学的方法，它要求我们熟悉一套“心之所想”和外在事物之间的组合。比如在法国大革命的绘画中，女性象征着自由，在荷兰的绘画中，胡萝卜和兔子象征着繁衍与资本增殖。归根到底，和图像志类似，熟悉心理分析学的方法需要我们对研究对象的文化有着熟稔的理解。

第三种方法是结构主义的方法，它用符号学、系统论的策略把图像视为一整套编码系统，破解图像的内涵关键在于理解这些符号之间的关系。具体来说，一幅图像里面是不是有人为设置的对立，比如海报中幸福的苏联工人与苦难的美国妇女，电影中愚昧的乡下人和精致的城里人。除了观察对立，还可以观察图像里是不是有刻意的并置，是不是将两个毫不相干的东西放在一起，让我们产生联想。比如博物馆在布展时将领袖的照片和机器放在一起，造成一种虚假的因果错觉。我们还可以注重发掘那些未被选择的符号，比如图画中女性的缺失，儿童的缺失，工厂烟囱里面黑烟的缺失，等等。

墨索里尼的宣传海报，采用拼贴画式的方式将多种元素整合在一起。例如昂首的墨索里尼，由万千大众组成的背景代表着利维坦式的主权想象，下方用意大利语写成的“我们一定能胜利”。

图片来源：Museo del Risorgimento。

第四种方法是艺术社会史的方法，前面简单介绍了我们如何通过考察艺术家、资助人、博物馆之间的社会联系，进而发掘有价值信息的方法。

这四种方法当然不是相互排斥的，我们应当同时使用、相互补充，也许还有更为先进的方法不为我所知。不过，对于一般的视觉艺术来说，这四种方法显然是足够了。

王：前面介绍艺术透视国际关系时，瞄准的对象是“主权”这个概念。除此之外，研究对象还有什么？

严：刚才提到了艺术对主权的透视，其实艺术视角之所以在经历边缘化之后得以再回归，很大程度上是因为艺术连同它所指涉的艺术体验和艺术实践一起与主权问题紧密地交织在了一起。特别是艺术是促进现代主权国家合法化的重要途径，具体而言，艺术通过两个途径促进了现代主权国家的常态化。第一，国家主权在国际权威、国家权威和地方权威的互动关系中得以确立，而艺术则是上述三者互动中的显著表现形式。第二，国家主权通过利用特定的艺术形式实现国家主权的生产与再生产，例如贸易展览会、国家博物馆，艺术目录和电影节。与此同时，国内的少数族群与非法移民也通过特定的艺术形式宣示他们的主权诉求。但同时值得注意的是，艺术和主权的实践的关系是共同涌现的（co-emergence），这意味着主权和艺术之间并没有单向的决定关系或是简单的因果联系。也就是说，主权的实践并不会必然导致艺术发展亦步亦趋的变化，反之艺术的革新也不必然带来主权实践的转变，二者之间只存在一定的相关性而非因果性。这一方面是因为艺术在一定程度上仍然具有其独立发展的特质，即所谓“审美的独立性”。另一方面则在于认识论上的差异，即对待艺术和主权的关系不能简单套用线性框架，而应当就事论事，考察具体语境下艺术与主权之间的关联，艺术和主权最好被视为是互构的。

除了主权之外，另一个与艺术有关的问题就是国家的想象。

四、如何想象国家？

王：国家的想象？

严：是的，我们研究中的国家和我们感受到的国家是存在区别的。我们说的民族国家是一个政治学概念，比如说它由领土、人口、主权、政权和国际承认等要素构成，它是国际关系中重要的行为体。但是我们在日常生活中感受到的国家是什么呢？是飘扬的国旗，演奏的国歌，是纳税记录，是征兵告示，是面对入侵时的反抗。那么日常生活中对国家的体验是怎么和政治意义上的国家联系起来的呢？研究者指出，靠的是想象，国家是**想象的共同体**，想象来自历史记忆，来自神话故事，来自口耳相传的故事、歌谣，还来自课本上的插图、博物馆中的藏品。从某种程度上来说，媒介沟通着日常生活经验和政治思考，它使得我们的情绪、体验、感受，具象为某种理念、主义。谁来承担这个任务呢？艺术肩负了很大一部

想象的共同体

美国政治学家本尼迪克特·安德森（Benedict Anderson，1936—2015）在1983年发表了民族主义经典作品《想象的共同体——民族主义的起源与散布》。

安德森把民族、民族属性与民族主义视为一种“特殊的文化的人造物”，而民族这种特殊的人造物就是“想象的共同体”。

这些“想象的共同体”的崛起主要取决于以下因素：宗教信仰的领土化，古典王朝家族的衰微，时间观念的改变，资本主义与印刷术之间的交互作用，国家方言的发展等。

分的使命。所以反过来思考，通过这些艺术品，可以溯源共同体想象出来的过程，探索认同形成的环节。

王：那么艺术和认同之间存在什么样的关系呢？

严：艺术和国家想象之间存在着紧密的联系，国家的建构和主权的再现，以及公众对主权的想象都无法绕开艺术这个话题。

一方面，艺术直接表现着不同时期的社会意识形态和大众心理。比如18世纪欧洲风景画往往被认为和当时社会的阶级、性别和国族认同紧密相关，是早期现代社会审美与意识形态要求的体现。

19世纪的艺术家则更注重在作品中强调创制一个新的政治和社会敏感点——民族主义。尽管1814年的维也纳和会重新确立了王朝国家为主体的欧洲秩序，但公众实际上已经深受人民主权观念的洗礼，民族主义与国家主义思潮普遍见于当时大众的审美偏好之中。19世纪艺术家展现的主题已经从表现王朝缔造者和军事贵族的英雄事迹转变为再现抽象的国家与民族概念，诸如法国大革命中的“自由”观念和美洲革命中的“美洲”与“哥伦布”元素。艺术作品描绘的主题从专制王权到代议制民主，从君权神授到有组织的民族国家，正如意大利民族主义者马志尼（Giuseppe Mazzini）在意大利统一战争中所说："艺术不是某些人的奇思怪想，而是庄重的历史预言……没有祖国和自由，我们也许会有艺术预言家，但绝不会有艺术本身。"

歌颂法国大革命的版画《网球场宣言》

图片来源：凡尔赛宫博物馆。

网球场宣言

1774 年路易十六继位之后法国国内阶级矛盾加深，法国中产阶级力图推翻三级会议，争取政治权力、打破贵族僧侣对税收的垄断。1789 年 6 月 20 日，第三等级在附近找到了一个网球厅，举行了集会，并宣布他们是"全体国民的使者"，他们的会议是"国民会议"，如遭解散，即停止交纳任何捐税。在众多市民的围观下，他们庄严宣誓："不制定和通过宪法，决不解散！"网球场宣言成为法国大革命的序幕。

另一方面，艺术隐微地反映着特定社会语境下主流政治叙事和日常生活中政治实践之间的张力。与官方艺术同时存在的还有作为反对力量的艺术，尤其是艺术家往往作为政治抵抗运动的积极分子参与甚至领导着反抗运动。比如前面提到的 19 世纪最为著名的反抗艺术作品《自由带领人民》，是法国作家欧仁·德拉克鲁瓦（Eugene Delacroix）为纪念 1830 年法国七月革命推翻查理十世而作，这部作品象征着人民通过集体行动决定自己的政治未来，折射出法国王朝统治下大众对人民主权的普遍态度。

艺术对政治的再现和预言不仅局限在绘画这一种艺术形式之中，音乐同样扮演着类似的角色。有学者认为法国歌剧在 19 世纪作为重要的文化外交武器，通过对表演内容的改编和曲目编排的处理，表达着法国对欧陆均势格局的不满，以及对德国主导的大陆联盟体系的反抗。另一个例子发生在冷战时期，当时苏联试图通过改造匈牙利的传统音乐来抹杀匈牙利的民族认同，但匈牙利听众却通过欣赏特定的音乐片段去发掘更深层次的匈牙利民族认同，最终苏联文艺政策的目标未能达成。

国家认同和族群认同之间的差异也是这个张力的重要内容，艺术则是再现这种张力的直接形式。以现代电影为例，自电影成为重要的艺术表现形式以来，国家一直试图利用电影强化国内的单一身份认同，但同时有一大批电影人利用电影作为对抗主流认同的工具。比如马来西亚的华人族群通过成本低廉、转运便利的数字电影创作了许多反映马来西亚华人社会处境的影片，例如华裔导演特克·塔恩（Teck Tan）的《五人乐队》（Spinning Gasing）和马来裔导演雅思敏·阿莫（Yasmin Ahmad）的《单眼皮》（Slit-eyed）。尽管受制于审查制度无法在本国广泛上映，但这些影片通过国际电影展成功传递了马来西亚国内边缘化族群的声音，将国家认同与族群认同之间的张力呈现了出来。与此相似的还有描写韩国孟加拉裔移民身份认同的韩国艺术电影《爱在韩国》（Love in Korea）和中国台湾地区反映原住民族群身份挣扎的史诗电影《**赛德克·巴莱**》。

电影《赛德克·巴莱》从原住民的视角出发，以史诗的方式回顾了 20 世纪以来台湾地区的近代史，贯穿电影的一大主题是原住民的认同变化与生存抗争——“我们究竟是谁？我们该如何生存？”原住民与大陆移民、日本殖民者、国民党军队之间微妙的关系恰恰折射出现代化进程中台湾本土居民的身份焦虑。

社会边缘群体借用艺术表达认同，国家或者多数群体同样可以使用艺术针对少数群体实现政治目标。比如冷战期间智利的 1964 年大选，美国通过在电视和广播中反复播放天主教宗教音乐和美国流行音乐，成功减少了智利共产党候选人的选票。此外，法西斯主义通过以《意志的胜利》为代表的宣传电影不断强化着法西斯主义意识形态。而在以色列的极端犹太教徒则通过涂鸦表达了对信奉天主教的亚美尼亚人和信奉伊斯兰教的阿拉伯人的歧视，通过艺术表达宗教不宽容。可见，电影、戏剧、文学和其他形式的视觉艺术都直接或隐喻地表达着全球化加速下次国家族群日渐增长的不安全感，艺术是对当代不同群体政治归属与身份认同竞争状态的美学表达。此外，政治认同运动和艺术之间的联系还体现在艺术家对非主流文化、民族自决和反抗压迫的追求之中，而这一联系又往往因艺术家被审查或被迫流亡而变得更为明显。

艺术家与政治激进分子的身份边界正在逐渐模糊。与传统的艺术表现形式不同，当代艺术不断朝着交互式和咨询式方向发展，比如现在有很多剧院上演的剧目是沉浸式的，意味着观众实际上参与了剧目的情节推动。这意味着私人经验不再是艺术创作灵感的唯一来源，包括艺术家在内的大众日常经验成为艺术创作的素材与反思对象。艺术不再虚无缥缈与曲高和寡，它成为“话语交流与协商”的途径，它的主体间特征超过了主体性特征。在这个意义上，许多先锋艺术家同时也是政治上的活跃分子，他（她）们的艺术不仅是个人情绪的宣泄，也不是工业体系中单纯的文化产品，而是关乎群体诉求与认同的普遍经验。对于研究者来说，不但不能忽视艺术家们的审美动机，还要把它们视为艺术家对“情境理解”的基本来源。艺术家们可能通过某种方式深刻感受着这些审美承诺，无论承诺的内容的是什么。

比如 18—19 世纪的历史先锋派（historical avant-garde）将自身与激烈的历史变革潮流联系起来，在呼吁人民主权的法国大革命和其他反抗专制王权的起义都可以看到艺术和政治相互联系的情形。大量现代艺术家在他们的艺术作品中拥抱着时代的主题，比如工人的权利、妇女的解放、和平主义、唯心主义以及平等主义。与此同时，一些政治思潮，例如法西斯主义和专制主义甚至发展出了它们特有的艺术形式。实际上，和生活中其他领域一样，当个体沉浸于艺术世界的文化中时，这个过程本身就是一种深刻的社会化经验。在其中，现有的审美标准和实践，以及对它们的反叛都根深蒂固地体现在个体的习惯中，并影响着“艺术家对整个游戏的体验”。简单说，艺术视角可以作为观察政治问题的“定焦器”，在透视政治现象之余，通过观察艺术家、艺术行为和艺术体验，它将有助于厘清纷杂现实，锚定问题的症结。

五、行为艺术和博物馆

王：我觉得你举的几个例子已经超出了用艺术透视国际关系的范畴了，比如你提到艺术家、提到独立电影，实际上它们已经介入国际关系之中。

严：没错。艺术和政治的关系就像前面提到的，并不是单向度的。艺术在反映、透视国际关系的同时，势必会参与其中，影响政治的进程。但是为了解释的方便，我还是将艺术的介入过程和透视过程区分开。

王：那你讲一下艺术是怎么介入国际关系之中的。

严：我先解释一下，这里提到艺术对国际关系的影响和前面提到艺术作为外交政策的工具对国际关系的影响是不一样的。在这里艺术不是作为政策的工具，而是作为一种批判的手段主动介入政治过程，揭示权力对事件的再现过程，目的是打开解读事件的多元视角。

美学理论家呼吁将艺术视为一种视觉政治，艺术的批判力和透视力在于，当国家主权侵犯个人权利之时，激进分子可以将艺术作为他们抗议的安全区，艺术成为一种具体的政治手段。一个具体的例子是犹太裔的俄罗斯艺术家**玛丽娜·贝卢布洛娃贾**（Marina Belobrovaja）在瑞士苏黎世上演的“Die Abschiebung”（《驱逐出境》）行为艺术，用来表达对欧盟公民身份政策的不满。作为在瑞士生活了15年的艺术家，玛丽娜的居留卡和驾照将在2007年8月21日到期，在到期前一周，她策划了这项互动式的行为艺术。她将自己的行李打包放在一辆停靠在市政府广场上的汽车上，并告知

贝卢布洛娃贾的行为艺术现场

© marinabelobrovaja.ch.

图片来源：艺术家个人主页 http://marinabelobrovaja.ch/，艺术家授权供图。

往来民众自己将被迫离开瑞士回到俄罗斯，但又没有合法驾车资格。于是，她请求路人帮她摆脱困境，驾驶她的汽车带她回到俄罗斯。这项行为艺术在瑞士和德国引起了很大争议，普通民众直接卷入了具体的政治问题之中，不得不思考人权与主权，一体化与公民身份，政治边界与道德考量之间的关系。艺术可以给公众提供一种工具，用来质疑日常生活特定现象，让受众知道，生活经验是国家主权的产物。

王：有什么具体的例子可以来说明艺术的这种批判力和透视力？

严：譬如说对博物馆与国家间权力关系的探讨。这类研究继承了后殖民主义理论，重在揭开博物馆背后的权力逻辑，尤其是西方大型国家艺术博物馆所隐喻的帝国主义与殖民主义及其当代表现。博物馆和博物馆内物化的想象具有深刻的政治性。在殖民主义时代，博物馆是殖民者合法性的重要佐证，博物馆展示或体现的古迹成为世俗殖民地政府统治权威的标志。伴随着机械复制时代的来临，印刷业将古迹图片注入生产与消费过程，通过对古迹的“亵渎化进程”使其“识别标志化”。至此，深藏于各类博物馆之中的古迹，不再是遥不可及的神圣符号，而是人们可以在邮票、商标、招牌、餐具、纪念品等日常生活中体验的事情。《想象的共同体》的作者安德森写道：“正是它的统治权威标志的那种司空见惯的、无限的可复制性，透露了国家机器真正的权力。”属于本土先民的文化符号在殖民者国家机器的改造下，成为彰显殖民者力量、再现国家历史叙事、确立殖民合法性，同时区别于他国殖民者的认同符号。

博物馆作为殖民主义再现的一种方式，反映了艺术与政治之间的深层关系。对一些艺术作品而言，它们看似只包含与政治无关的审美体验，但实际上它们卷入了复杂的国际权力关系之中。它们或赞成或反对艺术背后的主权叙事，反思全球化语境下对不同人种、文化与文明的主流偏见。例如，欧洲中心主义的艺术观倾向于将欧洲以外的艺术传统视为倒退与落后的审美趣味，这些所谓落后的审美趣味需要通过欧洲国家的殖民统治来加以提高。在19世纪的欧洲，人们认为艺术史起源于欧洲，并认为它们处在四周都是野蛮人的文明中心。这并不是说西方人并不关心其他世界，或者是认为其他世界不配拥有文明，而是认为只有西方的文明才能孕育出稳定的社会系统、行之有效的理性思维，以及审慎记录并反思历史的能力；与西方世界相比，非西方世界充斥着阴暗神秘、缺乏条理、没有法律的原始人，他们自然不配拥有艺术。即便欧洲国家对非欧洲文化表示出某种程度的尊重，这种态度也大多是基于欧洲人对异域文化的想象投射。而在文明猎奇与文化消费的背后，对这些文化的定位实际上仍然没有摆脱欧洲中心主义者设定的评价体系，甚至加剧了文化差异性、等次性。

比如被冠以“**东方学**”之名的亚洲研究在命名过程中便已

东方学

作为一个学科，东方学是研究亚洲和非洲（主要是北非）地区的历史、经济、语言、文学、艺术及其他物质、精神文化的综合性学科。

东方学实际上是一个学科群体。从学科领域看，有东方历史、东方语言、东方文学、东方艺术、东方宗教、东方哲学、东方经济、东方社会等分支学科。从研究区域看，有中国学（汉学）、西夏学、敦煌学、藏学、埃及学、赫梯学、亚述学、伊朗学、阿拉伯学、中东学、日本学、蒙古学、印度学、朝鲜学等分支学科。

“远离中心”，地理意义上的“东方”概念暗示着文化意义上的边缘属性。在 19 世纪后期，这种对文明的排序和对文化差异的偏见在世界博览会与大型博物馆的展出中得以固化。对这些所谓“原始艺术”进行标签化，并通过在宗主国与殖民地反复进行展览，欧洲国家创造了一种强有力的统治工具，为殖民合法性提供地理、历史、文化甚至种族上的证明，进而建构殖民地对不平等殖民统治方式的认同和服从。

王：博物馆对殖民体系的揭示体现着艺术对国际关系的批判力，那么透视力体现在哪里？

严：除了从殖民历史角度考察隐藏在博物馆背后的权力与政治关系之外，还可以从国家身份的塑造和国际秩序的再现角度，发掘博物馆的政治隐喻。一方面，博物馆可以作为塑造和挑战国家身份的重要工具，而诸如民族、历史、科技、军事等不同类型的博物馆则从多个侧面影响着一个国家的身份认同和国际地位。传统意义上的国家博物馆通过展示本国历史和文化，实际上进行着特定的政治叙事与主权表达，精美的文物藏品、恢宏磅礴的展览规模和特意营造的观展氛围都影响着观展人的心理认知，强化着个人对特定历史文化的认同与归属。但另一方面，如果博物馆选取与主流政治叙事无关、甚至相反的藏品，并且有意对这些藏品进行说明与编排，那么博物馆便可以在观展人中引起反思，让观众去质疑那些习以为常的经验。一个著名的例子是美国洛杉矶的吉恩奥特里西部传统博物馆（Gene Autry Western Heritage Museum）于 1991 年在首都华盛顿所举办的《作为美国的西部：重新解读边疆画面，1820—1920》（The West as America：Reinterpreting Images of the Frontier，1820—

1920）特展。这次展览并没有像往常一样把美国西部描绘成只有牛仔和大篷车的世界，而是关注被屠杀和驱逐的印第安人部落、修建西部铁路的华人工人和淘金热中残酷的生存境遇。这次展览极大震撼了美国东海岸的观众，这些从未去过西部的美国人，对西部的想象大多出自影视及出版行业筛选加工过的电影和小说，报纸新闻中权威人士对西部的描述，或者道听途说及奇思妙想的混合。长期以来，浪漫且富有英雄主义的西部故事是美国新教伦理精神在 19 世纪的历史证据，是美国开拓精神的时代注脚。但这次展览却展现了西部历史的另外一面，残酷、剥夺、贪婪与暴力取代了人们先前的幻想，历史实物与照片揭示了美国认同的另一种解释，一部建立在血腥残暴而非浪漫进取之上的美国扩张史。这次展出对美国精英震动极大，知识界要求重新审视这段历史，政界则对这种对抗主流叙事的展出表现出不满，认为它是“一场悲惨而卑劣的粗俗展览”，缩减直至取消了国家艺术基金会（National Endowment for the Arts，NEA）对当时支持展出艺术的资助，一场由艺术家与政治家在国家认同领域的“文化战争”就此开打。

此外，特定主题的博物馆是国际权力结构展示与确认的平台。以美国的几个特色博物馆为例，美国的皮马航空航天博物馆（Pima Air and Space Museum）通过展示各个时代最先进的航空航天装备，向世界展示自身强大的空天强权。另一个是美国国家航空航天博物馆（National Air and Space Museum）对广岛核爆的再现，向国际社会展示着美国的绝对核力量与对待核武器的态度，这实际上成为公众理解美国核政策的重要窗口。美国的大屠杀纪念馆（The United States Holocaust Memorial Museum）记录着近代世界上众多的大屠杀事件，包括从纳粹德国对犹太人的种族灭绝，到苏联军队在卡廷森林对波兰军队的大屠杀，再到非洲卢旺达的部族大屠杀。在反思和控诉人类大屠杀的同时，博物馆以美国的政治价值观为背景描述并评论着这些悲剧事件，似乎暗示着美国是自由世界的灯塔与政治道德的标尺。此外，还有密苏里植物园（The Missouri Botanical Garden）和亚利桑那州索诺拉沙漠博物馆（The Arizona-Sonora Desert Museum），这两个博物馆在为观众提供休闲与科普功能的同时，还在场馆的解说词和互动体验设备中穿插介绍了美国的国际环保政策。观众可以一边了解美国对待环境治理与动植物保护的相关政策，一边身临其境地看到美国官方的方针及措施，使展览在一定程度上成了美国向世界展示其全球治理模式的“样板间”。

六、揭开艺术面孔的面纱

王：我们谈艺术的国际关系研究，谈了艺术作为工具、作为透视和批判的媒介，有没有一种可能使艺术成为国际关系研究的某种主体。或者按照我们的题目，艺术能否成为国际关系学的一副面孔？

严：我认为艺术可以是国际关系学研究的一副面孔，有三个方面的原因。第一，艺术思维开辟国际关系研究新的空间。前面讨论过科学的国际关系研究，除了强调要在理性的星空下披上人文外衣，还需要重视研究中的创造性、活力、灵气。第二，国际关系研究不是死气沉沉的研究，它需要有色彩和激情，需要尼采言中**酒神气质**的滋养。第三，把艺术当作观察、理解、批判国际关系的透镜，用艺术的手段去解码、发掘国际关系中的日常经验，关注艺术在国际关系中的角色。这三点放在一起，成为国际关系的艺术面孔。

如果我们去审视国际关系的艺术面孔，一系列追问将随之而来：人类的情绪以什么样的方式在艺术品中得以呈现，并最终确认或者反抗当前民族国家构成的国际体系？艺术品的社会生命和世界政治环境的转变是如何联系的？当前文物追索的活动是否意味着国际制度是一个不稳定的体系，这和历史上殖民体系遗留下的种种问题是否有关？艺术品和艺术创作能否将因主权实践而造成的破坏降到最低？如果可以，该如何去做？这种对主权体系的挑战是否会促成一个跨国间、政府间或其他方式的合作？艺术本身能构成一种主权形态吗？

酒神气质

西方的酒神气质以葡萄种植业和酿酒业之神狄奥尼索斯（Dionysius）为象征。在古希腊悲剧中，日神气质（阿波罗）讲求实事求是、理性和秩序，而酒神气质则与狂热、过度和不稳定联系在一起。

在德国哲学家尼采的《悲剧的诞生》中，酒神气质被上升到理论高度。尼采认为，酒神气质暗示着情绪的发泄，是抛弃传统束缚回归原始状态的生存体验，人类在消失个体与世界合一的绝望痛苦的哀号中获得生的极大快意。在文学艺术的王国中，酒神气质无所不往，它对文学艺术家及其创造的登峰造极之作产生了巨大深远的影响。因为，自由、艺术和美是三位一体的，因自由而艺术，因艺术而产生美。

王：这些问题都值得我们深思，那么在艺术面孔之下，对于国际关系未来的研究，你有什么想法吗？

严：我觉得有三个问题值得我们深思，第一个是情感和艺术共同建构的国家忠诚和国家边界问题。艺术、情感和认同实际上构成了一个相互关联的研究议题。在具体问题中，艺术居于情感政治的中心位置，它具有表达处于复杂权力关系中的社会现实的能力，比如对认同和排斥经验的再现。比如，国家领导人能够赋予特定艺术品以价值，以便进行国家建构和主权声明，但同时艺术家也可以通过艺术品表达其他的政治目标。艺术既是情感的反映，也可以建构情感。艺术品一方面是情感实体化的结果，另一方面这种实体化的情感又会反过来强化、重塑、过滤、增添甚至反转某种情感，进而对认同产生影响。学理上，国际关系中的“情感和权力交织问题”和“再现（表征）问题”中都有情感的介入。但如果单纯考察情感和认同之间的关系，很容易将论证过程简单化或者使分析过于抽象，因而在情感和认同之间应该存在一个具象的实体对二者加以沟通。从这个角度思考，艺术不仅充当着表达与建构国际关系的作用，它还是使情感得以实体化的社会媒介。

新的研究空间可以关注艺术是如何沟通情感和认同的，尽管这个沟通过程因为艺术自身的审美性与情绪性特征难免显得模糊。但正是因为它是模糊的，才需要研究者进一步发掘其中的规律。其中，至少有两个方向可供参考：其一，心理学对人类情感的研究成果有助于考察艺术和情感之间的关联，尤其是投射认同、认知偏差和愿望心理学等方面的研究可以为我们提供线索。其二，从主观上考虑，艺术可以被视为研究集体行动理论的补充，特别是作为象征符号的艺术是如何影响集体情绪与大众感情的，研究不仅要关注非理性因素对行为的影响，还需要进一步考察审美因素对偏好塑造的具体作用。在第二个方向中，对视觉隐喻的研究已经涉及了这一问题，具体案例诸如海滩遇难的叙利亚小难民照片，美军虐囚照片，以及更为经典的苏珊·桑塔格对“法西斯美学”的剖析。

如果进一步深入，还可以提出更多研究问题。例如，总体而言，艺术是如何作为认同的情感催化剂的？换言之，一件艺术品是如何被“符号化”和“神圣化”的？胜利纪念碑等战争纪念符号是如何激起民族自豪感，巩固同盟关系，或者加剧孤立的？文学是如何唤醒民众并塑造集体认同与主权叙事的？电影是如何传递集体的归属感，尤其是大众如何与电影中的那些英雄主义行为和标志性时刻产生呼应？与此同时，还要考虑艺术在塑造与表达自我形象的时候，又是如何再现和建构他者的？当艺术传达出具有强烈情绪性的归属感时，它同样会释放出愤怒、仇恨和排外等消极情感，这些情感又是如何被其他国家识别的？情感的艺术表达又在多大程度上能够影响他者？

此外，还可以考察艺术组织在国际关系具体案例中的作用。其中，对艺术组织的研究关注于它具体的服务目的。尽管一个艺术组织可能由政府资助，但它并不一定为某个政客或者党派服务。例如，位于美国的非盈利文化外交组织“子午线集团”（Meridian International），曾支持在美国展出大量彼时敌对国家的艺术品，例如伊朗、越南和朝鲜战争时期的中国，以唤起民众对美国对外关系的反思。

第二个问题是艺术品的社会内涵变迁和其中隐含的主权要求。如果将艺术视为研究客体而非研究对象的构成性要素，那么可以从静态和动态两个维度发掘艺术和国际关系研究之间的新空间，其中艺术品社会内涵的变化是研究关注的焦点。一般认为，一种艺术形式反映着一个时代的主题和精神气质。但是否存在一件艺术品和一种国际关系现象严丝合缝一一对应的情形呢？寻找这种对应关系是困难的，这一方面是因为艺术的变迁往往是缓慢而且原因复杂，它的风格变化不仅受创作材质、工业发展、市场需求和大众审美的影响，还受彼时社会环境、政治氛围和国际潮流的左右，也就是说艺术的变化是社会性的，是散漫、渐进的。另一方面，艺术还具有一定的自主性特征，但这种自主性往往源于一个或者一批艺术家的主观体验，想要精确了解他们的主观世界几乎难以做到。但研究可以在这种对应关系之外找到出路，一种方法是将时间段拉长，考察长周期内社会变动和艺术变化之间的关系。这种研究的新意在于，人们可以转换观察的基点。例如，我们可以把国际关系作为考察的基准点，将三十年战争作为研究的背景，来寻找同时代艺术品折射的内容，就像在卡洛所作的《**战争的悲惨与不幸**》中可以看出对战争的控诉。反过来，还可以把艺术设为研究的基准点，考察艺术史变迁过程中的国际关系对应情况，例如20世纪20年代兴起的达达主义与立体主义，实际预言了旧的欧洲均势体系不足以维持欧洲和平，暗示着动乱和变局。

雅克·卡洛（Jacques Callot）的《刽子手之树》（*The Hangman's Tree*）是铜版系列画《战争的悲惨与不幸》（*The Miseries and Misfortunes of War*, 1633）中的一幅，描绘了欧洲三十年战争的惨状。

图片来源：大英百科全书。

这里有三个重点，值得深入思索。

其一，考察国家内部的少数族群是如何通过艺术品表达身份与认同的，以及他们是如何通过艺术方式融入或是反抗主流的政治叙事。类似的研究有对中国苗族认同的研究、对东南亚高地族群的研究，以及对美国本土印第安人和澳大利亚土著民族的研究等。这一类问题同样事关文化多样性的保护，但并非所有国家都会接受国际组织对保护文化多样性的倡议，这种选择背后的政治因素是考察的关键。例如很多发展中国家拒绝接受联合国教科文组织对保护文化多样性的倡议，它们更希望融入全球性的商业文化之中，因为这么做不仅有利可图，同时有助于将国内差异化的认同文化统一于同质化的商业资本文化之中。

其二，研究还可以着力于考察“艺术—人权—正义”的问题。其中，艺术是研究的具体对象，它和普通商品相比，还具有审美属性、公共服务属性甚至历史属性。因此，对艺术的关注需要考察这些非市场化的特质，以及它们是如何影响国际互动的。而人权问题则是对艺术进一步思考的结果，反思艺术再现了什么，揭示了什么，想要呼吁什么，反抗什么，谁有资格创作艺术，对艺术干预的边界是什么？总之，在国际关系中，艺术的定位是“人”的表达，不是公民意义上的“法律人”，而是作为国际社会中“自然人”的表达。如果忽视人而仅关注艺术的外在表征，无疑是舍本逐末。此外，当研究涉及个体关怀的时候，正义问题便无法回避。这里既有关乎个人通过艺术表达正义，也有国家在文物追索过程中的正义问题。

其三，研究还可以落脚在“艺术—宗教—主权”问题上。宗教和主权之间的矛盾始终是国际关系研究的主题，从三十年战争到巴以冲突，再到巴尔干和高加索地区的动荡，宗教始终是无法忽视的重要因素。在这对矛盾之中，艺术既是宗教观念和教团诉求的表达工具，还是主权国家和宗教团体争夺政治合法性的重要战场。通过对宗教艺术与世俗艺术内容与形式变化的考察，研究的空间将被极大解放。例如切雷拉通过研究欧洲**教堂穹顶壁画**绘画风格和表现内容的变化，展示出君主王权逐渐取代并超越宗教权威的历史演变。

第三个问题是全球化浪潮中的“艺术主权”与“艺术反抗”。将艺术视为一个自足的主体，有助于打开一片新的研究视角。所

15世纪上半叶意大利教堂的壁画《教皇伯利略建立圣母大教堂》(Pope Liberio Founding the Basilica di S. Maria ad Nives)，这幅壁画上半部分采用散点透视，下半部分采用焦点透视，它们分别代表着“上帝之城”和“世俗之城”的风格。在意大利壁画发展中，世俗世界代表的风格逐步取代神圣世界的风格，这幅壁画恰好反映了这一转变过程。

图片来源：Museo di Capodimonte，Naples。

谓“自足”的主体是指艺术本身不需要从属于其他概念而得以解释，例如可以不再将艺术视为国际关系的反映，它也不是外交政策的工具，亦非构成某种国际体系或者跨国观念的要素。艺术就是艺术本身，它自己就是参与国际关系的实体，它不需要依附任何现有的国际关系知识体系。简言之，艺术不需要国际关系为它做注释，它具有和国家一样的“主权地位”。因为对于艺术而言，它能传达超越国界的价值观念，进而促进社会和谐并推动人权改善。例如艺术能够表达并沟通持有不同观念群体之间的政治意见，它既可以表达民族团结，也可以宣扬民族自治，既可以抚平战争的创伤，也可以为流离失所的平民提供精神慰藉。正如瓦尔特·本雅明（Walter Benjamin）和玛莎·努斯鲍姆（Martha Nussbaum）说的：“艺术具有消弭人们间世仇的潜力。”

如能接受这一点，那么可以关注三个方面的问题。

首先，艺术在一定程度上是化解国际矛盾的重要实践方式。爱德华·萨义德（Edward Said）曾经强调文化是对抗主权的重要方式，他认为音乐是缓和主权国家之间敌意的安慰剂。他曾经和指挥家丹尼尔·巴伦博伊姆（Daniel Barenboim）创建了由巴勒斯坦人、以色列人和两国周边其他国家乐手组成的西东和平管弦乐团（West-Eastern Divan Orchestra）。萨义德相信欧洲古典音乐具有超越任何边界的内涵，通过演奏和聆听，人们可以在审美实践中缓和敌对情绪，而他的合作者巴伦博伊姆认为和平管弦乐团并没有政治目的，但人们会在审美实践中超越认同政治设置的藩篱，甚至在被占领或者残酷地争取自决权利等极端情况下也会如此。

其次，艺术是反抗专制制度和霸权文化的工具。艺术通过它独立的声音表达着被压迫群体的诉求，并能为他们提供一个替代性的想象符号。例如在突尼斯革命发生后，法国艺术家 JR 发起了一项支持突尼斯民众反对时任总统本·阿里的行为艺术活动，他邀请近千位突尼斯民众给他发送自拍图片，他将这些图片放大打印后寄回这些人，并鼓动他们把这些海报似的图片粘贴在突尼斯街头总统阿里的宣传图片上。突尼斯民众用这种方式表达了他们对一个新突尼斯的期待，人民主权通过艺术的方式在突尼斯街头得以直白地表达。除了直接的反抗外，艺术更多是通过喜剧式的方式，通过拙劣模仿（parody）和嘲讽来表达政治不满。法国大革命之后的一件轶事值得一提，法国国王路易·菲利普复辟不久，一个名为达米尔的艺术家印刷了大量讽刺国王的小册子《巨人传》(*Gargantua*)，书中作者明褒暗讽，极尽挖苦之能事，把法国社会的混乱和王室的腐败详尽揭露了出来。这位作者虽然获得了六个月的牢狱之灾，但反映出当时王室对社会动乱的极度恐慌。无论何种方式，艺术的跨国性及其改变世界政治的作用都是值得进一步研究的主题。

最后，艺术能够使研究回归到关注那些更低但更坚实的具体问题。这是因为艺术的视角是拒绝边界的。在思维上，它拒绝科学主义设置的理性界限，它既不反对理性的指导作用，也不否认非理性因素的激情潜能，它本质上是没有二元对立这个自笛卡尔以降便统治社会科学研究的迷思。在实践上，它具有跨国属性，或者说它具有跨越一切边界的特征，它是“非政治的（apolitical）、非经济的（noneconomic），甚至是非社会的（asocial）”。通过这种“日常生活转向”式的研究视角，国际关系研究将更加贴近个体的日常生活经验，将人们从研究的边缘化位置重置于研究焦点。

第五部分

国际关系学的人文面孔

Charming

International Relations

这一部分我们讨论了国际关系研究中“人”的问题，在科学的话题中我们侧重学科方法和研究态度，在艺术漫谈中我们关注想象力和创造性，而对人文精神的讨论则是对学科价值与目标的进一步思索。费孝通先生将科学和人文比作社会学的双重性格，但是在国际关系学中，人文的面孔却显得十分模糊，功利算计与明争暗斗将学科的底色涂抹得过分冷清。在关注国家和世界这些“大”的同时，我们不要忽视喜怒哀乐、婚丧嫁娶、衣食住行这些微观与日常生活中的“小”——我们需要找回“大写的人”，赋予国际关系更多的关怀与温度。

一、“人文性格”

严：费孝通先生曾经说过，社会学是一门具有“科学”和“人文”双重性格的学科。我想国际关系学也是这样一个有着多样面孔的学科，按费孝通老师的说法，国际关系的科学性在于它是一件工具，可以用于解决实际问题。比如预测美国大选，调查东南亚某一个族群的认同态度，或者分析世界卫生组织的组织机构，解决全球疫情期间的国际合作困境。我们对国际关系学的理解更多在于它是一个用于分析、解决现实问题的学科，它的“术”高于它的“道”。您怎么看待这一国际关系学的“人文性格”?

王：费先生把“科学”和“人文”比喻成为社会学的两种性格，这和我对国际关系研究的理解非常契合。国际关系研究应该具有的人文关怀，不仅是干巴巴的定理或是所谓规律，而且是像费先生阐述的那种把人文态度视为人的生命与思想在研究中的绽放。前

费孝通旧照
图片来源：伦敦经济学院图书馆。

费孝通

费孝通（1910—2005）是中国著名的社会学家、人类学家、民族学家、社会活动家，中国社会学和人类学的奠基人之一。费孝通从事社会学、人类学研究，写下了数百万字的著作。费孝通在其导师马林诺夫斯基的指导下完成了博士论文《江村经济》，该书被誉为“人类学实地调查和理论工作发展中的一个里程碑”，成为国际人类学界的经典之作。费孝通先后对中国黄河三角洲、长江三角洲、珠江三角洲等进行实地调查，提出既符合当地实际，又具有全局意义的重要发展思路与具体策略。同时，开始进行一生学术工作的总结，提出并阐述了“文化自觉”的重大命题，并出版有《行行重行行》《学术自述与反思》《从实求知录》等著作。

面我们已经说到那些最感人的作品，最伟大的思想家，他们一定是有温度的、有人性的，不会是冷酷无情的作者。特别是那些只擅于做策论的学者，比如基辛格和亨廷顿，他们一旦进入国防部、中情局的对策分析室，就会失去原先作为思想者那种精神上的崇高，心中不自觉地产生博弈或压制对方的想法，人性、情感之类的东西被无形上了枷锁。

我自己的感觉是，去相关机构参加咨询会议后，脑子里更多考虑的是整体的国家、民族、大国关系，这个“大我”会变得非常突出，而“小我”的因素，诸如人的个性、家庭问题、路边的餐馆、工地的民工，包括到不同地区看到的差异性，等等，很容易排除在外、置于脑后。而在我看来最好的一批作家和学者，即便他们是贵族、上流社会的人物，比如像托尔斯泰、爱德华·卡尔，虽然经历过最优越的生活方式，有高雅的地位，但他们对于下层人民始终有深刻的理解和同情。这种气质是我们见不到的。费老曾教导我们，要在社会科学研究中投放一定精力，研究关于“人”“社会”“文化”和“历史”的基本问题。我也经常思考，什么是人文主义，国际关系研究中的“人文性格”是什么？

严：在您看来，人文的国际关系研究是什么？

王：我觉得“关系”是国际关系学研究的落脚点，而人又是关系的核心，研究国际关系的本质应当是对“人”这个概念的深度考察和终极关怀。所谓人文的国际关系研究，就是把“人”重新置于国际关系研究的主体地位，将人的境遇、人的福祉、人的心灵作为学科关注的焦点，把人“大写”。回顾当下的国际关系研究，我们不免会产生这样的困惑：尽管我们的研究方法符合科学要求，研究主题紧跟现实，但是在普通大众和不少专业学者看来，国际关系研究似乎是一个“门槛比较低的”学科。好像只要准确把握时政热点，充分掌握新闻资讯，专业人士和非专业人士都可以涉足，国际关系研究和时政评论、政治新闻调查之间的界限似乎变得越来越模糊。

严：是啊！所以很多人开玩笑说，国际关系学者和北京市的出租车司机是一类人。虽然这是一句玩笑话，很多专业的国际关系学者也不屑于回应这种调侃，但是我觉得正是这种普通大众眼中的“事实”才值得我们深思。是什么原因造成了这种困惑的局面？

王：韦伯在《以学术为业》中提出了一个相似的问题。他说："那些使自己加入这一专业组织并无限干下去的人，在这些永远注定要过时的生产中究竟打算完成什么有意义的事呢?"国际关系作为社会科学研究，解释诸如中美关系、朝核问题、英国脱欧这些时事热点，并发现它们背后可能的规律是它的任务所在。但是，国际关系学的使命却不能止步于此，作为一种知识，它还需要探索科学向度之外的智识领域——我们要做什么和我们将怎样生活。

因此，国际关系研究需要回答关于"人"的问题——从情感、意志和体验出发，思考我们要做什么和我们将怎样生活。例如人为什么会变得铁血、软弱、乏力？人为什么会表现出喜怒哀乐？人为什么生存？人为什么得不到发展？为什么有些人可以处在比较核心、优越、有领导力的创新的地带，而另一些人始终处于被排斥、被不断边缘化乃至于被肉体上消灭的地带？人是国际关系研究中最重要，也是终极的行为体。在关注国家、跨国公司、国际组织的同时，我们要牢记研究"人"是我们分内的任务，关注"善"的生活、实现人的发展是我们的终极目标。

我们现在的国际关系研究给人一种感觉，一种冷冰冰的、机械的疏离感和陌生感，一种研究者被研究"异化"的恐惧感。国际关系研究是人的研究，人是研究的主体，也是研究的对象。为了方便，我们在研究的过程之中不可避免地需要不断地把人"物化"，把有着不同温度的人假想成各式各样的共同体，把有着温差的人归类为某个民族、国家。但这种物化的方式仅仅是我们研究中的一个环节，它不是终点，更不是目标。不是说我们搞明白了国家之间的互动规律，摸索清楚了民族认同形成的原因就算完成了任务，到此国际关系研究的工作只做了一半。我们还要把“物化的人”还原成“活生生的人”，看一看这些我们“想象的共同体”对于人的具体影响是什么，看一看我们发现的国际关系规律对于人的生存境遇、心理状态、日常生活、喜怒哀乐、精神解放的意义在哪里。

国际关系研究不应该成为只有科学性格的“瘸腿”研究，我们要把它的人文性格找回来，把“人”的研究做完整。我们看其他学科，好的研究最终都回归到了“人”的概念之上。比如写就《反常识经济学》系列的经济学家史蒂夫·兰兹伯格（Steven Landsburg），他在研究各种各样的经济模型、理论假说之后，最终发现经济学家取得成果的根源在于对不同偏好、生活方式和观点都抱有极为宽容的开放态度。带着对人的宽容和同情心，仔细观察人们的行为，更好地了解人们的目的和困难才是经济学取得不断突破的原因所在。

赖特·米尔斯和《社会学的想象力》

赖特·米尔斯（Wright Mills，1916—1962），美国社会学家，文化批判主义的主要代表人物之一。米尔斯深受德国古典社会学理论和实用主义社会学的影响，在政治社会学和社会心理学领域内颇有建树。

米尔斯批判了20世纪50—60年代在社会学领域占主导地位的以帕森斯为代表的结构功能主义“大理论”和以拉扎斯菲尔德为代表的“抽象的经验主义”，指出当代西方社会学正面临着深刻的理论危机。

为深入理解个人与社会结构之间的关系，为对资本主义社会进行批判，米尔斯倡导社会学的想象力，强调社会学要加强对历史的研究，加强对社会心理的研究。他继承了马克思和韦伯的传统，深刻分析了当时美国社会的阶级、政治和权力结构。

米尔斯的社会学理论强调社会的冲突和矛盾，并具有浓厚的价值判断和人文主义色彩，对后来的冲突变迁理论产生了深远的影响。

社会学对“人”的大写更是如此，在韦伯和涂尔干式的理性假设、科层制研究方法、系统结构思维等大行其道时，社会学开始呼吁找回研究中的想象力，要求在“理解更大的历史景观时，思考它对于形形色色的个体的内在生命与外在生涯的意义”。在《**社会学的想象力**》(*The Sociological Imagination*) 一书中，米尔斯坚信借助社会学的想象力，重估人的价值，感受人的心智活动，人们可以在把握世事进展的同时，理解自身的遭遇，发现人生与历史在社会中的相互交织的细小节点。我们是时候“在一座本该熟悉的房子里突然惊醒了”。

哲学研究在19世纪末20世纪初也重回对人的关注，转向了对生活世界的讨论，并且这种转向不是某个哲学家零散地、偶尔地转移了目光，而是许多不同流派不约而同地关注人的日常生活。我们可以从胡塞尔的现象学、维特根斯坦的语言哲学、海德格尔的存在主义、哈贝马斯和列斐伏尔的日常生活理论、许茨的生活世界理论中看到这一转向。他们看到了19世纪实证主义对人的统治，看到了理性教条对人的意义探索的排斥，看到了由此造成的文化危机和人道主义陷阱。要摆脱它们，就必须回归人，回归生活世界，对人的主体性进行恢复，重塑创造性和想象性的个性生活。

国际关系学研究在人文角度上显然发力不够，只有很少的学者在做这方面的研究。比如暨南大学的庄礼伟老师生前提出的“草根视角的国际关系研究”，就是这种人文向度的探索。他的研究对象是农民工、城市边缘人群等流动人口，考察的是他们所理解的世界和外交。他的很多文字散见于杂志、报纸、博客中的评论与专栏，比如他的游记《台湾深处的忧郁》，通过台湾地区的流行歌曲、电影和街头小吃，折射出台湾民众对大陆的复杂情感；比如他的杂文

《帝国春运：幽暗空间里的烟头在书写什么》，讲的是国际产业分工下底层人的处境；再比如他的评论文章《当“人文奥运”遭遇行为艺术》，通过奥运火炬手与广州街头的行为艺术，反思了公权力、艺术与民间社会的互动关系。诸如此类从底层视角书写国际关系变迁的精彩文字，有的读来令人哂笑，有的令人落泪。尽管这些反映边缘的声音很难在研讨会和课堂中被听到，也很难变成大多数作者笔端下的文字，但是我们有必要，也有义务融入他们，倾听他们的声音。只可惜庄礼伟老师英年早逝，我希望更多年轻人把他未竟的事业继承下去。

二、模糊的人文面孔

严： 那么为什么国际关系研究的人文面孔越来越模糊？

王： 原因有很多，首先是人文研究和政策研究之间存在一定的冲突。决策部门的朋友说，政策建议报告最好不超过 1 500 字。把要点解释清楚，不要注解、不要展开，只把最必要的事情、梗概和对策建议说清楚就好。但你想想，如果这种研究成为风尚，那么**法国年鉴学派**也好，英国的霍布斯鲍姆等学者也好，或者我们现在所说的日常生活转向研究也好，这些都不可能推进。既然无法满足需求，后面这类研究就注定会远离决策、高层和政治圈。

但是有人会说，国际关系研究如果不让政策指令者感兴趣，你就变成了无源之水、无本之木。所以这个问题也要说清楚，让未来的年轻人、学术人首先明白，放弃政策研究、追求人文研究的代价艰苦。也要让有识之士意识到，养这些清谈者、这些看似高谈阔论实则一无所用的“闲人”，其实是体现时代进步、是思想丰富的需要。如果你到非洲去，到那些贫穷的部落去，它们没有我们这样的大学，养不了这种学问家和闲人。因为他们需要的人才，是能够提供食物、建造房屋、懂得算术的人才；对这些国家而言，它们只能把有限的资源投资给实用性人才。但是越是发达国家，它的第三产业越是发达，就意味着教育的发达、大学的发达、科学精神的发达，养得起更多的艺术家和思想家、清谈者、研究所和设计团队。人们有闲心，有相当的一部分人可以安心地不受“为稻粱谋”的困扰，去做那些“大而无用”的研究。那么国际关系呢？它应该属于不受“为稻粱谋”困扰的学科，是拓宽公众和政治人物视野的学科，是把眼光从“一亩三分田”延伸至全球各个地域的学科，是洞察不同族群差异与融合的复杂历史进程的学

法国年鉴学派

法国年鉴学派（Annales School）是20世纪30年代开始萌芽、40年代中期开始形成的一个法国史学流派，60年代时开始有世界性影响。1929年，法国创办了一个刊物《经济与社会史年鉴》，不同于关注政治史的杂志，这部杂志更加偏向关注社会史、经济史、文化史。这个杂志多次改名，最后到1946年改名为《年鉴：经济、社会、文明》。年鉴学派有三个发展阶段：第一阶段从创办开始到第二次世界大战结束，代表人物就是费弗尔和布洛赫。第二阶段从第二次世界大战结束到1968年，这一时期的代表是费尔南·布罗代尔（Fernand Braudel），布罗代尔提出了经典的“长时段”理论，即注重人与环境的历史，而不仅仅是“中时段”（人与社会的历史）和“短时段”（事件的历史）。第三阶段是1968年以后，第三代、第四代学者登上历史舞台。例如第三代年鉴学派历史学家皮埃尔·诺拉（Pierre Nora）研究法国革命史，他关注的是《马赛曲》、先贤祠、7月14日、神圣六边形、凡尔赛宫、法兰西学院在人们心中记忆的变化，最终编成7卷本的《记忆之场》。

科。从人文精神的角度来说，我们的国际关系研究，除了策论的部分外，应该倡导一种气质、一种精神上的执念——促进社会和人们走向更加正义、高尚和文明的境界。

严：既然您提到了人文精神与现实选择之间的张力，那么我想提一个问题。在讨论人文关怀的时候，有时候无法避免地触碰一些所谓禁忌话题或者敏感地带，那我们怎么处理研究中的政治敏感问题呢？

王：避免过度的政治化或者防止不必要的敏感性，是一个很现实的问题。关于政治敏感性，我做过一个有趣的调研。我在北京大学自己的课堂上，找了30几个国家的本科生、硕士生和博士生，问他（她）们一个问题："你们的国家有没有政治约束，有没有政治禁忌？有没有对于你的国关理论或者外交研究来说不许逾越的界限？"结果是，几乎所有这些同学的国家都有特殊的禁忌和雷区。这点给我一个启示：任何地方都有政治敏感问题，关键是如何呈现，怎样研究它们。技巧到了，能力够了，也许就可以用学术的方式、学理的讨论，把它们展现出来，或者持续加以比照和分析。比方说，在美国种族差异就是一个雷区，到英国、日本说君主制便是敏感话题，和土耳其学者讨论20世纪初期的族群残杀容易自找麻烦，在我们周边的多数国家都有敏感但值得研究的历史问题、种族问题、政治斗争问题、边界争端问题，虽然外交官、政治人物和官方媒体不会涉及它们，但通过富有技巧的学术分析与比较研究，我们能够获得许多洞见。例如，里面充满不同角度的史料记叙和正式与非正式标签，有大历史与小人物的各种奇妙组合与悲欢离合。这些东西有些成为政治规则，有些已经内化成为文化。研究起来，既有难度也有趣味，既有广度也有深度，既有政治也有学术。宣传有界限，研究无禁区，我始终觉得这个讲法是对的，作为研究者不要辜负自己的职业与使命，不要放弃本来应当研究的东西。

严：我记得有一位犹太裔的德国政治哲学家叫列奥·施特劳斯（Leo Strauss），他曾经写过一篇短文，叫《迫害与政治写作》。他有一个很有趣的说法，叫 writing between the lines，就是“在字里行间书写”。当然他这么做是由于特殊的历史背景，他不得不这么做，通过写一些“显白”的内容来表达“隐微”的内涵。

王：这是极端环境下的一种策略。其实你做研究的时候，即便不触雷，也可以很有意思，外国学者或者同行也会觉得有交流借鉴的价值。这也是一个我现在感兴趣的点，做了各国情况的初步调研以后，发现真的值得比较、值得追问。

严：您的意思是，问题的敏感性和问题的重要性、研究的好坏没有直接关系。

王：是的，就是这个意思，我还想再解释一下。外交有很多话语、很多概念，而且我的视角不是特别具体的、当下的方向，比方说我不着急说中美贸易争端该怎么解释。我的关注是中长期的，这样的话就可以避免过分卷入当下不易看清的事态。中长期视角令你能把控大的走向，找出关键因素，发现与比较更多的侧面，这样对外交方针及其效果的评估，与宏观理论与所谓规律的认知衔接的可能性更大一些。

严：回到我们的主题，您刚刚提到了人文研究和政策研究之间的张力是人文向度国际关系学得不到重视的一个原因。除此之外，还有什么原因吗？

王： 另一个原因是费孝通先生提到过的，就是我们过分地强调了自然和社会，或者说科学与人文之间的差异。费先生认为社会学的一个基本问题，是人的“生物性”和“社会性”之间的关系，但是我们在区分的时候又对它们产生了误读。我们通常的理解方式是，人的生物性就是人在生理、医学意义上的特性，比如要求生存、繁衍、群居，这类属性不包括精神的、文化的内涵，而人的社会性则包括人的身份、角色等内容。乍看之下，人的生物性和社会性是对立的关系，探索生物性使用物理、生物和化学等科学，研究社会性则要使用社会学、历史、哲学。但实际上人的生物性和社会性并不是彼此“二分”的概念，而是一个事物的不同方面、不同层次而已。无论是生物性还是社会性都是人的“自然属性”的一部分，人的社会性其实不过是人在自然界中生存时所表现出的一种独特的生物习性罢了。开个不合时宜的玩笑，如果一位社会学家变成了鸵鸟，那么对于他来说，遇到危险时把脑袋埋在沙子里的行为就是鸵鸟的社会性特点——因为这是鸵鸟特有的行为方式。

我们之所以习惯于把社会性和生物性，把人和自然二分看待，一方面是我们在思维常规中为了认识和解释方便而做的“概念化”处理。另一方面，也许是出于人类之于其他生物的优越感，“我们”把自身的特点命名为“社会性”，而把其他物种的特点一并笼统归为“生物性”。其实，无论是追求真、善、美的社会性一面，还是追求生存、繁衍的生物性一面，它们都是人类自然属性的一部分，只不过前者是人类的物种特色，相对于生物皆有的吃、喝、拉、撒来说层次更高一些。那么，这对我们理解人文的国际关系研究有什么意义呢？

费孝通先生给我们的启示是，社会、人文这些概念都是人类自然属性的一部分，是人类根据自己的思维模式创造出来的环境，因而我们所说的“人文”只能建立在自然规律和原则的基础上。这样一来，所谓人文研究和科学研究其实是同源的，都源于人类社会发展、演化的基本规律，“科学研究绝对客观，而人文研究则一厢情愿”这样的观点是站不住脚的。也正是因为我们忽视了科学和人文都源于人类在自然中的实践历史这一事实，我们才武断地将它们割裂，并生出偏见。

严：科学和人文之间存在的裂隙好像越来越大，科学的研究和人文的研究似乎有一种水火不相容的关系。难道我们没有意识到它们都是人类演化规律的一部分吗?

王：这个和中国近代的历史有关。在清末民初的时候，中国知识分子在救亡图存的过程中大量地借鉴了西方和近代的社会思想，这些思想无疑成为中国现代学术发展的基础。但是，正如费孝通先生指出的，这种匆忙的、被动的借鉴的过程，也存在着很多粗糙和不协调之处，特别是对于人和自然的关系，我们在接受西方现代科学的同时，基本上直接接受了西方文化中“人”和“自然”的二分对立的理念，而在很大程度上轻易放弃了中国传统的天人合一的价值观。这里费老说的中国传统中的天人合一观念，其实就是我们刚才提到的人文与科学同源于人类的自然属性与历史实践，中国知识分子把它称之为“天”或者“天道”。

严：那这种把人文和自然二分的知识传统，对我们而言是好事还是坏事，或者说这只是思维方式的差异，实际上无关紧要?

王：我觉得这不是一件好事。一方面这种二分法会带来我们刚才提到的，注重科学而轻视人文的倾向——人文看起来只是主观的臆想，而且不实用。但另一方面，把人的社会性和生物性截然二分，把人文、社会和科学、自然割裂会引发一个更大的危机，这个危机就是我们会忘记人文和科学同源于自然，因而人文只能建立在自然规律和原则的基础上，人文的活动只是利用自然、顺应自然，而不是改变自然，甚至对抗自然。

严：是的，在中国过去的知识传统中，指导我们行为处事的那些经典，无不告诫我们要敬畏自然、发现自然、顺从自然，比如“人法地，地法天，天法道，道法自然”，“格物致知”，还有《易经》中提到的“亢龙有悔、潜龙勿用”等道理。

王：是啊，把人文和自然二分会让我们产生一种迷思，一种单凭人力就可以对抗自然的幻想。当然我们要承认科学技术和精神信仰可以在一定程度上帮助我们改造自然、为我所用，但是把人和自然过分对立起来就会重蹈“人有多大胆，地有多大产”的悲剧。在国际关系中，这种对立也会误导我们的行为，误以为自身足以强大到可以通过一己之力改变国际秩序。

费先生曾说：“中国丰厚的文化传统和大量社会历史实践，包含着深厚的社会思想和人文精神理念，蕴藏着推动社会学发展的巨大潜力，是一个尚未认真发掘的文化宝藏。”我想，对于我们国际关系研究来说，中国传统文化也是我们的宝藏，对于人文的国际关系研究来说更是如此。因为它重新界定了我们思考的基本框架，为我们提供了更加多元的认知路径。

三、找回大写的“人”

严：既然科学和人文都源于人类的历史实践，那么对于人文的国际关系学来说，它侧重的要点是什么？

王：首先，人文的国际关系研究要求我们要重新确定研究对象。人性和个体是人文国际关系研究的出发点和落脚点。不同于自然科学中单纯的物理关系，国际关系本质上研究的是人的关系。在自然科学中，物理学中的质点是没有意识的，化学中的化合物也不享有情感，研究对象是冷冰冰的客观事实。但是在国际关系中，我们的研究对象是由人组成的各种群体——不管是个人的群体、部族的群体、社会不同阶层的群体、非政府组织（NGO）的群体，还是跨国的群体。人类独有的特质深刻影响着互动的规则与规模，最终使互动呈现出不同的结果。比如在危机时刻有的人会表现得自私自利，有的人会舍生忘死，有的人会工于心计，有的人会随声附和，还有人会渴望一个强者带领自己走出困境。现实中的国际关系研究绝非用简单的概念就可以描述概括的，人性的复杂程度远比我们对无政府状态的理解要丰富。如果将人的个性特质剔除，或者将它们简单类型化为某种社会事实，国际关系研究将同时面临学术和现实的双重危险。

严：您所说的学术危险和现实危险指的是什么？

王：学术上的危险指的是，把国际关系中的人抽象化、一般化，以国家身份定位进行均质化处理，看上去这种做法有助于凝聚民族国家的整体意识和战略安排，并抽象出规律性的外交与国家间政治的各种结论，但这样的研究过于粗放笼统，容易忽略族群、个性、文化、宗教、社团、阶层、草根人群和跨界居住者的多样性与差异需求，因而把原本丰富多彩的世界画面光谱化并做出简单处理，无法鼓励细致的、分层的、新鲜有趣的探索努力，也无法充分再现“客观世界”。这种方式会导致怀特海（A.N. Whitehead）所说的“误置具体性谬误”（the fallacy of misplaced concreteness），就是把抽象的东西视为真实的存在，最终曲解现实。比如我们假设人都是自利的理性主义者，那么在打击盗版产品的国际合作中，所有人都倾向于采取消极的不合作态度，因为人们反对花更高的价格去购买使用效果相当的产品。但是如果我们假设所有人都是道德高尚的人，那么大家对于打击盗版就会全力支持。可是在现实中，我们要去哪里找这些完全符合标准的人呢？

现实的危险是，一旦人失去色彩，成为国际关系研究中千篇一律的质点，极易产生国家主义、团体精神至上的思维定式，进而对个体的自由造成约束甚至危险。还是刚才打击盗版产品的例子，如果在研究中假设所有人都是高尚的合作者，那么“不使用盗版产品”就成了潜在的道德要求，成为一种区分局内人与局外人的隐形标准。在研究中可以随意地设定道德标准而无伤大雅，但在实证研究和实际操作中，如何看待那些不符合标准的群体个体？是用强制方式令他们变得高尚，还是把他们当作错误数据忽略掉？我想无论任何一种做法在现实中都不合适。

严：对人的关注，对人本性的肯定，对那些大一统风格的审慎是当代国际关系研究的第一个脚注。按照西方马克思主义者、法兰克福学派的代表人赫伯特·马尔库塞（Herbert Marcuse）的话来说，人文主义是对尼采所说的“超人”的断然否定。人文精神的潜台词是：人具有足够的体力和智力，他无需一切英雄和英雄的美德；他不想过冒险的生活和迎接挑战；他能心安理得地把生活看作是目的本身，从而过着一种无忧无虑的快乐生活。这并不是要求我们在现实中去过那种“没心没肺”的庸碌生活，也不是把我们的国际关系研究对象埋没在无止境的平庸日常之中。在研究中关照人的本性，目的在于反对虚伪的教父，反对虚假的英雄豪杰，要同受苦受难人民团结在一起。

真正的人文主义是反对“机器”的。但不是反对那些可以使生活更安全、更轻松，为了减轻自然界凶恶残暴而设计的机器。更不是让我们回到“四足行走”的时代，去过一种简单朴素的“自然式”生活。人文主义反对的是那些取代了机械装置的“机器”——政治机器、社团机器、文化教育机器对我们的凌辱，它们把幸福和苦难熔成了一个理性的整体。这个整体太大，统一性太强，功能也太有效，以至于个人鲜活的个性变得那么微不足道。

在对待个体的问题上，人文主义不仅是审慎的、救济的，还应该是反思的，是尊重人的自由和权利的。西方文明总是赞颂英雄，赞颂那些为了城邦、国家和民族而牺牲自己生命的人。然而，它很少提出这样一个问题：人们是否值得为某个现存的城邦、国家和民族做出这样的牺牲？关于整体的不可置疑的特权的禁忌总是得到坚持和加强，而且，人们越是认为整体由自由的个体组成，就越是野蛮地坚持和加强这种禁忌。

罗伯特·卡帕（Robert Capa）拍摄的《一位忠诚民兵的死亡瞬间，木里亚诺山，1936 年 9 月 5 日》

1936 年西班牙内战中一名西班牙士兵中弹的瞬间。根据当时的摄影技术，这幅照片摆拍的可能性很大，但照片对死亡瞬间的定格足以给人带来巨大的震撼。1937 年这幅照片在美国《生活》杂志刊登后在美国社会引起了极大的反响，甚至改变了美国公众对西班牙内战的态度。

图片来源：Time Inc. Picture Collection，New York。

王： 所以说，今天中国的国际关系研究需要有温度、人性和人的面孔，需要直面各种对人性的物化和异化。在坚持科学方法的同时，我们要以人的好恶和人性的特点去识别、比照、研究“最小的国际关系”，使人重新回归本体地位。

在那些伟大的思想家及其作品里，人是本体、是目标、是基础、是上位、是核心、是坐标。政府权势、安全重心、国家主权、法律秩序等形态，不过是人在异化过程中自我束缚的工具，或者是人在解放自我过程中自我解放的手段。国际政治、世界社会、地区主义、全球治理之类当代国际关系的命题，应当服务于这种人本主义的、个性丰富取向的政治分析逻辑。对于国际关系研究者来说，探讨这些崇高的价值概念、道德理想难免费时费神，并且由于这样或者那样的原因，以往国际关系的研究中，这些讨论也被认为“过于理想化、充满书生气”。所以对人文精神的讨论大多被排挤在边缘的位置，甚至作为国际政治研究的对立面而出现，对它的亮点和优势分析介绍的也比较少。

国际关系看上去太复杂、太阴暗，充斥着恃强凌弱和尔虞我诈。一般都认为，国际政治就是人性恶在国家间关系上的体现，是人类动物园的自然状态。我们不得不承认，到目前为止，国际体系仍然是以国家的偏好、利益、抉择为中轴和重心，仍然大体沿袭了几百年甚至几千年的竞争逻辑。似乎再简单不过，权力政治学、现实主义博弈论、各种势力的均衡理论，等等，拥有一言九鼎、放之四海而皆准的巨大声响，无论是研究者还是学生，政治人物还是媒体大众，我们只能被动地、别无选择地接受它们。

然而，细细思索就会发现，国际关系研究还有另外一些耐人寻味、值得追求的东西。它们更多是散落在一些伟大的思想家的著述里，很少占据权力现实主义那样显赫的高位，有时甚至不属于伟大思想家最受推崇的作品之列。但它们表述出更加深沉、影响力更加久远的内涵，揭示了人性中真、善、美的另一面，揭示了国家机器的工具性、可塑性及其原本的“下位”属性，尤其是发现并展现了人类的潜能、解放通途及其桎梏所在，相应的国家和社会之间的关系及其互动条件，以及相应的国际关系进步的基本规律。

对于国际关系研究而言，“人”应该成为大写的主题，人的自由、创造、解放与社会的整体性、生动性、进步性是相互依托、密不可分的，人的坐标在划分群己权界、政府行使职能方式、国家与非国家行为体及全球社会的互动角色等方面是至关重要的。人民主权应当是国家主权的内在特质，个人的进步最终必然外化为国际关系的进步。整个人类的历史归根到底，是各种政治、经济、社会、法律和国际的形态从束缚人类到解放人类的一部演进史。

四、从微观着眼

严： 您提到了人文的国际关系研究的研究对象侧重于人性和个体，那么我们观察的视角是不是要适当的从宏观层次回落到微观层次？

王： 你说得很对，除了将研究对象重新定位于“人”，人文的国际关系研究还需要重置研究视角。以往我们观察国际事务，更多的时候使用的是宏观的、体系的视角，注意力往往放在国家甚至大国之间的竞争与合作之上。但是，在使用整体主义视角研究国际关系的同时，还需要给予个体主义视角更多的价值，尤其是避免采用简单的国家主义视角。

现在中国的国际关系研究有一种风气，研究偏爱力量、大国、整体、英雄主义这些关键词，赢得胜利的气势与学说更受欢迎。当然，作为一个新兴大国，我们需要有“以邦观邦，以天下观天下”

《仁智大国》

的战略视野。但是，仅凭外交智慧与战略眼光并不足以支撑一个国家在国际社会中的发展，一国国内社会的治理水平和公民素质对于国家的外交能力建设来说同样重要。我在《**仁智大国**》这本书里面说到过这个观点，所谓大国，一定是仁的社会和智的外交之间的结合。只有幸福、富足、笃定的社会，才足以使我们的国家成为“底气硬”的风范大国，外交才有源源不断的动力，中国形象在国际社会上才有接受度和吸引力。

严：外交的成功看起来靠的是精妙的外交手段，纵横捭阖的外交穿梭，但归根结底凭借的是国家的实力。您的解释表明，实力不只是人们常说的硬实力，比如军事实力，甚至是科技实力，还特别要有好的思想文化底色之上的软实力。

文化吸引力从哪里来？拍几部国家宣传片，举办奥运会之类，当然有作用，但不等于全部，并不必然带来文化软实力的持久提升。最终的吸引力来自普通民众日常生活中更好的体验，来自国际社会对这种体验的观察学习与接受认可。如果一个外国人来到中国，看到我们的普通民众生活安逸，工作努力，团结上进，教养良好，我想他会把这种印象与整体中国的世界作用联系起来，会愿意亲近中国。历史上也有反面事例。在近代鸦片战争以来，中国尽管号称中央王国，拥有世界最多的金银财富，但清朝末年英国使臣沿着京杭大运河北上时看到的是另一番民间景象，那么任凭清帝国在外交场合如何华丽、外交手腕如何高明，它都很难得到别人真正的尊重和认可。前不久，美国《时代》周刊以中国劳动者为封面主题，寓意建设一个经济崛起的新兴强国的关键因素是千百万默默无闻的中国普通建设者。这种报道的影响不可小觑，可能比我们官方的宣传更能打动国外公众的心。

王：正是因为如此，我们还需要“以身观身，以家观家”的个体视角。在个体视角下，人文的国际关系研究探讨的是国际舞台中人的权利、人的自由、人的精神状态。它要告诉我们，什么是人，何以为人，什么是人的精神。它强调如何培养伟大的人格，如何让公民、社会、民族更善于学习。它告诫我们研究不要过于粗线条、政治化，动不动抬升到国家层次。它提醒我们国际社会是多样、具体和复杂的，而不是霸权至上、简单同质、非此即彼的。沿着“善”的向度思考，看似只有黑暗、斗争和博弈的国际关系研究将变得更加多面。它有成长与进步，也与普通人的悲欢离合、喜怒哀乐相连。总之，人文的国际关系研究将带领我们进入善良、正义、哲学意义上崇高的研究视界。

严：善良、正义、崇高的国际关系研究，您说得真是太好了！国际关系学的“人文性格”不正是应该如此么！我觉得微观的国际关系研究有两个重要的价值。

第一个是，微观研究有助于我们去理解特定的国际关系变化对于公众的具体意义。在国际关系研究中，不仅需要关注权力变动、制度变迁、规范演化对国家和国际组织的影响，还要关注这些抽象概念对于个人来说意味着什么。例如生活在冷战核武器的阴云下，人们的心理状态是什么？在族群冲突中艰难求生的家庭是什么样的？跨国公司入驻和国际产业链转移对底层工人的影响是什么？

第二个是，微观研究可以平衡自埃米尔·涂尔干（Emile Durkheim）以来研究的“物化”倾向，使研究对象更鲜活、真实。所谓物化倾向，就是说我们在研究中把很多脑袋里想象的概念当成了现实存在的事实，然后对它们进行研究。这种办法的好处是我们可以很冷静、客观地去描述、分析现实中发生的事情，比如社会学研究的婚姻，经济学研究的市场，国际关系研究的国际体系。但是，这些概念是看得见、摸得着的事实吗？如果较真起来，婚姻能被观察到的是两个人在一起生活的一幕幕场景，市场是超市、交易所中熙熙攘攘的人群，国际体系是可以在网页上下载的《联合国宪章》。为了理解方便而假想的研究对象是它真实的样子吗？我们忽略了什么？又过分强调了什么？通过这些概念创造出的世界是真实的吗？

如果我们“胆大妄为”地推翻涂尔干的“暴政”，那么国际关系中的“社会事实”就不再是先验的必然性制度，而是需要被反复阐释的偶然性假设。我们习以为常的一些概念，例如结构、系统、无政府状态、国家利益等，应该被放置在具体情境中加以定义识别，而对具体情境的研究正是微观研究的着力点所在。

王：是的，在人文主义的视角下，对国际关系的研究会有全新的认识论态度。但与此同时，还需要一些具体的角度去着手开展研究。刚才说到微观的国际关系研究关注具体的人在国际关系中的境遇，和这个主题相关的研究包括但不限于人的安全

（Human Security）、人权（Human Rights）、政治心理学（Political Psychology）、情绪研究（Emotion in IR）、少数权利（Minority Rights）和原住民权利（Indigenous Rights）、世界政治中的记忆（Memory and World Politics），以及领导人个性特征（Leadership Personality Characteristics）研究。这些研究主题都是比较成熟的方向，在国际学术界中每个主题都有一批学者在追踪，形成了一定的学术共同体。我们的国际关系研究对人权和政治心理学的研究比较多，对于其他领域的研究至多停留在介绍、翻译的层面，有些甚至连翻译都没有。这是一件非常遗憾的事情。

严：我曾经读过一本书，题目是 *The Global Politics of Contemporary Travel Writing*（《当代游记的全球政治》）。这本书汇编了大量的游记，向读者展现了普通旅行者、商人眼中的国际关系，比如全球化进程中“外国人”概念的变化，人权保护、民主促进这些词汇对于普通人生活的影响，地理边界与具体的认同变化，等等。阅读这些收集来的游记，我们可以感受到普通人对世界政治变迁的理解。

我对这个主题非常感兴趣，一个重要的原因是我曾经作为一个旅行者亲身感受到了国际关系对人的影响。几年前我去波斯尼亚旅行，当时是从克罗地亚的首都萨格勒布坐长途巴士前往萨拉热窝，车程有八个小时。对于萨拉热窝，我们学习国际关系的人对它是再熟悉不过的了。这个城市曾经多次成为历史的焦点：它是引爆第一次世界大战的地方，又是第二次世界大战双方争夺的焦点，还有一部电影《瓦尔特保卫萨拉热窝》描绘这次战役，它还是南斯拉夫内战的修罗场，这座峡谷城市曾经被包围长达一年之久。

我的经历是，当时巴士在萨拉热窝城郊的一个加油站加油，乘客们在一旁的咖啡馆休息，我走进咖啡馆时看到一群40来岁的居民都直勾勾地盯着我。我笑着用当地的语言和他们打招呼，但是所有人都充满了警觉，甚至是恶狠狠地注视着我，一言不发，当时吓得我夺门而出。后来在萨拉热窝和年轻的向导提起这件事，他认真地告诉我，这些人肯定是把你当敌人了，他们骨子里对外国人就不信任。我很惊讶地问起原因，结果答案令人意想不到。他说这些人大多经历过20年前的萨拉热窝围城战，城市周边的山上遍布狙击手，这些人只要上街就有可能成为活靶子，而这种情况居然持续了一年之久。所以说，民族冲突和不信任成为这些中年人难以抹去的记忆，而我在他们眼中则“不幸”被识别成了“坏人”。

通过这次经历我开始相信，做国际关系研究要有高高在上的视野，但不能有高高在上的傲气。并不是说我们研究的主题是国际关系，就高人一等，要和普通人隔开。我觉得微观研究在吸收、继承这些研究成果的同时，要更多关注具体语境中的群体与个人，而不是泛化的群体或者抽象意义上的人。

王：同意你的看法。英国历史学家霍布斯鲍姆写过一本书，叫《非凡的小人物》，我很喜欢，常常推荐给自己的学生阅读。他最大的贡献就是，从平凡人的足迹和历史的角落里，例如中世纪的鞋匠，越南丛林中抗美、抗法的游击战士，乐师中那些非主流的爵士乐手，找寻时代和世界变迁的重大印记。他发现，通过这些小人物，能在国际关系史、世界史的盲区里发现重大的节点、历史进步或转折的动因。比如说中世纪鞋匠，他发现意大利、地中海的鞋匠很多是能言善辩、消息灵通的“政治掮客”，善于鼓动演讲和宣传。

对于15、16、17世纪意大利的革命运动而言，这些鞋匠实际扮演着火种传播者的角色。因为他们经常走街串巷，又能够广泛的把各种信息传递到不同的乡镇角落，所以霍布斯鲍姆称他们是中世纪意大利民族意识兴起的关键——“政治鞋匠”。

大卫战胜歌利亚

大卫和歌利亚的战斗故事记载在《圣经》中《撒母耳记》第17章，歌利亚是传说中的著名巨人，他带领非利士人进攻以色列。因为他拥有无穷的力量，所有人看到他都要退避三舍，不敢应战。但以色列的牧童大卫用投石弹弓打中歌利亚的脑袋，并割下他的首级，最终战胜了巨人。大卫日后统一以色列，成为著名的大卫王。

在研究越南抗美、抗法的丛林游击战士的时候，他写到这些伟大的却不知名的、戴着草帽穿着破衣烂衫的游击战士，凭着简陋的步枪甚至是弹弓、农具，最终打败了不可一世的美国人和法国殖民主义者。这也让人们联想到神话中**大卫战胜歌利亚**的神话，越南丛林的游击战士的形象成为反殖民运动的符号，20世纪中期吹响了反殖民主义运动的号角。

这位英国马克思主义思想家，还走遍世界各地专门去听爵士乐，在北美、南美、欧洲这些地方之中，他说纽约的爵士乐是最好的。按照霍布斯鲍姆的说法，爵士乐永远不是主流，但爵士乐的演奏者和欣赏者却是有着反叛气质的一群人，是精神上不流俗的人。在聆听过程中，我们很容易从中间听出强烈情感，听出草根底层的需要，听出社会包含的那些在主流媒体上看不到的愤怒。爵士乐的演奏经常即兴发挥，不能用标准的程序编排，也没有既定的演奏乐谱，不像交响乐那样规整。这恰恰反映出边缘音乐家的特殊性及其魅力所在。作为历史研究者，霍布斯鲍姆把爵士乐手作为非凡的小人物中的一个群体，通过他们来考察美国黑人地位的变化，甚至联系到了我们前面提到的“爵士乐外交”和特殊的时代气息。不管选取的小人物来自哪个国家、哪个时间段，他观察的都是社会剧烈变动在普通人日常心绪中的投影。

五、“心领神会”

严：您这么推崇霍布斯鲍姆这本《非凡的小人物》，这对于我们国际关系研究走向微观视角有什么启发呢？

王：这本书写得非常好，而且题目有创意有想象力，非凡的小人物创造了那些正统史学家所忽略的重要事态与时点。我觉得这对中国学者有启发。如果我们更多从日常生活的话语、氛围、信号中去捕捉国际关系的线索，这种取向及转向（不管叫社会学转向、美学转向或日常生活转向），有开辟更多思考空间及命题和方法的涵义和价值。哈贝马斯对日常生活话语的研究，对日常生活的哲学思辨，启发了对传统主流思想的批判，使这种批判意识发扬光大，也发展成学术界独树一帜的流派。我们现在也要有这种再启蒙、再批判的精神，当然是在中国气派与文化要素之上，让国际关系研究思路从单调乏味的通道进入丰富多姿的状态。

除了从哈贝马斯的学术论著中汲取营养以外，对于国际关系的微观研究我们还可以从日常的人际关系中获得启迪。以往我们社会科学研究有缺失，其中一个是关于“交流”的研究。在人际交流中，我们有很多不需要语言就可以实现交流的方式，比如母亲可以通过孩子的一些神态就知道小孩子的想法，一个球队的队员可以通过眼神理解彼此的意图，这些“言外之意”“不言而喻”的默契是很有意思的线索。在国际关系中，也有很多只可意会、不可言传的默契，或者说是国际关系中的“潜规则”。很多时候单靠理性的、实证的方式去观察研究，只看得见结果，而摸不出门道。比如，有的国家很难获得国际社会的信任，任凭它如何向国际社会释放善意的信号，国际社会就是不愿把它从黑名单中拉出来，显然里面有偏见、误解与复杂的因素，当然还有预设的立场、阴谋论、大国压制，非常复杂的层次与多样原因。有些国家在特定问题上总是立场不变，无论是否有利于自身的利益，看起来不理性、不符合国家利益，其实背后有着难言之隐，不易察觉的过程，有可能与“默契”或“预期”有关，更加细致、个性的探讨有助于解释各个层次的理由。

严：国际关系有时候和人际关系很像，有许多“心领神会”的地方。我的感觉是很多时候光用“脑”去分析还不够，还得用“心”去琢磨，比如去体会不同文化中国家处事方式的差异，对相同行为的不同理解，这些差异用理性似乎很难解释。

我在意大利生活过一年的时间，对我来说在意大利并没有经历所谓“文化休克”，感觉和意大利人交往与和中国人交往没有太大区别。两个国家的文化都看重家庭关系，重视私下的非正式联系，甚至都喜欢在闲聊的时候打探隐私，在公共场合爱凑热闹、多管闲事。反而是到了德国，在与德国人打交道的时候我才感觉到文化的差异，发现我无法和德国人会心一笑、心领神会。这种差异如果不是切身经历，应该是很难被发现的。

王：费孝通先生曾经说过，社会学研究要重拾中国古典人文思想中“心”的概念。什么是“心”？思想、意识、态度、情感、意愿、信念都是心，它暗示着一种主体性的取向，要求我们设身处地去思考。为什么你和意大利人交往的时候很自在，因为你们的“心”是差不多的，尽管你们的制度、背景不同，但至少你们有着相似的意识、情感，所以说是心心相通。但是你和德国人交往的时候，你们的“心”就不通了。那怎么才能通呢？就是要设身处地，推己及人，按照西方的理论就是要学会“共情”“通感”。

我们可以在文学领域看到很多对共情、通感的研究，在国际关系中对这个话题的讨论被搁置在了“后现代主义”的角落里。但是我想说，这种共情和通感很重要，用“心”理解是对用“脑”理解的补充。我很佩服费孝通先生洞察人性与心灵的能力。在费先生的论述中，“心”不是实证主义传统下那些“可测量化”“概念化”“逻辑关系”“因果关系”“假设检验”等标准，而是用“心”和“神”去“领会”，这种认识论的范畴，不仅仅是文学的修辞法的问题，而是实际生活中的感悟。心意不相通，就会出现我们所说的“错误知觉”、战略误判、安全困境。在西方学者经常用语言学、符号学、博弈论去解答关于“心”的难题时，我们也可以回溯自己祖先和先贤的智慧。

六、什么是好的国家

严：在人文的国际关系研究中您强调要以人为中心，用微观的视角，用“心”去考察个体的境遇。换句话说，是不是应该关注那些更“主观”的东西？

王：人的境况本来就应该是国际关系研究的关注点，只不过我们在整体主义、现实主义的思维倾向下，这方面的研究做得比较少。但是我和你的看法还有点不一样，我觉得人文的国际关系研究既要研究客观的方面，也要研究主观的东西。

严：请您先谈一谈人文的国际关系研究中客观的部分。

王：我觉得谈人文精神，谈“人”，离不开的是人所处的环境。刚才提到费孝通先生，他不也说人文是建立在自然规律的基础上吗？谈人文的国际关系研究，不是空谈、瞎谈、乱谈，不是一厢情愿、主观臆想。人文研究和哲学的、历史的研究也有区别，人文的研究是抱着一个目标的，或者说它是有“心”的。比如说哲学、历史研究是从一些特定的事实出发，这些事实可能是某些理念，是主观意义的事实，也可能是某些史料，是客观意义的事实。而人文的研究的出发点实际上也是它的终点，就是关于对良好生活、高尚行为、和谐世界的期待。所以，人文的国际关系研究，需要考察人的环境，国内环境、国际环境，人所处的物质世界、精神世界，这些人所处的环境是人文研究中的客观部分。

严：您能举一个具体的例子吗？

王：王缉思老师的作品《**世界政治的终极目标**》，讲了不少通透的道理。我参加这本书的发布会时，作为评论者注意到他提出一个好的问题，也是我们国际关系研究需要追问的问题——什么才是“好国家”？通常在中国的语境下，在中国的媒体中间，好国家指的是对华友好的国家，在联合国跟我们投票一致的国家，在我们和西方特别是与美国较量时，支持中国的国家，在涉及主权等问题上站在我们一边的国家。反过来，如果外交立场与我们对立，就不是好国家，至少不那么好。加拿大抓了孟晚舟，它就很像坏国家；韩国部署了萨德系统，它在很多老百姓嘴里就是坏国家；等等。但是王缉思老师说，这样的评判有其理由，但容易狭隘化、简单化。他提出，评价什么是好国家的时候，不能仅仅盯着国际关系和外交那些

《世界政治的终极目标》

事，还应该看被评价对象的社会、宗教、法律、文化、生活状态及个体的人所处的状态，诸如此类，把分析目光扩展到这个国家的方方面面。

比方说我们是不是因为孟晚舟事件，就把对加拿大政府的愤怒迁怒于整个加拿大这个国家之上，以至于我们认为加拿大人怎么这么坏，最后把加拿大等同于坏国家。再比如说，日本的确有军国主义，它对中国造成了巨大的灾难，日本一些政客依然持有恶劣的历史观；日本军国主义的阴影至今还出现在我们的文学影视作品中，对中国很多老百姓而言，提到日本就是坏国家的感觉——“小日本就是一个恶棍”。但若按照缉思的好国家标准衡量，这种判断有其道理，但过于简化武断。

一个国家对宗教是否包容，对它的人民、群体、边缘人是否尊重，国内文化的发展是否滋润、多元、开放，都应该纳入考量。从这些意义上讲，日本可能是好的国家。我们可以从很多日常生活的细节中去判断，比如看看它的游客是不是尊重不同的习俗，它的球迷看完体育比赛是不是满地垃圾，它的居民平常是不是对不同垃圾进行自觉地分类。有一个玩笑似的评论，说有时候日本人真的是到了“变态”的地步，一个酒瓶子或者喝完的饮料，它不是简单地对它们进行分类，把它们都扔到一起，而是把瓶子上面的瓶盖、商标纸都分成不同种类，一个瓶子都要分成好多不同的部分去扔，光是回收这个东西都要好半天。我觉得这不只是细腻或习惯，更是文明生活方式，是对所处生态的尊重，是值得学习的，这些部分也是判断日本国民和国家的组成内容。

所以判断国际关系中好国家、坏国家的时候，不能用单一的国家尺度、战争尺度、外交尺度，对待这个问题不是单看政治立场。政治立场是必要的但不是充分的，是重要的但不是唯一的，除此之外还应当辅佐充实其他尺度。这些尺度的判断标准要回归到对于人、对于芸芸众生、对于占到国民总数百分之九十九的那些人的观察分析。不同的人、不同的族群、不同思考倾向的个体、不同的生态位，对它们的研究应当成为我们判断好国家的综合指数构成。现在的指数也许有 3 个、5 个，但远远不够，应该是 30 个、50 个，300 个、500 个。国际关系学者应该给自己一个更高的要求，就是研究不要太粗线条，不能太简单、太狭隘。这些东西是不可或缺的，但不是唯一重要的，不是弥漫一切、覆盖一切、排斥一切的。如果把人作为国际关系研究的中心，我们会发现人是多么复杂的动物，人的情感是多么的微妙，人的喜、哀、悲、热爱与痛恨，包括种族、社区、性别，还有更大层面上人和地球其他动植物的关系是多么丰富。

严：谈论个体所处的环境，也就是从客观的角度去探讨人文的国际关系研究，除了思考“好国家”的标准外，还可以从什么角度去挖掘线索？

王：有一个线索值得留意，就是对小国的研究。这个线索实际上是我们思考“何为好国家”问题的延伸或者说反思。因为小国研究和我们传统关注的研究相比有很大的差别，它要求我们把目光从美国这样的大国转向像瑞士、以色列、北欧诸国这样“小而美”的国家，把关注点从军事力量对比和国内生产总值增长转向创新增长、公民素质提升、个性化创造等领域。

2019 年喜剧演员泽连斯基当选成为乌克兰总统，他在就职演说中提到乌克兰未来要像日本一样善于创新，要像以色列一样善于保卫自己，要像瑞士人一样生活，像冰岛人一样团结。尽管对于乌克兰来说，这场演说的政治宣传色彩更浓，最终乌克兰还是需要在俄罗斯和美国之间博弈对冲。但是这样的说法很有意思，他没有说乌克兰要像美国人一样富有，像俄罗斯人一样强硬，像中国人一样勤奋，而是选择了一批小国作为国家发展的目标。并非偶然的是，在我们很多人推崇的华尔兹学说那里，也许除了日本以外，泽连斯基提到的以色列、瑞士、冰岛很可能根本无法进入到他的有广泛影响的分析框架之中。

在国际舞台上，小有时候可能是很美的，大却不一定总是好的。在中国，我们经常陷入“大”的迷思，追求盛大似乎就意味着进步。无论是国际关系研究还是外交实践，学习与模仿美国似乎是唯一的正确道路，美国好像成为我们未来唯一需要超越的对象。试问，当中国国内生产总值或军费有朝一日超越美国之时，中国就可以被称为美好的、充分的世界大国了吗？很多人可能会这么认为，国内生产总值数据和军事实力的确是衡量国家强大与否的重要标准。但我认为这种判断并不周密，强大并不意味着文明，不代表教育发达、大学发达、人文精神发达、普通人的精神世界到了高水准。他山之石，可以攻玉，小国研究之所以十分必要，原因就在于，它会让人更认真、更虚心地探索“文明”的标准与成因，解码小国受到尊重、得到青睐的理由。人文的国际关系研究比较重视这类讨论，鼓励倡导一种精神上的执念——一种对正义、高尚和文明的笃定，同时反对那些华而不实、好大喜功的浮夸心态。

七、“我”与他者

严：探究人所处的环境，思考什么是“好国家”，这是从客观的角度去探索人文的国际关系研究。那么主观的角度呢？国际关系研究是不是有必要去考察人的主观世界？

王：是的，研究人的主观世界不仅是哲学和心理学的任务，它也应当成为国际关系研究的一个主题。相比于其他生物，人最大的特殊性就在于具有完备的“精神世界”，这个精神世界的存在极大丰富了“我”这个概念。比如弗洛伊德把“我”区分成代表生物特征的“本我”，代表社会属性的“自我”和具有道德意义的“超我”，这三种不同的假设为我们理解国际关系中行为体的动因提供了不同的理论支撑。相信行为由“本我”驱动，那么国际互动就是由丛林法则支配的你死我活的世界；相信“超我”，国际互动就意味着是大同社会；相信“自我”，国际关系就是一幕信息量丰富的荒诞话剧。再比如语言学家乔治·米德（George Mead），把“我”区分为“主观的我”和“客观的我”，前者是真实的自己，而后者是社会评价和期待的自己，人在二者间反复互动、发展和变化。如果我们接受了米德对“我”的解读，那么在国际关系互动中，行为体就具有了某种人格的特色。

严：有一项研究就是把国际关系理解成一个剧场，国家在世界舞台上互动实际上是一种“自我呈现”的过程，是需要和观众互动的舞台表演。如果一个国家期待被世界认可，那么它就会努力去做一些看起来不符合理性的行为，反复加强世界对它所期待身份的认同。比如有观点认为朝鲜之所以要反复进行核试验，一个原因就在于它希望得到国际社会对朝鲜作为一个有核国家的认可。但是即便我们都知道朝鲜已经成功研制了核武器，它还是要反复地把这个事实“表演”出来，也就是反复地进行核试验。为什么呢？它希望扮演一个有核国家的角色，但是观众不认可，于是它就更要拼命地去“表演”。

王：所以说研究国际关系中的“我”是很重要的，理解个体、国家决策者、一个民族的主观世界，是我们国际关系研究的短板。“精神世界”是人类特有的东西，在纷繁复杂的社会现象中具有某种决定性作用。如果我们忽视了精神世界这个重要的因素，我们就无法真正理解人、人的生活、人的思想、人的感受，也就无法理解社会的存在和运行。对这个问题的探索从人类有文字记载以来就没有停止过，神学、哲学、心理学、精神病学、神经科学都在追寻解答这个问题的钥匙，但没有说哪一门科学、哪一派哲学观点彻底解决了这个问题。

严：那我们是不是可以用现在主流的实证主义方法去解决主观的问题呢？

王：我想实证主义方法有一个不足之处，就在于它的研究对象大多是可以被观察到、测量到的东西，而且需要有一个比较客观的标准去界定研究对象。但是面对人的“精神世界”的问题，它的复杂程度之大、变化之快，不合逻辑的地方之多，很难用一套标准流程去研究它。除非我们把个性还原成共性，把生活在燕园，有着不同性格的学生还原成“北大学生”这个概念，才能进行下一步的工作。

所以我很认可费孝通先生的判断，他认为从社会学角度研究人的精神世界，要避免一种简单“还原论”的倾向，那就是试图把所有精神层次的现象和问题，都简单地用“非精神”的经济、政治、文化、心理等各种机制来解释。还原论式的解释方式，看似一种圆满的“解释”，实际上这种“解释”恰恰忽视了精神世界自身的特点。社会学对于精神世界的理解，应该是把它和社会运动机制联系起来，但不是简单的替代，不是简单地用一般社会层次的因素去解释精神层次的活动。

我们应该有一批学者专门研究国际关系中的精神世界问题，比如说心态史、观念史的研究。不求大、不求宏观，但求从细节入手，从个体入手，以小见大，也去探索一下国际关系发展中那些“非凡的小人物”。

严：您提到人文的国际关系研究要识别“我”、研究“我”，从人的主观世界发掘意义。那么对于“我”之外的人呢？人文研究是一个什么样的态度？

王： 这又回到了我们前面说的“心”的问题上了。研究主体性，或者说研究“我”的目标是什么？当然一方面是理解自己，理解我们和自然的关系。但对于国际关系学来说，研究“我”的意义在于我们可以站在别人的角度上“将心比心”，理解他人的“我”。这一点不仅要用科学、技术这种“脑”的方式，更要用人文的“心”的方法去理解、共情、通感。

人文的国际关系研究“我”是为了推己及人，要强调对他者的关切。当前中国的国际关系研究关注要点大多是本国的权力和利益问题，而对其他国族、国际社会、边缘与少数群体的关注还不够充分。尽管对本国问题的讨论应该成为我们国际关系学的焦点议题，但是聚焦的同时视野也可能不知觉地变窄，国际关系研究和对外政策建议在我国似乎越来越有合流的倾向。我想问问你，国际关系是否等于国家间的博弈？国际关系研究是否就是对我方立场的诠释和针对性的建议？恐怕需要警惕这种误区。国家化、政府化、对策化的国际关系研究，与以人道主义、人类命运共同体为基底的国际关系研究，不应该是替代关系，而应是互补的、同时存在的。对他者的关切，特别是对普通公众切身利益与个体感受的关照，不应被遗忘。比如说，在思考和平与战争原因的同时，是不是还需要思考如何减少因战争冲突而带来的死伤？在关心跨国公司、国际组织与主权国家之间互动博弈的同时，是不是应当同时思索如何在全球化进程中增进个体的生活质量水平？在考察族群认同和边界冲突问题时，是不是还要加入关于如何减少社会成员的焦虑感和不安全感的讨论？

严： 人文主义强调对他者的关切，实际上是从另一个角度对现实主义冰冷态度的反思。有这样一些照片，在越南一排半裸的尸体横躺在胜利者面前。这些照片同奥斯维辛和布痕瓦尔德集中营那些忍饥挨饿、筋疲力尽而死的战俘的照片是如此相像。但是历史总是重复着自己，现实主义的思考方式似乎在吞噬着我们，以暴制暴、恃强凌弱的想法时刻在我们脑海里盘旋。我想起马尔库塞的那句悲观论断，他说“未治愈的伤口只能由致伤的武器来医治”，用来砸碎暴力锁链的暴力可能又制造了新的锁链。对于现实主义主导的国际关系研究来说，人文主义的研究在一定程度上是救赎的。

王：人文主义的研究志向绝非是**斯多葛学派**式的愤世嫉俗、玩世不恭。在国际关系的历史中，在各种重大历史事件的进程中，都可以发现有着这样一群人，他们反对国家机器的干预，反对各种不正义的战争，反对本国对其

斯多葛学派与第欧根尼

斯多葛哲学学派是塞浦路斯岛人芝诺（Zeno）于公元前300年左右在雅典创立的学派，因为经常在雅典集会广场的画廊（古希腊语转写：Stoa Poikile）聚众讲学而得名。对于社会生活而言，斯多葛派强调顺从天命，要安于自己在社会中所处的地位，要恬淡寡欲，只有这样才能得到幸福。他们自称是世界主义者，打破了希腊人和野蛮人之间的传统界限，宣扬人类是一个整体，只应有一个国家、一种公民，即宇宙公民。

第欧根尼是古希腊的哲学家，他认为除了自然的需要必须满足外，其他的任何东西，包括社会生活和文化生活，都是不自然的、无足轻重的。他强调禁欲主义的自我满足，鼓励放弃舒适环境。作为一个苦行主义的身体力行者，他居住在一只木桶内，过着乞丐一样的生活。每天白天他都会打着灯笼在街上“寻找诚实的人”。第欧根尼揭露大多数传统的标准和信条的虚伪性，号召人们恢复简朴自然的理想状态生活。他从不介意别人称呼他为“狗”，他甚至高呼“像狗一样活着”，因而人们把他的哲学叫作“犬儒主义”（Cynicism）。

他国家的无端干涉。于是，他们采取了一系列**第欧根尼**式的反抗：冒着坐牢的风险焚烧征兵证，拒绝使用富裕社会所说的死气沉沉的语言，拒绝穿着整洁的衣服，拒绝享用现代社会的一切物品，拒绝接受社会服务和高等教育。历史上的玩世不恭的人，“垮掉的一代”、嬉皮士，所有这些“颓废分子”，都反复显示出颓废历来表现出的样子——一股脑儿地钻进缺少人性的可怜的避难所中。在现代社会中，这种自我毁灭式的抗争，无论在学术研究中，还是在日常生活中，都表现出一种狭隘的孩子气，走向另一个极端。

那么我们应该如何在人文主义和现实主义中自处呢？我想强调对他者的关切，要求我们在坚守“祖国”“民族”和“主权”意识的同时，了解人类的大爱。在国际关系研究中，关注中国问题和探求世界性问题之间并不冲突。中国的进步和外部世界的发展不是脱节的，无论从中、短周期，还是从长周期时间段考察，它们都是相互促进、彼此影响的。对我们来说，研究中国问题，需要对外部的世界有所体察，而探索世界问题，也要对中国的现实有所反思。

八、回归日常生活

严： 听了您的介绍，我发现人文的国际关系研究和科学的国际关系研究并不是对立的，它们都是在探寻人类生存之道，只不过这个“道”有着不同的面孔。有时候我们面对的是碳排放、裁军这些具体问题，这时候“道”表现出科学的面孔，需要去实证、去统计、去对比。有的时候我们面临的是国家间的信任、合作、敌意这些问题，“道”也许就需要更多地呈现出人文的面孔，去理解、感悟、体会。对于研究者而言，科学的国际关系研究技巧是可以训练的，但是人文的研究技巧我们要怎么把握？

王： 我认为要更多地去关注日常生活，从个人、群体、不同阶级与族群的状态里面，汲取或发现人文研究的思想及线索。举个例子，比如说提起冲突，你能想到什么？

严： 战争带来的暴力、死亡和贫穷。

王：除了战争这种直接的对抗形式外，政治领域的冲突在经过时间的洗礼后会成为社会肌体的“慢性病”，它折磨着每一个人，但是却不易被公众察觉。这种“慢性病”式的政治冲突实际上渗入了日常生活，使得人们对很多“对抗状态”习以为常。比如耶路撒冷分区管理下分享不同信仰的居民，冷战期间定期进行核防护演习的美国小学生，曾经整日高呼“打倒美帝国主义”的同胞们。对于普通人来说，很多国际关系领域的变迁只是日常生活的一部分，回顾历史时，我们会发现上帝视角下的多数“转折点”“导火索”或者“历史的高潮”，对于当事人来说都是平凡的、日常的、细微具体的记忆。

冷战期间美国小学生核防护演习，1951 年

图片来源：Associated Press。

严：从日常生活的视角去研究国际关系，它有什么特点？

王：所谓日常生活，它研究的是与国际关系相关的各类日常现象，它有三个重要的特点。第一个是它关注寻常之中的不寻常，重在对日常经验的审视与批判。比如有的学者研究了不同啤酒品牌消费选择背后的政治意图，以色列烹饪指南书所勾勒的国族认同，日常消费和语言习惯背后的主权逻辑，等等。虽然国际关系现象往往以整体性的面目示人，国家、族群是天然的关注焦点，但在深入细节之后我们也能够从啤酒、菜谱和俚语中，发现被压制、淹没和忽视的个性与特色。

第二个是日常生活研究的工具箱十分丰富。它既可以使用年鉴学派的路径，考察类似观念史、图像史、社会风俗史、价格史的周期性变迁。也可以使用文学评论的方式，对具体文本进行个性化解读或者严谨考证。当然这个要花费很多功夫，所以一般不会有人去细致地浏览这些东西。另外一个就是用人类学的方法，在长周期内去追随一群人的精神面貌，或者一群人心态和行为的演变。这种方法既有长处也有短处。这类研究看起来比较散漫、信马由缰，没有那么高的科学化程度，没有所谓假设、检验，没有明显的因果关系，这也许是它的缺憾，会导致这类研究在学术界不受欢迎，比如我们很少看到这类研究成果在主流期刊上发表，甚至在欧洲

《在鹰嘴豆泥和炸豆丸子之外》(*Beyond Hummus and Falafel*) 是一本有趣的巴以问题研究专著。它讲述了在紧张的政治环境下，巴勒斯坦和以色列居民是如何通过食物而获得共同文化认同的故事。

在巴勒斯坦家庭中，妇女是厨房的核心，她们在继承巴勒斯坦烹饪技术的同时，不自觉地融入了犹太人的烹饪方式。而对于阿拉伯人来说，食物又是界定自我和他者的重要元素。

大陆的一切重视人文研究的国际关系期刊上都很少见到这类研究。很多人的评论说这太像文学评论，太像新闻纪实报道。

不过，这类研究的好处在于实际上它给了我们一种意想不到的东西，比如说观察美日关系，多数人传统上是考虑结构上的美日同盟，与第三方博弈的意义，日本的修约之类。但是不妨考察日本国民的看法，例如通过民调能看出一些线索吗，例如对美国驻军的复杂批评看法。观察美国在日本基地的搬迁问题，新闻报道中美军士兵强奸日本女性、醉酒闹事、基地搬迁引发的民众抗议，等等，对此需要细致调研、分类考察、避免简单化，使研究视角和成果丰富立体化。

第三个是日常生活研究的视角更加多元。日常生活研究的视角不是单向的自上而下或自下而上，而是双向的互动。比较经典的例子是辛西娅·恩洛（Cynthia Enloe）的研究著作《香蕉、海滩和基地》(*Bananas*，*Beaches and Bases*)。她的研究既有传统的结构性思辨，也有细致的日常生活关照。通过思考性别差异和美国与第三世界的关系，检视了女性在美国驻外军事基地的生活，反思了性别对于国际关系的独特意义。

严：对于国际关系研究者来说，这种回归日常生活的人文研究，似乎无法为我们提供有政策意义的指导。

王：虽然无法为我们提供大的政策建议，但它能够告诉我们未来某个政策的潜在后果和影响。比如要做一个决策，是选决策 A 还是决策 B，日常生活的视角不能告诉我们它是不是理性的、最佳的选择，所以人文的研究不能给我们决策上的直接帮助。但是它可以告诉我们如果你选了 A，会有什么样的后果；如果选了 B，会有什么样的后果。它同时也不能对一个问题提出应对之道，但是它会告诉你不同的解决方案会带来什么后果，这也是它的政策价值所在。

在人文的国际关系研究中，我们之所以要给阐释性，甚至描述性的日常生活研究留出空间，一方面是因为日常生活“是人们所理解的现实，是一个具有主观意义的规整的世界”，它是我们识别个性的窗口；另一方面，日常生活是理所当然的，它不需要证明，但正因为它是“自我宣示”的，我们才需要费心劳神地审视它。与关注“思想”的国际关系研究相比，常识性的“知识”是日常生活研究的焦点，而正是这种“知识”构造出了所有社会赖以维系的意义之网。

严：怎么在这种人文的、散漫的研究方式和科学的、系统的研究方式之间取得必要的平衡？

王：所谓人文研究中的微观、细节、日常生活研究，不是要放弃宏观的视野，一味钻进琐碎的历史细节中猎奇，它的一个任务就是要去发掘互动中人与人、族群与族群、国家与国际之间的“默契”，搞明白这些“默契”产生的过程和原因，然后站在更加宏观的、历史的、世界的角度做出评价，懂得小人物、小事件如何折射大时代、大世界。费孝通先生把这种交流中的默契称为文化，他认为只有通过深度的、“参与观察”的研究，才能发现人们日常的、细微的人际关系、交往方式、交往心态，以及与之有关的风俗习惯和价值观念。这些细微之处，以及不同地区之间、同一地区不同历史时刻这些“默契”之间的差异，大多是这种“只能意会、不能言传”的部分。也正是这些弥散在日常生活中的文化因素，它们看似琐碎，实际上是活生生的，甚至强大的力量。按照费孝通先生的说法，微观研究要发现的是“一个无形的、无所不在的网，在人们生活的每个细节里发生作用，制约着每个人每时每刻的生活，它对社会的作用，比那些貌似强大、轰轰烈烈的势力，要深入有效得多。它对一个社会的作用，经常是决定性的”。

严：实际上在中国的传统中并不缺少对日常生活的关怀，中国古代做学问讲究格物致知，这就是非常典型的研究日常生活态度。它考察日常生活中的东西去寻求道理，只不过它的道理可能和西方强求科学的道理是不同的，但是它的研究方式和我们所说的日常生活研究的方式是相似的。

王：是的，比如孔子，比如中国那些著名的思想家，真的是不耻下问、三人行必有我师，他们对弟子、对肉糜、对色彩、对性别的敏感，都反映出对日常生活的关注与用心，反映出“人”在他们的思考中的巨大分量。这种思考或研究，是把哲学意义上的真、善、美，放在应有的位置。其实想想黑格尔、康德、马克思，包括前面提到的卡尔，我觉得他们都有一种了不起的对“人”的思考、对“人”之色彩的敏感，把“人”大写和立体展现。反观我们现在的很多作品，真的打开看，从头到尾见物不见“人”。

第六部分
“三位一体”的国际关系实践

Charming

International Relations

让我们把视野从书斋转移到现实之中，国际关系学需要科学、艺术和人文“三位一体”的综合思考，而这种学术思辨在实践中又将直面“百年未有之大变局”的国际环境。冷静正视现实，保持头脑清晰，无疑对学术和实践都有益处。因此，这一部分我们集中讨论了当前中国所处的外交环境，考察了中国外交能力建设中的短板，进一步呼吁将“仁智大国”作为中国未来发展的着力方向。

一、“百年未有之大变局”

严：我们前面从学术的角度，从学科发展的角度谈到了要看到国际关系学的科学、艺术和人文面孔，要实现“三位一体”。从现实角度来看，我们为什么需要“三位一体”的国际关系研究？

王：就像前面提到的，国际关系研究不应该止步于科学研究，艺术和人文视角的研究同样重要。这在很大程度上是考虑到中国当前的发展状况，尤其在国际社会上，传统反应式的、追求量的增长的研究取向已很难适应我们面临的局面。研究过程需要关注有关人的、环境的、普遍性的议题，并且在理解这些问题的时候发挥想象力，不能被机械的思维局限住。

严：您是说既有的国际关系研究思路和中国当前面临的问题存在一定脱节？

王：前面谈了传统国际关系研究的长处和不足，也谈了我们期待的“三位一体”研究视角，现在可以谈谈具体的问题。当前中国在国际舞台上面临的问题发生了变化，是全新的、复杂的。对这个问题的理解还不够深入与全面，用过去的思路去解释分析，会出现一些偏差。

严：我们现在提出中国处在“百年未有之大变局”中，这是否意味着中国的机遇来了，要用新的姿态去面对这次变局？

王：我觉得首先要避免陷入一种误区，这种误区往往伴随着某种民族主义的狂热，认为中国是百年巨变的全部，是巨变的开启者、引领者，是未来世界秩序的开创者。我要强调，中国仅是百年巨变的一个重要组成部分，远不是巨变的全部。

百年巨变主要是就中国的发展与影响而言，还不能轻易说世界变局已发展到清晰可见、影响长远的百年巨变。所谓百年巨变应该有世界史全方位的影响，为各大洲的政治家和人民所认知和接受。出现世界巨变，可能因为战争（如两次世界大战）、重大政治变化、科技革命（如三次工业革命）、疾病肆虐（如中世纪末黑死病、现在的新冠肺炎疫情）、气候或地质变化（如冰川期）等。与今天的变局相比，两次世界大战、冷战结束，都是产生深远影响、缔造世界的不同性质的巨变。对一些国家而言，“9・11”事件都算不上有很大的影响。包括现在的新冠肺炎疫情，我的判断也是它加剧了当前国际格局的发展，比如加剧了贫富差距，让传统的联盟更紧密、让国家间的竞争更加白热化。新冠肺炎疫情对于国际格局发展更像是催化剂、加速剂，而不一定是颠覆现有格局的事件。

经过第一次世界大战，帝国、殖民体系开始向共和国、主权国家体系过渡，苏联建立了社会主义国家，发达国家开始大量研究国际法、国际联盟和国际条约。现代会计制度、常备军制度、教育制度、铁路制度等，也是第一次世界大战后开始普及。当时中国也向民国过渡，成为世界潮流的一部分。第二次世界大战以来，核武器诞生，亚非拉民族纷纷独立，一批社会主义国家建立，以联合国为中心的国际制度、国际组织建立，这些现象的影响远超出此后任何单纯的事件。人类彻底终结了帝国主义、殖民主义时代，开始进入更加追求和平、文明、正义、公正的时代。和热战不同，后来出现的两极格局和冷战带有意识形态色彩，应从国际关系的角度来看待。冷战的结束具有重大历史意义，它带来全方位巨大冲击，世界进入一超多强时代。海湾战争、“9・11”以后美国参与或发动的一系列战争，等等，都和这一背景下西方的傲慢有关，同时金砖国家开始崛起，新旧力量转换加速。当前世界变局还不足以与上述巨变相比，很难找到类似的爆炸性、断裂性、质变性节点，并未产生新的国家、国际力量结构。当前仍是一超多强、西方相对优势的阶段衰败，国际格局处在渐变中有质变的长期过程。

有些人把百年巨变理解为，中国及其代表的模式起来了，美国及西方的制度不行了，至少中国要发挥与美国相媲美的影响力。但事实确实如此吗？某些宣传是过度了，例如某些文章、电影宣传片，给国民造成中国各方面已数一数二的想象，其实中国数一数二主要是在经济领域，还不是全方位强国。

如果我们告诉世界，中国崛起带来世界百年巨变，其他国家是否认可？各国或许认同西方确显乏力，但“中国模式”还谈不上被大多数国家接受。西方的衰落并不意味着东方的崛起。比如从生态环境的角度而言，中国模式未必有很大吸引力，加速发展是北欧等地不一定需要的。在各国看来，中国带来了资金和项目，中国是解决脱贫、民生问题的了不起的经济巨人。“一带一路”倡议为各国所知，但它主要限于经济领域，在文化、政治、安全、环保、教育等各方面的含义较弱。

再看欧洲、日本、东南亚、中东等地，百年巨变的提法不多见。非洲需要脱贫，这也是中非关系进入新的质变时代的重要原因。但非洲的巨变是第二次世界大战后经历独立解放，再由西方主宰命运走向谋求自主发展，与中国、日本、印度的关系未必很大。“一带一路”建设给非洲带去机遇，推动其发展，将来可能带去安全保障，但远未到焕然一新的地步。我听到非洲的一位学者指出，中国人在当地主要是搞资源和建筑的，非洲大学里至今没有中国的全职教授。拉美在 20 世纪 70 年代出现一批由美国控制的右翼军人政权，在美国“松绑”后得以经济自由、民主化，但美国控制这个“后院”的局势没有根本变化。中国等国家虽然在拉美有工程项目，但除此之外，影响力没有我们想象的那么大。

严：看来我们对“百年未有之大变局”的理解还不够深刻。

王：中国领导人所讲的百年变局是有条件的，但现在很多领域都在不加区分地使用这种表述，都在从自己角度和需要出发“开说”百年变局。我们面临的变局，实际上是一种挑战，是中国发展过程中的“高山反应症”，更多折射出“大而未强”“将强未强”的困惑。中国正处于由大向强、跃跃欲试的过程中，“新长征”刚刚开始。很多媒体、学者宣称我们开启了百年巨变的新时代，中国已“憋足劲”冲刺。但事情绝不可能那么简单，欲速则不达。要想清楚百年变局的定位和指向，避免战略性误判与透支。

我们应该更加谨慎、冷静，发现成长中的不足，埋头改革与发展，继续保持升势，避免犯错误。很多朝代都是在鼎盛时期歌舞升平、盲目自大时出错，紧接着就是萧条、溃败、战乱。要研究历史，洞悉未来，立于不败之地。孟子讲：“生于忧患，死于安乐。”一个国家如果从上到下都卧薪尝胆、埋头苦干，这恰恰是上升期的表现；若到处是一片吹捧和靡靡之音，可能要走下坡路。20 世纪 80 年代初，中国从上到下比较虚心谨慎，像干海绵一样吸收新东西，勇于承认自己落后，迫切地引进、追赶，努力地埋头干事。大学生以刻苦读书为荣，周末不轻易休息。今天却有太多的自傲，一些人觉得，发达国家不如我们钱多、车好、地铁新，从飞机上往下看要数中华大地是全球成长最快、最有效率的。这种心态虽然部分反映了事实，但方向感有问题。

“盛景”滋生了某种膨胀心态，认为别国不再有值得学习之处，可以输出模式、教育别人了。例如有些人老觉得要教训那些“挑事”的中小国家，轻蔑的语气惊人。虽是个别现象，但有值得反思之处。小国往往说话办事很谨慎，而大国容易犯下不敏感、较粗暴的毛病。也正因此，当我们对外宣称百年巨变时，一些国家可能产生不必要的疑忌和反弹。中国要有谦和的大国风范，在自己成长进步的同时，善于处理好与外部世界的关系，为世界做出贡献。

若想立于不败之地，首先要办好自己的事。小国不管做得多好，都有可能在地区和国际局势的起伏中身不由己地随波逐流。而核心大国、中等以上强国，其强弱兴衰更多取决于自身体制和机制。例如苏联的不战而败、分崩离析，有西方演化、外部的诱因，但长期停滞、丧失活力及官僚腐败等，才是致命的内因。中国有很光鲜的地方，也应该细查自己的短板和软肋。如果讲成就者多，谈问题者少，或者说出来不受待见，就不是一个进步大国的应有氛围。

中国在保持自身优势的同时，要学会继续埋头苦干，不断自我改进。好比早先很多老板都是野蛮生长，其受过高等教育的子辈就会采取现代企业的管理方式，受过更好教育的下一代会做得更精致、有品位。国家发展也会经历类似过程。历史地观察，中国目前还需要更好地满足各阶层的生存权利，要继续解决经济需求、挖掘发展活力，改善国民生活品质，这是发达国家早已解决的，今天中国要提出更高要求，追求更优质的教育、生活、环境，以及让人尊敬的国际视野、公共产品、外交形象。这时一定要以充满学习气息的态度去看待拥有的财富和仍然存在的不足，不断发展和提升。

我们观察外部世界要谨慎细致：哪些地方有让人担心的事态，就要防范；哪些地方有值得学习之处，就要关注。中国人对复杂真实的外部世界其实远不够了解。国人新世纪以来才真正大规模走出国门，出去学习、旅游、工作，走马观花，对整个世界和人类发展阶段性，对各个民族及文化的内在复杂性，认知远不充分。中国虽然富了，社会风气、国民素质、公民意识、民主精神有待进一步提高，对生态的爱惜可能不如某些第三世界国家，社会的道德感更没有成为全球的典范。在开始进入所谓“世界第一方队”时，一举一动要小心翼翼。时刻反思提醒自己，辨识自身和他者的优势与不足，形成趋利避害的战略谨慎观，继续借鉴和追赶先进的东西，不管来自哪里。中国应当成为一个保持战略审慎同时灵活开放的国家。

二、走向“仁智大国”

严：在您看来，一个“强”的中国应该是什么样子的？

王：我希望这个“强”，体现为一个仁智大国。什么意思呢？“仁”指的是仁的社会。当前中国缺乏的不是硬实力或加快硬实力建设的推力，而是缺少让外部国家心悦诚服的软实力和制度安排，缺少对普通百姓权利的细致关照和对市民社会存在的法制保障。我们要认真思考中国发展能给世界提供哪些全新现象？制度、教育、科技等是全新的吗？中国带动的历史能让世界变得少污染、少造假、更文明、更环保吗？中国还不是现代生活各方面的质量大国、创意大国、精致大国，有很多需要改进之处。

> 阿斯麦公司主要生产大规模集成电路的核心设备光刻机，在世界同类产品中有90%的占有率，在10纳米节点以下有100%的占有率。我们的芯片设计和制造技术远远落后于西方，没有任何骄傲的资本。

我们可能首先想到的是在科技方面中国存在的某些差距，尤其与德国制造对比，与日本尖端机器人对比，与美国的芯片设计、军工实验室和航天技术对比，与英国在发动机、医学制药、生物育种和微电子方面的某些领域对比，哪怕与以色列、瑞士、瑞典、荷兰、芬兰这些发达小国的特有优势对比，总体上仍处于中低端位置，由大至强还有很长的路要走。

处处学习美国，有好处也有问题，需要反思。我们有时把自己绕进去，仿佛只有美国才代表现代化和强大国家的标准。其实不然，大多数发达起来的国家，并非如美国那样。我们想创造比美国更多的国内生产总值、更大的军舰和航母，但在这种发展中有很多自己意识不到的短板，以致有时在别国看来像“暴发户”。又如美国人均住房面积一百多平方米、每个家庭拥有几辆车，一个国家的能耗量占到全世界的百分之三四十，这种生活与其特殊的地理、资源有关，但在世界大多数地方是不可持续的。认知落后于国际新的变革，把需要淘汰或改进的方式当作目标，对标后满足于已有成绩，这是现阶段中国存在的一个问题。

从另外一个角度看，如我一再强调的，并非只有大国才能影响和改变世界，世界格局的缔造、重大变化的形成，也可能是小人物、小国的作用，是大量有意义的日常进步累积而成的。例如前面提到的以色列、瑞士等国，创意和品牌特别多，很有吸引力和前沿性，同样具有改变世界的力量。以色列农业很发达，给欧洲提供了大量新鲜果蔬，又靠知识、创意取得国民生活方方面面的改善；瑞士地下无资源，周围无海洋，95%都是山地，却成为各种国际组织的总部所在地、各种国际规则生成的“万国之都”，以及手表、军刀、厨具等含金量高且独一无二的品牌。要探讨的是，我们追求的所谓“世界巨变”，内涵到底是指大国崛起、新旧代替、物质优先、发展第一，还是量变积累成精致和创新的常态，更多国家和民众拥有好的国际视野，乐意提供公共物品和建立国际机构，从而超越丛林法则的时代？这些问题的回答，要避免单向度思维、以我为线，或者只是瞄准超级大国。

一个大国的“仁”当然要以实力为基础，以外部世界对己方权利的尊重为参照，但须明白“以德行仁者王”的深刻道理。要做到这一点，就要求国家政府实施“仁政”，即做出充分尊重公民权利的政治制度安排。综合先贤智慧和历史经验，仁政主要包括五个方面：一是重百姓生计，让百姓享有恒产恒心和不受盘剥。二是促司法公正，做到仁至义尽、透明公正。三是倡导以人为本，看到民心向背对政治安稳的决定性作用。四是用仁治天下，提倡以德服人、以智化危的王道治理。五是善反思学习，始终保持开放和谦虚精神。

中国在另外一些方面大而未强的问题，同样值得关注，例如教育、医疗、保险和各种社会化服务供应方面和日常生活的具体层面。又如各地发展差距较大，生活在不发达地区的人会有边缘化之感，要特别注意他们的生存和感受。问题的根源在重物不重人，重集体轻个体，重数量轻质量，重外观轻素质。物质层面貌似快速变大，但一个民族内在的精神追求与气质并未同时强起来，仁智与实力的扩展没有同步。关注这些问题和隐患，不断改善，才谈得上给世界提供引领性的中国方案。

严：那这个“智”指的是什么？

王：“智”是指我们要有智慧的外交。在国际关系消极因素和不确定性有所增加的复杂局面下，尤其在超级大国美国实施全球战略性收缩、不断削减其国际责任的特殊背景下，我们应当谨慎分辨国际社会要求中国取代美国角色及义务的各种呼声和多重压力，认真梳理外交资源使用的轻重缓急，有所为有所不为，小心防备战略冒进现象。

我们现在的外交工作仍是较为粗放简单的，其制度只有一些最主要的功能，工作人员往往以成为大使级别外交官为主要追求。而在工作上却是一锅端，外交官要承担许多秘书的工作。发达国家的外交官制度很精致，有很多不同的级别、分类、功能，例如有的做签证，有的做文化，有的做当地短期合同。这一点很值得借鉴。外交部需要具有不同种类与层级之技能的工作人员，外交人员的培养不仅需要外交学院，也需要专门的技校，技术活同样重要。

中国外交在很大程度上还是依托财力，是以发展为优先、以发展来带动的外交。中国能在海外发声、有些外交优势，是靠上万亿外汇储备、大量投资与订单、“一带一路”等。而对于很多全球性挑战，例如反恐、中东问题、难民、全球流动人口、海洋争端、资源环境与气候变化、冰川融化、物种消失等，中国还需提出能被广泛接受的方案。例如，《联合国海洋法公约》生效后，150 多个国家都在海洋治理方向跃跃欲试，带来新一轮海洋扩张运动和很多紊乱、争吵，甚至是潜在的导火索。中国不光要有航母来守卫领土领海，也要为全世界提供海洋争端如何落地的更多选项。北京、上海、广州、深圳很少有国际机构，很少在中国看到类似《巴黎气候协定》《奥斯陆协议》等国际协定的谈判活动，与联合国组织所在的纽约、日内瓦等更难并论。联合国70%以上的规则由美国及其盟友起草，中国只贡献了有限的几项。对人类生活的方方面面，中国应该有所作为，要让全世界感到中国的创意和智慧。

好的外交有长远格局，能够知进退。既不能坐失拓展全球利益和提升话语权的时机，也不可在无视国外关切和国人不理解的背景下开展对外关系。“创造性介入”思想总体上鼓励积极有为的中国对外交往态势，特别是广泛活跃的各种斡旋活动，期待外交人员即便在看似无望的困境中寻找解决难题和纠纷的亮点及突破口，坚守改革开放以来独立自主、和平发展、互利共赢、开放多元的指向，尤其是赞扬有想象力、体现中国智慧与“和合”文化精神的问题解决方案与思路，在国际关系中逐步树立有古老文明传统和东方智识的当代新兴大国的正面形象。同时，防止意气用事，避免狭隘民族主义和“愤青式”口号绑架中国外交，以理性、健康、平和、沉稳的立场，抵制国际上的强权主义和霸道做法，遏止损害中国国家利益和主权完整的外部冲击。

外交的格局与智慧，归根结底来自民族的精神和国家内在的动力。今天的中国人是幸运的，改革开放四十余年，有取信于民的巨大建设成就，有取信于外的和平合作外交，不论内外发展尚存在哪些不足，它们是推动中国防止各种干扰继续前行的重要基础。现在重要的，不是沾沾自喜地讲大话，更不是着急向外部输出，而是细致体察缺失，认真弥补。

严：所以，您所期待的“强”的国家是符合仁智标准的国家。

王：是的，而且仁的社会更加重要，是智的外交的基础。因为这个社会本身是特别有意义的，仁不是光有仁爱，也包括仁政、公民权利的法律保障。我觉得中国政治现代化、法治现代化、社会现代化还没有完成，最终目标是要实现仁的社会。而仁的社会在没有充分建成之前，“智的外交”是不太能做好的。我琢磨，中国未来大概率不会被外敌所击败，也不会因台海南海之类的交手不慎而衰落，更可能源于国内膨胀且不恰当的氛围，导致开放吸收、变革进程的中断。

严：您提到的这种“膨胀的气息”，它对我们的影响真的这么大吗？

王：是啊！虚骄之气有可能让这个民族、这个国家，失去了曾经有过的学习的态度，自我改进的努力最终趋于终止。加上一些严重挑战，如内部的危机、民族矛盾，以及外部的一些险恶势力及其对中国的遏制，最终要使我们国家的未来坎坷不止。所以说到底，大国成败“在内不在外”。对中国而言要继续做好国内的事情，加速政治现代化，加快治理能力的现代化，解决好国内的民生问题。所以，现在我们在理论上要改进，在学习上要更深入，还是要沿着改革开放的路线前行。

现有的制度、现有的国际安排、联合国体系有很多缺点与问题，需要我们改良、改造，不是另起炉灶，而是让它们更加完善，把漏洞补上，让西方主宰和独大的局面有所改变，让发展中国家有更多的声音、更多的决策力，给很多跑偏了的制度纠偏。我觉得在理解中央文件、看待外交部发言、思考领导人在国际一系列重大论坛上的宣示时，都要注意对这个点的平衡把握。我们既不是无所作为随大流，也不是打碎现有制度重新来过，而是要渐进融入、创造性改革，做智慧的建设者和维护者。

这里强调一下，为什么说未来中美之争或者大国输赢“在内不在外”。我认为不管是贸易争端还是南海的分歧，或者是科技领域来自美国的隔断，中国人是有足够的智慧和手段去应对，我不相信中国的政治家、我们的大使和外交官会手足无措、会翻船，这肯定是不会的。真正的考验在于如何把我们自身的短板补齐，让我们变得更加强大，让国内的发展不中断，所以习近平主席反复强调“打铁还要自身硬”，这句话我们听过太多次，以至于有时候就会忽略习近平有另一句话：“把握大国关系演变的特点，保持战略清醒和战略定力”。我的解读是：在这个时候，如果急于摊牌，可能会欲速则不达。

希望我们今天的国际关系研究不满足于已有的成果，更不能变成很膨胀的态势。历史反反复复地证明，不管是国家还是个人，成于忧患、变革，死于安乐、傲慢。

三、中国外交能力建设

严：如您所说，我们需要抱着一种学习的态度在国际舞台上实践，去实现仁的社会、智的外交。但是从现实来看，国际规则、规范和制度仍然还是由西方国家主导，规范背后的价值观念还是传统的欧洲古典价值观与美国式的自由民主价值观，似乎我们还没有施展的空间，冲突不可避免。

王：早期我一边写《西方国际政治学：理论与实践》，一边在做课题——中国与国际组织关系研究。当时的思考点就是，中国作为后来者，要加入全球化国际体系。比如到20世纪90年代后期我们开始提出加入世界贸易组织，之后又提出中国要“走出去”。那个时候，我们就意识到，中国跟国际规则、国际制度的关系需要加强。外交不仅是国家与国家关系，比如中美外交、中俄外交这种，而是要跟国际体系、国际规则要有大的联系。

我们经常被称为中国第一代的国际制度研究者，不过跟现在比，明显不如你们这一代有抱负。我们那代人有一个盲区，就是更多是把国际制度看成是先进的、给定的东西。而中国作为后来者，要去学习、加入和适应。现在的研究者，凭借着中国的成长，凭着中国在世界上从边缘向中心的推进，开始不满足于单纯的学习与适应，而是强调互动与相互塑造。现在很多新的理论进步，是研究规范和行为体之间的互相塑造。其中又分很多环节，有人专门谈规范怎么提出的，有人研究倡导者的概念是什么，有人专门研究规范间是如何博弈变化的，有人专门研究履约、“退群”和毁约。可以看出，在这些新的分析中，中国有更大的能动性，可能发挥更大作用。这是中国新一代研究者视野与抱负的体现。

中国参与国际制度的构建，不是完全把它踢开、另起炉灶，而是中国提倡的国际规范与现有规范并行，相互渗透、相互塑造。从策略上观察，中国和现有国际体制多半不是相冲撞，而是在建构的过程中间去融入、适应、引导，把自己做大做强。规范研究确实是一个特别好的话题，这是对现实的关注。规范不是不动不变，比如世界贸易组织、联合国维和机制、人权机制，都在发生变化。我觉得袁正清做的一个出色的亮点，是把“发展权”揉进现在中国已经适应的“人权概念”里，把结合起来的“人权”和“主权”思想，变成联合国多数国家的一种新的认知规范。比方说“保护的责任”跟传统的主权就应当互相借鉴促进，关注的就不再是冷冰冰的国家利益，而是作为地球公民的福祉，包含了中国这样新兴国家的贡献。

必须承认，虽然有进展，我们研究的想象力还是不太够，也就是艺术气质与创造性不够，思想的活跃性不够跳脱，很多条条框框不敢去挑战。所以，未来国际关系研究真要取得突破，不仅要有科学的面孔，还要有艺术的、人文的面孔。

严：您提到了中国参与国际制度不是“另起炉灶”，而是您所说的“创造性介入”。现在的官方说法是“多边是舞台”，但是现实中我们在这个舞台上似乎并没有获得更大的话语权。或者说多边外交并没有使我们的软实力有显著的提高，我们介入世界体系的努力不算很成功。您同意这个说法吗？

王：一般的说法是“双边靠实力，多边靠规则”，我想这还不够。多边除了规则还有一个——要靠朋友。多边要获得成效，现在主要是谈规则，而朋友那一套，还不是很加分。我们反观美国，它在全球有七八十个签了约的盟友，这还是挺管用的。虽然我们也有几十个战略伙伴关系的国家，但是这里边既有优点又有不足，真正在关键时刻和我们站在一起的又有多少？多边机制本身一直是我很感兴趣的问题，因为今天的讨论既有理论意义，又有现实意义，为什么中国在多边机制投入有大幅增加，但获得话语权还是不太容易？我觉得这一点非常值得研究，不论从理论角度，还是现实政策上。

我们的多边外交时常出现不尽如人意的现象。涉及海洋问题、岛礁问题，我们愿意举行双边会谈解决问题，一对一地谈，却不愿意面向东盟或国际社会。中国确实对多边外交手法不太熟，所说的“多边是舞台”基本还是局限在联合国等场合。

严：您提到我们在具体问题上不愿意采取多边立场，也许是因为双边策略更加容易解决问题，而多边策略更容易保持现状。那么话语权问题呢？我们在多边场合并没有实现我们想要的话语地位，这又是为什么？

王：我最近跟一个在联合国工作的高官朋友交流，她总结了中国话语权偏弱的五个原因。一是国家的政治意愿和国际公务员的能力分布方面的原因。在改革开放初期，中国向联合国缴纳不到1%的会费，现在我们向联合国缴纳会费多达12%—13%，位居世界第二，维和费用也是世界第二。政治意愿的上升、投入的增加，使得我们的多边参与开始活跃，若用数量指标衡量是加分的。但是，我们在联合国的专家人才、公务员尤其是高级干部数量太少。据2016年统计，联合国专家级人才，美国有3 000人，日本有900人，中国是500人，中国仅是美国的16%。在秘书处近4万名职员中，中国基数就比较小，仅479人，美国有2 550人，英国有886人，印度为574人。其中，中高级人员中，中国是81人，美国是357人，英国是136人；高级主管中，中国9人，美国45人，英国23人。在维和部队里，我们提供比较多的是工程兵、医护人员和民事观察员，战区高级指挥官较少，最高决策层占比小。

第二，我们的外交队伍，对多边外交的熟悉掌握度还远远不够。很多中国外交官不太会讲故事，很少有个性化的语言（虽然也有傅莹、崔天凯这样很会讲话的优秀外交官）。讲故事不好听，不太会讲生动的故事，外交使团的能力有待提升。

第三，在国际公务员系统里，我们干部的分布、特点、能力、入职的渠道依然有不小的局限性。中国人在国际组织中的话语权与职员队伍、构成、分布有关。比如说，那些在哥伦比亚大学、日内瓦名牌高校，或者在维也纳、巴黎的学生，与在北大、人大的学生相比，要去国际组织工作显然难度不一样——前者容易得多。国际公务员队伍中的中国干部还太少，尤其来自民间、基层、海外华侨、非传统外交系统的很少。

第四，我们的外交过于“官化”。中国的民间非政府组织，在国际组织多边机构中露面非常少。尤其在敏感的高政治领域，如军控、核扩散、海洋安全、人权之类，外交部以外的中国干部极少。全球气候变化谈判进程有一些中国学者和专家参与，在一些难民救助机构里面可能也有。但在国外，非政府组织大量进入这些机构，在主要谈判代表的背后是一群一群的各式非政府组织。我听一位部委高级领导讲，他到一个邻国做调研发现，我们对当地的经济援助很大，卖武器也不少，但中国非政府组织在当地极少、几乎没有声音，让他叹息。多边外交机制有多种不同的形态，有高成本的，有敏感的，有很低成本的、活跃在日常生活和民间的。我们社会的非政府组织，尤其是建设性的、跟国家有机结合的民间团体，在海外、在国际组织中声音很小，这一点需要反思。

最后一个是智库缺乏必要的独立。现在中国智库数量大、资金多，但在国际舞台上很少听到它们发声。这不只是政治意愿问题，不光是外交官的事情，也和国内的体制、国内的问题有关系，和思想舆论的活跃度有关系，活力没有完全释放出来，创造性多少被抑制了。

严：您提到了我们的外交官队伍、国际公务员系统和智库体系，那么国内外事部门的角色是什么呢？

王：有一个值得研究的领域，就是我们地方的外事部门如何更好地发挥作用，在中国这样一个幅员广阔的大国，建立起有特色有创造性的金字塔型外交外事结构，从而把各方的积极性和想象力发挥出来，把中央外交决策部门面临的一些难题放在基层和地方加以缓解和解决。我注意到，很多重大的外交谈判和后期工作，实际上是由地方外事部门协助完成的，比如勘界、扫雷、口岸设置、难民，以及非法移民处置、边境地区的反毒品反走私反小武器销售、涉外渔业纠纷、岛礁争夺过程中各国地方民兵武装的对峙等；诸如此类的问题，不完全是中央决策所能解决的，很大程度上跟地方外事部门的权限、资源、能力、积极性有关。搞好了，可以增强中国的整体外交实力、利益获取和周边安全，增进中国与邻国的共同体意识，增大我们国家与其他世界强国谈判博弈的筹码。

这也要求更好地发挥中国各地科研机构的作用。我注意到，上海社科院的国际问题研究所就很有特点，他们经费充裕，经常出去调研，不仅到国内各个省区，也到周边国家，还安排研究人员去三亚市挂职考察，掌握尽可能充分的第一手资料，思考接地气的方案。他们有很好的理论条件和工具本领，加上这些调研和经历，有希望做出在北京、在中央外交规划部门不一定可以做到的成果与建言。如果我们的高层对类似的研究更了解、更鼓励，我们国际关系学界细心研读吸收他们的工作，假以时日，我相信中国总体外交能力定会有新的、质的扩充与提升。

严：那这些行为体或者说行动者之间合作的空间在哪里？

王：我认为，政策部门、研究部门、学者，甚至媒体，都可以程度不同地参与外交决策的审视和评估过程。这一点受益于俞可平老师的一个思路。他说，过去我们国内干部的绩效评估靠谁呢？靠中组部、人事部、各地党委的干部和组织部门，特别是部门的主要领导。但他说光靠这个不够，一个好的干部，既要对上负责，也须对下担责，对他们要有相对客观中立的、有关专家和研究者参与的、有关民间成分加入的综合评价体系。对地方政府和党政干部的绩效，做出可能有别于政府人事部门、党的组织部门的评估，这样双重评估的过程，实际上对社会、对政府、对干部本人都有益处。他在来北京大学政府管理学院之前已经开始着手这项工作，我觉得非常好，可以说它属于政治领域和学术方面的一种创新。

受此启发，我也在考虑，我们的外交重大政策决策，是否也可以有类似的举措和安排，推进类似的创新研究？比方说中美贸易争端打了这么多回合了，除了刘鹤副总理负责主要工作，以及商务部、外交部跟踪情况提出建议，还有没有别的方式给这个过程评估和助力？一些智库多是做一些带有解释性、注脚式的解读，提出的建议大同小异、不仅重复而且创造性不足。这种审视反思，特别是评估后的校正与创造很不够。哪些是我们应该做的？最近看国际关系学院达巍老师写的一篇关于美国人重大政策的评估与反思，相当有见地，但一位高级外交官私下对我说，评估美国外交政策可以有这种分析，但审视我们自身重大对外政策，包括设计、推出和实施整个过程的绩效，坦率地说不太容易。

我认为，这就是须打开的“暗箱”或者说须弥补的“短板”。需要有经验的学者，跟各部委、大使们、高官们和将军们去交流，需要去海外与维和战区考察，需要去中国利益存在扩展的实际地点考察。更要有一种态度，就是对中国的进步和不足，有恰当的分寸感，有学者相对客观而有距离的审慎和审视，使中国外交在行进时保持一种沉稳自律、吸收改进的姿态。否则，会陷入一个震荡的下行通道——在经历了高歌猛进的时期后，由于讨论的通道变窄，很多该做的研究没做，导致应有的方向感失去，对自身长短的估计不当，使战略审慎意识的弱化影响到实际的发展。

严：您是怎么得出这样一个结论的？

王：我记得早年学习的时候，印象最深的是匈牙利哲学家卢卡奇讲过的一句话，他从匈牙利共产党，从苏联历史中总结提出最大的悲剧是理论和实践脱节，人们浑然不觉，甚至有意无意地加剧这种脱节。他用的词是“最大的悲剧”，当然我们现在处于进步时代，没有那么严重，但很多宣传和人们实际感受之间，是不是存在着不小差距？

例如，一些媒体为了渲染中国国际形象，特别是提供国际公共产品方面的成就，有些话就不合实际、讲得太过。从研究者角度，说这种事必须严谨，哪些是全球性公共产品，哪些属于区域性的、半公共产品，哪些是普惠性的，哪些有特定范围，必须仔细界定、严谨解说。说过头了，外国没感受，中国百姓也不一定高兴，实际部门还可能承受不应有的责备。在国际减贫事业里，在联合国维和范围提供的兵员与经费中，在“一带一路”范畴下的共商共建共享过程中，在国际组织和国际不同场合担当的各种角色中，有些我们做得很好，有些表现一般，有些相对落后，要实事求是，不能笼统讲“巨大贡献”。近年来，不那么客观严谨的说法和提法有增多势头，让人有些担心。表面上是宣传部门或媒体记者用词不严谨，实质反映出一种正在滋长的虚骄之气。

严：回到我们刚刚的话题，如果中国能够很好地克服您所说的这种“虚娇”“浮躁”的心态，我们在国际关系和外交领域具体需要关注些什么？或者说，我们可以发力的具体议题是什么？

王：大体上有以下几个方向：首先，我们的外交要安定周边。我粗略地算了一下，习近平主席主政以后的出访活动 60%—70% 是去周边国家，包括马尔代夫、文莱这样很小的国家。周边是我们大国外交的基石，如果周边不稳，中国要走向全球高地是很难的，而我们现在的周边形势确实很复杂，存在很多导火索。中国有近 30 个邻国，其中不少有过或现在还跟我们有主权纠纷，所以中国不仅要"硬的更硬"，还要"软的更软"，用"亲诚惠容"的理念打造命运共同体。目前观察下来，一些周边中小国家在"两边下注"，它们在经济、贸易、市场、旅游上靠中国，但在安全上又拉美国当保护伞。这折射出我们下一步可改进的方向，就是如何让它们对中国更有信心。具体细节这里就不展开说了，读者有兴趣可看《仁智大国》一书，里面的点在于，强调中国要在周边建立"一荣俱荣、一损俱损"的命运共同体，让周边国家既感到中国的强大，又理解到这对它们不是坏事而是机遇，是各方上新台阶的平台。

严：我国现在对周边的外交布局还是有特色的，各方向都有具体的战略部署。

王：是的，这是我们新外交的一个要点，跟我们国家相邻的各个次区域有关。像西北区域跟上合组织各个成员开展的合作，东北方向围绕朝核问题展开的竞合博弈，东南亚方向跟东盟进行的谅解对话，在南亚对印度和巴基斯坦做的重大战略性安排，都对中国现阶段站稳脚跟、走向全球高地至关重要。周边若不安定，邻居若不待见，中国当不了新时代的世界大国。

严：那除了周边外交，还有哪些发力的方向？

王：第二个是向高边疆进发。“高边疆”对很多读者不是一个特别熟悉的词，简单来说，它是指那些科技研发和产业发展的前沿领域，最早大概是在美苏20世纪50年代航天科技争霸时受到重视，当时美国总统肯尼迪针对苏联的竞争态势提出，谁在控制外空、谁就控制未来宇宙。中国在改革开放初期无心顾及这个范畴，而进入21世纪以来，特别是中共新一代领导层提出高质量成长取代高速度发展方针之后，中国迅速加入大国高边疆竞赛。可以见到，我们国家最近这些年在航天、极地、外太空和大洋洋底的开拓，达到了史无前例的深度和广度，例如我参加国家社科基金评审时注意到，最近这些年的极地科研立项数量达到新中国成立以来的高峰。这说明中国这个巨人不只是局限在周边，而是把目光伸展到更大的空间，这是让我们作为学者、作为研究者感到振奋的。所以要加强培养新的高边疆人才，未来的外交官、军官、教育方式可能会与现在很不一样。例如外交部的入职考试，人们以前认为都是考外语，现在不是了，考的是多学科跨领域交叉性知识，这就是一种进步，是新时代能力建设的一部分。比如各位都熟悉的杨利伟少将，他是我们走向宇宙的第一代航天员，不仅是军人，也是工程师，是科学家，有战略思维，懂得常规军人不懂的许多知识，这就是高边疆军人。培养高边疆军人，对他们的要求就不是我上学那会的走正步、跳木马、射击之类，而是要不断学习很多跨学科的知识，包括材料、海洋、空天、互联网、国际关系最新的理念与情况。

第三个是提供更多的国际公共产品。中国必须建立“取”和“予”的更好平衡：一方面从全球化中获得更大利益，另一方面愿意给非洲等欠发达地区提供更多的援助，给联合国缴纳更多的会费，给世界各地提供更多的道路、电站、港口、码头，等等。美国前非洲事务代表特使跟我说，现在非洲国家买武器找美国人，搞建设找中国人。中国人确实让非洲和世界其他地方的人民看到了一种向上的动力，尤其当人们需要建设美好生活的时候。提供公共产品，不是乱花钱，而是在对外关系中，保持获益与付出的平衡；它是大国责任不可或缺的部分，是中国从全球化中获得好处后反推全球化继续前行、反馈国际社会的必要方式。

说一个小故事。中国气候谈判的一位高级代表不久前来北京大学座谈。在咖啡厅聊天的时候，我跟他谈了我的观察。那时候中国谈判代表想的是，我们还有很长的工业化道路要走，假如按照西方的要求和标准减排，可能我们城市化的速度、汽车工业发展、整个经济的成长都会受影响。所以当时顶住外部压力，留下更多的成长空间，尽量推迟我们的减排承诺，最起码也是要把标准降下来。“共同但有区分的责任”，共同是全球都有减少排放的责任，但有区分是指发达国家先动起来，先实现减排承诺，并且提供资金和技术，我们这些发展中国家再去慢慢学习跟进。当时他就是这么表态的，他在各种谈判过程中作为中国的首席谈判代表就是这么去推动的。我说今天您的谈话，很好地体现了当前中国如何扮演全球控制气候变化进程引领者的角色。谈话中他说，现在我们最大的关注与出发点，是反映大多数国家尤其是发展中世界的关切与需要，这个关切和需要既包括自身发展，又包括整个国际社会对生态、对气候变化、对人类活动的新理解、新需要、新动能。眼界不同了，更强调中国的全球责任与担当，想的不只是我们自身的发展，还有中国作为一个全球性角色如何为人类做出榜样和引导。这不只是他个人言行的改变，更是当代中国加速跃进和角色改变的一个缩影。

具体部门和官员的进步，也应该变成学术上的动力与自觉，变成我们国际关系理论探索和思想研究的一个新的源泉。我们现在不能只是考虑国家自身的主权安全发展利益，同时要考虑中国在国际社会承担的责任，更多地思考如何在各个层次上研究有关公共产品的重大课题。或者，用习近平主席的提法，事关人类命运共同体，我们能做什么，怎么做。对于研究者而言，人类命运共同体概念对我们国际关系研究由前期扩张到内涵式发展提供了机遇。

现在中国的一些外交特使变得活跃了，虽然相关报道不多，但他们很了不起。不仅是为中国保驾护航，也为全世界解决难题提供方案、提供想象。历史会记住他们，记住成长为全球角色的中国如何带动全球的繁荣、和平与进步。当然，做到这一点，“打铁还要自身硬”，改进短板和软肋，把体制机制的改革做对做好。

四、“三位一体”的实践

严：您提出了重视周边、关注高边疆议题、注重公共产品的供给平衡和中国自身外交机制的完善，这些都是我们国家实现“由大到强”的策略。那么在这些发展、升级的道路上，对于我们这些国际关系、外交领域的研究者来说，我们得到的启示、今后的着力点有哪些？

王：首先我们的关注重点要放在人的身上，也就是“三位一体”的人文侧面。

举例而言，引导人们关注点，从单纯的国内生产总值、航母下水、基础设施建设，拓展至人类生活新形态、经济成长新领域的方向。有记者让我谈参加博鳌亚洲论坛和瑞士达沃斯论坛的感受。博鳌论坛很有中国特色，在那里感受经济的脉动，感受和周边国家大量热络的经济往来。那里是招商引资的一个重要平台，从高层领导人到各个部委再到各地政府都向世界传送这类信号，招商引资的氛围在论坛的各个角落都能感受。达沃斯给人的感觉不太一样，它设在瑞士，但看不出这个国家在里面特殊的经济贸易利益，而是别的追求。例如，我参加讨论的那个小组，有一位来自瑞士的部长，一个医生出身的政府干部，分享他的研究发现。他说一个世纪以前，全世界大多数地方人们的寿命都只有三四十岁，直到半个世纪以前，平均寿命已经达到了五六十岁，现在发达国家和一些新兴国家的平均寿命七八十岁。未来人类的寿命普遍能超过一百岁。与此同时生产力呈现倍增态势，过去一周工作 7 天，后来 6 天，再后来 5 天，未来可能只要半天到一天的工作，就能满足传统需求。在生产力极大提高而人的寿命又大大延长的背景下，他认为应该研究和设计未来的工作、休闲、健身，还有各类创意、定制的产品、医药和养老方式等，把所有这些结合起来。这类发言很有趣，聚焦人与环境的进步。

总体来看，世界范围的战争越来越少，生产力逐步提高，在多数地区民众有更多的休闲时间、更多的财富、更高的寿命，再加上大数据、人工智能技术进步，国际关系会出现什么样的变化？人口朝哪个方向流动？全球人口是否会出现我们所说的增长？我看最近有个报告说，到 21 世纪下半叶的某个时间点，人口会突破一百亿。我对此有点怀疑，真不一定，现在国家越是发达，人口出生率越是下降，贫困落后战乱地反而生得更多，但未来趋势是什么样的，哪些是升哪些是降、哪些更乱哪些更好？在达沃斯论坛，这种讨论很多，也有特色，像头脑风暴一样。哈佛大学、牛津大学甚至在会场设了“思想实验室”。所谓思想实验，实际上就是思想碰撞，是企业家、政治人物、专家学者集思广益，探讨人类的未来。

比较中发现，我们的博鳌论坛有亚洲特色，适合当下生气勃勃的经济局面，尤其是“一带一路”效应，但不能满足于此。可以借鉴达沃斯论坛，拓展我们的议程范围，引导全球经济、人类生活的未来。“物”不是目标本身，而只是载体、手段和方式，“人”才是核心，如何更加尊重人、发挥人的能动、创造更加完整的人，应该成为核心议题。将来如果博鳌的各种发展报告和今天达沃斯《世界经济展望》取得同等分量，在全球传播开来的时候，中国就从目前数量型的扩张，进入到以质量、以创新、以“大写的人”为重心和导向的阶段。

严：对人类未来的想象与设计的确是学者们需要关注的议题，而且颇具人文关怀和艺术想象力。那么科学性的问题呢？我的意思是国际关系学者除了在人文的、艺术的角度努力，如何在具体的助力过程中把科学性体现出来？

王：我们说过国际关系的研究要做到“三位一体”，要有艺术的洞见、人文和关怀，当然这个三位一体不是跛足的，科学的严谨性也是不能忽视的。关于科学性，我认为学者们在推动中国外交能力建设的过程中应当有实打实的成果，而不是单纯的数量的累计，不是你写了多少份报告就算是助力了。这种“实”的创新体现在对实际问题细致的实证研究和对知识进步方向的敏感洞察。举一个例子，瑞典斯德哥尔摩国际和平研究所（以下简称为 SIPRI）每年出一本全球裁军与安全报告，就把世界范围裁军、军控、核扩散，包括小武器贩卖、走私军品的情况，以及各国军费，做了深入而独到的梳理解释。这本书也成为各国安全智库、军方研究部门的必备资料。有人问，既然我们外交部、国研院每年都要把它译成中文，何不我们自己做一本中国版的全球裁军与安全报告，然后对外发布，让世界各国把中文译成它们的文字，获得 SIPRI 年度报告一样的影响力？

严：那么我们为什么不做呢？

王：在目前发展阶段，我们的研究还不够，包括对于世界各国各地相关数据情报的掌握，对全球军控研究趋势（包括关注重点）的引导，等等，所以目前还是引进翻译借鉴，加上几年一次推出我们的国防白皮书，向公众和有关部门提供参考。很多关键数据，例如各国军费开支及其构成，危险物资在一些国家扩散的实际动向，是 SIPRI 报告的核心内容，我们的研究者就拿不到。连我们自己的军费总量及构成，也不是非常容易了解，更何况追踪他国情况。

SIPRI 的作者也不都是瑞典人，来自不同国家，收集过程和分析结论很可能存在偏见，数据上有误读，但不管怎么说，能够做出那么详细的报告，产生广泛的影响，让我印象深刻，也揭示了中国研究者的差距。

现在王缉思院长领导的北京大学国际战略研究院，也开始发布自己的年度综述和专门报告，也有中文和英文的两个版本，显示不错的势头。我看了一下，它的质量比较高，但主要围绕中国周边、中国与大国关系展开，还不是 SIPRI 报告意义上的全球裁军与安全分析展望，有些点还没有涉及，比如说小武器它不可能去讲，全球核扩散情况也没讲，而是讲大国现在的外交和安全关系，讲危机管控或敏感的海洋安全、东北亚问题，等等，代表国内研究机构特别有兴趣的点。它是国内迄今为止在这方面最高水平的研究，期待未来它朝着 SIPRI 年度报告那样的有更高学术权威性、更广泛全球影响的作品方向不断迈进。

严：那我们能不能通过关注自身的问题、国内的问题，给世界提供一些有益的方案呢？

王：当然可以，我们有这个优势，也做了很多努力，但总体而言还是做得不够。我想到最近的一个报道。总部设在瑞士的世界自然基金会（WWF），它的标志是中国大熊猫，每年都会发布全球濒临灭绝物种的分布和它们的受保护程度、消失速度的报告。中国近年来在这方面有很大进步，比方说保护大熊猫，四川几个大熊猫保护区良好运作。又如白鳍豚，在长江流域的数量虽然下降了，但是现在中科院武汉水产所科学家正在避免它灭绝。现在每年都有数十种物种在世界各地消失，如亚马逊流域蝴蝶品种，非洲一些特殊角马或者野象，以及极地冰盖融化所导致的北极物种的危境等。中国政府最近起草《长江保护法》，这是我国首部河流流域性法案，设立了对破坏生态系统行为和污染环境行为的处罚，对长江流域长期以来的违法采砂活动专门设立了处罚条款。这个法案如得到通过并执行，完全可以成为改进中国形象的一个好的努力，同时成为为全球治理提供借鉴的中国方案。这里的重点是，沿着这种进步方向走下去，我们未来不仅要杜绝国内的一些野蛮消费和炫富方式，比如捕猎和贪吃珍惜野禽，购买和使用象牙、红珊瑚等的制品，而且有朝一日在国际社会倡导极地或大洋洋底或亚马逊流域各类物种保护的中国方案，把一部分对外援助及外交议事日程（包括国际关系和外交研究的项目）聚焦于人类共同继承遗产的延续，为 21 世纪的人类命运共同体的进步发展做出贡献。

严： 继续来说中国外交升级的着力点问题。刚刚说到对于学者而言，需要提供更多的知识型公共产品，这要求有人文的关怀，科学的方法和态度，有更多创造性与想象力。那么对于普通人来说，能做些什么？

王： 我在《仁智大国》里提到，实现“智”的外交，前提和保障是“仁”的社会，它不仅指国家、政府要积极推动改革，公民个人也要增进修养和眼界。中国现在暂时还没有能力发布类似世界自然基金会的全球报告，我们中的一些人还自觉不自觉地成为导致地球某些物种濒临灭绝的参与者。

以象牙贸易和消费为例。2019 年三四月间，中国海关缉私处在某省警方的协同下，一次性在某个地点破获了七吨多来自非洲的象牙，两千多根，取自一千多头成年公象。这种残忍的事我说出来都不忍，盗猎者、贩卖者、加工者，还有那些消费者，怎么就做得出来？这是 2019 年上半年在中国安徽省所起获的案件，它们的盗运者、贩卖者、非法走私团伙是一个家族的，来自福建的象牙走私团伙。它们的交易基地、交易中心是在安徽的某个地区，而他们在过去很长时间内一直是在非洲，通过各种环节去收购野象象牙。听到这事我真的很震惊。查阅资料才知道，全球销售的象牙百分之九十以上来自非洲，而中国人消费了大部分象牙制品。前几年东非某个国家判了一个中国籍的号称“象牙女皇”的人终身监禁，宣判她的罪名是收购和转卖超过 20 亿美元的象牙。天文数字的背后，多少公象被捕杀、多少象群被灭绝？这两年有关部门开始查禁象牙交易，销毁了一些象牙制品，国内也开始重视青山绿水，但这些努力才刚刚开始，问题还没有彻底解决，环保意识的内化还有很长的过程。前两年我到王府井一家很大的工艺美术店，还见到公然出售几百万元一根的巨大象牙，放在店里显著位置。我当时心里就不是滋味，这在很多国家都属于犯法的、要入刑的行为，我们首都的商家竟然堂而皇之地销售。面对这样野蛮的行径、这么大的数量，如此有损中国形象的事态，有关部门怎么就不能出面处置？

早期象牙贸易中被锯掉待售的象牙，1900 年拍摄
图片来源：美国国会图书馆。

同样是公开见诸报道的事：北京奥林匹克森林公园、香山植物园，那些野鸭产的蛋有时被游客拿走，雨后冒出的竹笋有时被人刨起"饱口福"。其实根本花不了什么钱，饭店商场都能买到，但

有人就要吃这类“免费”的“新鲜”。不要高估本民族生态保护意识和道德水平，不要高估本国在全球生态保护圈目前所处位置。说句不太客气的话，别说跟发达国家比，与非洲、东南亚一些穷得多的国家相比，我们对地球生态维护和动植物保护的意识仍然比较淡薄。这种事态的持续存在，本身难道不是证明我们距一个风范大国、仁智大国仍有很长路程吗?

严：就是说，不论研究者也好，普罗大众也罢，需要去关注这些看似边缘的，实际上与人类有关的问题，更需从自己做起。“勿以善小而不为，勿以恶小而为之。”

王：思考的方向之一是，我们什么时候也能做出像世界自然基金会报告所要求的高标准，中国人能发布全球生态保护的倡议。比如说，面对亚马逊流域蝴蝶和其他品种的急剧减少，怎么去改进，提醒爱好者不要去收藏蝴蝶标本；北极圈冰盖在融化，各国包括我们自身怎么减少温室气体排放，为地球生态维系做出安排，通过技术改善、投入必要力量、加大外交协调，中国国际关系学界怎样建言国际制度设计（类似在马耳他倡导并被联合国所接纳的“人类共同继承遗产”概念，或罗马俱乐部提出的“增长的极限”学说，或气候谈判中逐渐充实的“共同但有区分的责任”，等等），提供更有创造性和针对性的各式全球公共产品。

而不是现在如我们所见到的那样，当听说北极未来可能成为国际热点，国内一些人和企业便着急，设想在冰盖融化后如何去开发矿产、如何搞极地旅游（包括建立相关设施）、如何捕获更多渔业资源或开辟新的运输通道，总之是如何大赚一笔的各式思路。确实，我们已试航北极商业航行，外交部也设了北极特使，一些重点高校建立了极地研究中心和项目，这是少不了的，没有利益的纯粹公益大概推广不易，但要在合理的限度和口号下，在国际公约允许的范围内和各国商议的前提下。北极和南极不同，南极是一个全球公域，而北极是由八个位于北极圈的主权国家构成的地区，所以跟这些国家的商量与协作非常重要。欲速则不达。中国不要鲁莽地闯进了那片极地，而应以创造性介入、建设性合作的全新方式，作为一个仁义且智慧、受到欢迎的巨人。

再说一个例子。十几年前，我到国外开会，会议议题之一是为什么全球范围出现"Anti-dam"（反对建造大坝）运动。当时自己第一次听说这个概念，真的没有任何发言的头绪。现在看来，它反映出21世纪以来全球民间组织和社会运动的追求之一，后来扩展至减少化石燃料，更好地利用自然生态提供的能源等各种诉求。这个趋势日益明显、逐渐铺开、延展至世界各个角落，影响所及不止经济领域和日常生活，也渗透到国际关系的博弈和各国外交日程中。低阶议题升到高端政治中心。所以现在北欧国家，德国、瑞士等国也有这方面新的时间线，未来不仅不造大坝，不再大量使用化石燃料，不使用燃油汽车，甚至不再使用核电站，对采用新技术和高碳消费设置了很多限制。当然，这种情景对中国来说为时尚早，我们现在还处在工业化后期，还有贫困人口、下岗失业难题、有大量高耗能产业与产品，被发达经济体放弃的某些消费方式还在喷发扩张。但是我们要知道国际上的进步态势，懂得从粗放到精致、从粗暴对待自然到善于与之共生共处的方向，了解相关的倡议、呼吁和批评的来龙去脉。现在中国公众越来越明白，超级大坝建成之后，虽然经济上有不少好处，但长远的生态代价不能忽略，譬如说可能造成某些洄游鱼群和物种无法繁殖，可能使地表上的美丽古建筑村落永远消失，可能带来地质学意义上的消极后果（如地表塌陷、轻微地震和局部气象异常）。在很多年以前，在多数国人未获得基本温饱的时候，在快速推进工业化、城市化的阶段，在全球气候变化议题没有如今这般高度聚焦和受重视的时期，不明白甚至回怼那些指责中国的外部声音，是很自然的、合乎情理的。到了21世纪第三个十年开始之际，在中国成为全球第二大经济体、政府拥有巨大资金和物质财富、民众生活水平快速提高并见证本国与外部相互依存的进程，在这样的大背景下，我们就要更多地思考如何既保护中国自己的绿水青山、也为整个地球生态维系做更大贡献的课题。做得更好、更有想象力、更容易为人喜爱，就需要更加科学合理的政治决策、具有更大情怀的人类命运共同体，以及更多地散发国人（广义的）艺术创造性和思维活跃性。

严：前面您提到了研究者和普通大众如何为中国外交的升级助力，这是一个向度，一个从下而上的思路。那么从另一个向度上来说，在外交升级这件事上，国家怎么和个人互动呢？

王：我想国家在这方面能做的是让中国声音、中国面孔和中国故事传播得更有技巧、更打动人。看看马拉拉，一个17岁的巴基斯坦少女获得诺贝尔和平奖，她曾经因为呼吁女童要有受教育的权利，受到家族长老的训斥，被塔利班所威胁，直至被枪击，头颅受到重伤、所幸后来康复的她还是坚持呼吁。她代表的是一种进步的力量，说明普通人也能缔造新世界，做出不平凡的历史业绩。从这个小故事出发，我在想，中国的年轻女孩、社会上的非政府组织、普通百姓，也有可能在全球性社会运动中发出自己的呼声和倡议，讲出自己的动人故事，折射出时代进步的某些侧面。在我看来，姚明、马云等都是很不错的中国新势力、新面孔，虽然这种人相对中国人口总数和经济总量依然太少。姚明虽然是现在的篮协主席，但是除去他的官方身份和篮球运动员角色外，他还是一个有着世界眼光的青年领袖。所以，他和贝克汉姆、威廉王子一起做公益广告，在世界很多机场能够看到，号召人类不要猎杀濒临灭绝的动物，不要放纵自身不合适的消费欲望，不要做违背进步潮流的事情。中国也有这种眼界开阔、说话幽默得体、影响深远的伟大个体，他们不一定是政治人物，而是运动员或企业家出身、深刻理解时代进步含义的新生代。

马云也有这样的特点。说实话，我对阿里巴巴的财富、对这“宝”那“宝”不感兴趣，我看重的是他出身平民却有大的视野，看重他在联合国有关机构的持续努力，看重他说话方式的得体。他不是中国的官员，而是一个胸怀广阔、做事有格局、改革开放后成长起来的民营企业家。在国内可看到他对贫困地区失学儿童状况的关注，在国外能见证他在联合国有关机构所做的推广电子商务至一些不发达国家的有效努力。这也是中国民间人士和企业在国际社会发挥作用的典型案例。我听到一位外国学者讲马云，说他很善于抓住中国跟外部对话的机会，即便是观点不同，马云也讲得有力、动听。

通过姚明、马云等，世界看到的是真实而非虚幻的中国，是可亲而不是可畏的中国，这样的中国就不光是经济贸易的巨人、军事的巨人、物质的巨人，同时还是中小国家民众可以视为好友或伙伴的巨人，是善于沟通、软实力杰出的巨人。这里的重点是，我们的国际关系研究，不要光宣传政治领导、军事力量、大型国企，还要把与普通公众距离更近的人物纳入考察范围，看看他们如何影响世界、如何提升中国形象。

严：最后，您对现在我们国际关系专业的学生和研究者提点建议吧！

王：对于年轻研究者来说，先要会用实证的方法来研究中国外交，借鉴国际关系学科学宝库里的工具和养分。需要去做实地调研和田野考察，需要去部委及一线干部那里请教，与外交官进行对话，获取尽可能多的最新数据，清楚政策话语背后的战略内涵。

但不能仅有这一条线，还要学习后实证主义的思维方法，看到国际关系研究的人文面孔、艺术面孔，要对获得的材料进行思辨与解析，做“第二次阅读”(即审视性阅读，以区分单纯学习和接收信息的“第一次阅读”)。对我们的外交思维、外交工作、外交目标、外交成果，要保持“审美距离”，既要看到它的优点与长处，又要看到它的短板与不足。所谓“第二次阅读”带有很强的学术特征，重点是解剖对象背后的东西，发现说话者没有说出口的话及其原因，像艺术家那样想象、剖析、沉思，像人文学者那样表达实际工作者无法体察的关怀。

我现在牵头一个国家重大社科基金项目，未来几年着眼于中国外交成长及其不足，努力推进上面所说的“第二次阅读”和反思工作，争取有所创新和突破。现在的风气跟我30多年前开始做研究时有点不一样。那个时候，学术气息、外交研究、政治文化，有一种“青涩却进取”的姿态，有一种开放吸收的特点。现在给人感觉，中国外交比较自信。不觉得有多大必要学他人，反省精神和评估短板的努力不太够。有鉴于此，我们这项研究不打算重复已有的工作，而是着重从基础构造、理论角度去审视，包括使用前面提到的不同工具不同视角。不敢说能做多么好，试试看吧，但愿有些许新意。

严：对于学科的发展，您有什么期待吗？

王：国际关系研究目前看似沉闷，实则有新的机会。有人努力创设中国特色的学派思想，有人建构全球国际关系理论体系，年轻人在利用大数据、云计算、信息时代各种代码方面取得进展，有人在历史文本的重新发现与解读方面下了大的功夫，诸如此类还有很多，我觉得不必定于一尊，不要着急做出判别，鼓励多元化。就我自己而言，把中国外交的实践与国际关系理论方法相结合，是个人长期的兴趣点所在，当下主要从短板软肋着手，看看有哪些可以尝试的点。我们这次对话，也算是其中一部分，识别国际关系学的不同面孔，在基础建设方面做些努力。当然，国际关系研究不只是我们探讨的科学、艺术和人文的向度，还可以是陈乐民老师主张的历史学、语言学、文明学的向度，或者像王缉思老师那样以政治学为本原、建构国际关系学新天际（他把信仰、财富、公正、自由和安全合在一起，称为“世界政治的终极目标”），诸如此类均有意义，帮助拓展思维，打破传统藩篱，开启特色路径。

五、结束语

国际关系学科走过了百年征程，其间有战争的冲击，有政治的喧嚣，有权力对学科发展的驱动或制衡。中国的国际关系研究经历了学习和模仿西方的阶段，现在学科意识逐渐成熟，开始寻求创新与超越。但要清醒地意识到，尽管我国国际关系学发展的速度很快，但仍然有很多问题和差距。相关院系建设和刊物数量增长势头喜人，国际问题在“一带一路”倡议的拉动下成为显学，但似乎很难勾勒出知识进步的明显轨迹，很难概括出研究范式的明显交替。

从知识社会学的角度来说，未来国际关系学的探索应当是开放的、多维的，是有多个面孔的。开放并不意味混乱，多维也不代表随意。在回顾中国国际关系学科成就与不足的基础上，我们可以在真、善、美的向度上深究一下，从科学的、人文的、艺术的三个角度拓展国际关系的研究空间，看到国际关系学的科学面孔、艺术面孔和人文面孔，发掘学科知识的新增长点。同时应当认识，科学的研究、人文的研究和艺术的研究不是隔断的、“建墙的”，而是彼此联系、互相支持的“三位一体”。

马克斯·韦伯认为，处在价值分裂的社会中，真、善、美三者很难达到和谐，追求其中一个就有可能忽略甚至损害另外两个。这恰恰是当前国际关系研究面临的写照：科学的国际关系研究追求“真”，强调实然与客观，忽视对“美”和“善”的关怀。但如果不要科学，排斥规律，只重视艺术体验和人文精神，那么国际关系研究就会陷入不可知论的泥潭，并且在价值领域卷入“诸神争斗”。尽管困难重重，我们也要寻求解决之道，使真、善、美三者能融合在研究之中，让国际关系学兼具严谨与秩序、趣味与洞见、温度与情怀。这既需要知识和工具，还需要耐性和胸怀。

朝向“三位一体”的国际关系研究，不仅是纯粹的学术追求，还是对现实的某种期许。它不是书斋里的思维游戏，在国际关系研究中关注科学、人文和艺术，也是为了更全面、更平衡地理解人类生存的世界，解决现实的问题与困惑。中国外交现如今面临的一个重大挑战，是如何实现“由大到强”的转变。看到国家经济实力、军事实力和物质方面的建设不断增强的同时，我们作为研究者，也需要思考和推动人文和艺术意义上的更大繁荣，思考中国与外部世界在文明意义上的良性互动。

后　记

读者手上的这本小书，与以往我写的东西有所不同：除少数内容取自过去不同时期的作品，大部分是多次长谈的收获，包括不经意间产生的思绪；它也是我第一次尝试对话体裁，整出来的这个东西，尽管看上去有些杂散，读起来或许更轻松。

这里，要特别感谢严展宇同学。他虽是我的博士生，在艺术、美学、文化方面的造诣及对国际关系的理解上，有很多值得自己学习之处。这份成果体现了师生互学的益处，也对我未来的工作方法有启发。整理对话绝非易事，它不单是记录，更要进行再创作。严展宇下了很大功夫，显示出良好的品质。

也感谢上海人民出版社提供的宝贵机会。将近30年里，这种机会及包含的信任始终未断，让人念兹在兹。责任编辑王琪先生的精心工作，对书稿最终的呈现起了重要作用。

王逸舟

记于2020年6月上旬于北京大学

图书在版编目(CIP)数据

迷人的国际关系/王逸舟,严展宇著. —上海:
上海人民出版社,2021
ISBN 978-7-208-16760-5

Ⅰ. ①迷…　Ⅱ. ①王…②严…　Ⅲ. ①国际关系
Ⅳ. ①D81

中国版本图书馆 CIP 数据核字(2020)第 203701 号

责任编辑　王　琪
封面设计　尚书堂

迷人的国际关系
王逸舟　严展宇　著

出　　版　上海人民出版社
　　　　　(200001　上海福建中路 193 号)
发　　行　上海人民出版社发行中心
印　　刷　上海商务联西印刷有限公司
开　　本　890×1240　1/32
印　　张　9.75
插　　页　4
字　　数　214,000
版　　次　2021 年 1 月第 1 版
印　　次　2021 年 1 月第 1 次印刷
ISBN 978-7-208-16760-5/D·3670
定　　价　62.00 元